JN092765

世界の中の日本外交

白鳥潤一郎・高橋和夫

世界の中の日本外交（'21）

装丁・ブックデザイン：畑中　猛

o-41

まえがき

2020年は世界中の人々にとって忘れがたい年になったことだろう。

中国・武漢で新型肺炎が流行している，というニュースが広く報じられるようになったのは正月休みが明けた頃であっただろうか。程なくして新型コロナウイルスによるものと判明する。日本でも1月末には街にマスク姿が目立つようになり，2月に入るとクルーズ船ダイヤモンド・プリンセス号における集団感染が明らかになり，中旬以降は各地で感染が拡大していった。4月7日には7都道府県に「緊急事態宣言」が発令，16日には対象が全国に拡大された。5月25日には全ての都道府県で解除されたものの，その後も一進一退が続いている。

流行語ともなった「三密（密閉空間・密集場所・密集場面）」の回避が難しいことから，全国の大学も大きな影響を受けた。2020年度の授業開始は後ろ倒しになり，さらに緊急事態宣言もあって対面式に代わるオンラインでの対応等に追われることになった。

テレビ・ラジオ・オンラインを用いた遠隔教育を柱としている放送大学も様々な対応を迫られた。全国から学生が集まることもあって，2019年度の学位授与式と2020年度第1学期の面接授業は中止され，面接授業については専任教員による代替のオンライン授業が提供された。放送教材の制作は約2ヵ月ストップし，単位認定試験も異例の自宅受験となった。学習センターや図書館も閉鎖や利用制限といった措置が取られた。

このような混乱が続く間も，放送授業は休みなく提供された。放送大学の授業は3年間かけて作られる。1年目に企画と準備，2年目に印刷教材の執筆，3年目に印刷教材の校正と放送教材の収録を行うという体制である。通信制大学は他にもあり，コロナ禍以前から MOOC（大規模公開オンライン講座）は日本でもそれなりに広がりつつあったとはいえ，市販もする専用の教科書（印刷教材）を用意して，全 15 回の授業を遠隔で提供し続けてきた放送大学の意義が改めて認識されることになったのではないだろうか。2018 年 4 月に国際政治担当の准教授として着任した私にとっても，改めて身が引き締まる思いであった。

本書は，放送大学教養学部社会と産業コース設置の総合科目として 6 年間開設される「世界の中の日本外交（'21）」の印刷教材（教科書）である。この授業科目には大きく 3 つの狙いがある。

第 1 は，「現在」と「過去」を繋げるということである。「過去を見る眼が新しくならない限り，現代の新しさは本当に摑めないであろう」と E・H・カー『歴史とは何か』を訳した清水幾太郎は説いている。各章とも，最新の研究成果や現在進行形の課題も取り入れつつ，歴史的な流れを重視する構成とした。

印刷教材を脱稿し，校正作業をしている間にも事態は大きく動いた。もちろん最大の出来事は新型コロナウイルス感染症（COVID-19）のパンデミックである。このまえがきを執筆している段階では，感染が爆発的に広がっている欧米諸国と比べて日本は比較的落ち着いた状況ながら，先行きは見通せない状況が続いている。ワクチン開発をめぐるニュースも流れ始めているが，事態がどのような形で終息するか予測することは困難である。

各国の政治にもコロナ禍は大きな影響を与えた。歴代最長の 7 年 8 ヵ月続いた第 2 次安倍晋三政権は 2020 年 9 月に退陣した。アメリカでは 11 月に大統領選挙の一般投票が行われ，2016 年と同様に接戦州の動向に左右される形ながら，現職大統領が 28 年ぶりに敗北する結果となった。コロナ禍がなければ，第 2 次安倍政権の退陣も，また米大統領選も異なる展開であったことは想像に難くない。

コロナ禍は「ヒト」の移動に大きな打撃を与え，サプライチェーン等にも影響が及んだ。一時的にその歩みは停滞すると考えられるが，それでも中長期的に見ればグローバル化はさらに進むことになるだろう。日本が当事者となる経済連携をめぐる動きも活発である。10月には日英包括的経済連携協定，11月にはASEAN（東南アジア諸国）を中核とするRCEP（東アジア地域包括的経済連携協定）がそれぞれ署名された。

こうした様々な変化を日々のニュースの中で考えることや現状分析はもちろん大切だが，そのためにも歴史的な経緯を押さえることは欠かせない。

第2は，「世界」と「日本」を繋げるということである。本書の中でも触れているが，外交という営みの持つ本質的な困難の1つとして，多くの場合に国内で満足を得ることができないということがある。他国や国際社会との間で問題が生じなければ外交は必要がないし，交渉が決裂しなければ，それは相手に何らかの意味で妥協したことになり，国内を100パーセント満足させることはできない。それゆえ，日本のみならず世界中で外交当局には厳しい視線が向けられている。

他方で，各国の間で不信感が募って外交が機能しなければ，究極的には軍事力が物を言うのが国際社会の現実でもある。グローバル化も深化し，多国籍企業やNGO（非政府組織）の影響力が増している領域はあるものの，各国家間の関係が安定し，各国が国際機関の活動を支えなければ国際社会そのものが破綻しかねない。

日本国内の観点から日本外交を見るだけでなく，グローバルな視座から問題を捉えられるように本書は構成されている。それは，日本外交を分析的に考える視座を養うためである。ある意味で外交の本質が「妥協」

にある以上，政府の外交を批判することは容易い。重要なことは，それぞれの妥協がどのような意味での妥協かを見極め，受け入れるべきは受け入れ，批判すべきことは批判する姿勢である。そのためにも日本と関係の深い各国や各地域，様々な問題群を理解した上で日本外交について考えることが第一歩となる。

以上の2つとも関連する第3の狙いは，2人の主任講師を繋げるということである。専任教員として30年以上にわたって放送大学に奉職された高橋和夫先生は，2018年3月に退職され，この科目には客員教員という形で参画頂いている。中東地域やアメリカを中心としつつ多面的に国際政治を捉える高橋先生の授業は，名講義として幅広い受講者に支持されてきた。それに対して，私の専門領域は日本外交であり，各国の外交文書を主な史料とする外交史のアプローチに基づいて研究を進めてきた。歴史的な経緯を押さえ，「世界」と「日本」を繋ぐ形によって，2人の主任講師の得意分野を活かすことを心がけた。

なお，各章末尾の参考文献は，読書案内という意味もあり，入手が容易な和書に限定した。大学での学びは，1つの授業科目内で完結するわけではない。関心を持った受講者は是非本書だけに満足するのではなく参考文献を読み進めて欲しい。また，放送教材の各回は印刷教材の各章に対応する形で制作されているが，必ずしも内容が全て重なるわけではない。印刷教材で十分に触れられなかった内容や，専門家や実務家へのインタビュー，さらには資料映像等も用いている。予習や復習として印刷教材を読み込み，理解を深めるために放送教材に取り組んで貰えると効果的に学習できるだろう。

月並みながら，毎年12月になると，時の流れというのは早いものだと感じる。コロナ禍の1年は尚更だが，もう少し時間軸を伸ばしても同様である。かつて冷戦を象徴していたベルリンの壁は，2018年2月に壁が存在していた期間よりも崩壊後が長くなったという。冷戦の終結からも約 30 年が経過した。冷戦が終わった後の世界は，新たな自画像を描き出すことなく次の時代へと移ろうとしている。コロナ禍もあって，先行きを見通すことはますます難しくなっているように思う。

この間の大きな変化は，中国を筆頭に新興国が台頭し，ヒト・モノ・カネ，そして情報の移動が拡大し，グローバル化が本格的に進んだことである。かつて非欧米諸国で唯一の先進国であった日本も，「失われた 20 年」を経て，その立ち位置は大きく変わった。相対的な国力が低下したことは確かだが，その一方で国際的に果たす役割が増していることも事実である。先行きの見えない難しい時代だからこそ，改めて世界の変化に目を向け，自らの歩みを確認することが必要なのだろう。本書がその助けになれば幸いである。

2020 年 12 月

白鳥潤一郎

目次

1 世界と日本

白鳥潤一郎

1.「冷戦後」と呼ばれた時代の終わり

「冷戦後」や「ポスト冷戦期」はどうやら過去のものとなった。その呼称からもわかるように，冷戦が終結した後の世界は明確な自画像を描き出すことなく終わろうとしている。冷戦の「勝者」であるアメリカの一極支配と言われたかと思えば，一転してアメリカの衰退が叫ばれ無極の時代と形容されることもあった。「冷戦後」は，日本を含めた世界各国がそれぞれに模索を続けた時代であったとも言えよう。

今後も引き続き「冷戦後」という呼称は続くかもしれないが，それは世界の何が変わり，何が変わっていないのかを見極めることがこれまで以上に難しくなっていることを意味する。新型コロナウイルス感染症（COVID-19）をめぐる世界的な混乱に伴って「ポストコロナ」や「アフターコロナ」さらには「ウィズコロナ」といった呼称も飛び交っている。とはいえ，どの時代も，世界ではさまざまな問題が起こり，国際関係は複雑で混沌としている。そうであっても，世界の混沌とした実態がそのまま可視化されるか，それともある程度まで単純に見えるような図式があるかは時代によって異なる。ここでは，まず歴史的な視野に立って考えてみよう。

20 世紀は大きく前半と後半に分けられる。2 つの世界大戦に象徴される総力戦と帝国主義に彩られた前半，そして冷戦と脱植民地化によって世界が大きく揺れ動いた後半である。世紀の前半に拡大した植民地は，若干の自治領や海外領土は残るものの基本的に姿を消し，さらに世界を二分した冷戦の終結によって国際政治や経済はグローバルなものへと変貌した。冷戦が終わった直後には，市場経済と自由民主主義（リベラル・デモクラシー）が拡大し，世界はより安定的な秩序を築く方向に向かうだろうという期待も広がった。

しかし，冷戦の終結から四半世紀以上が経過した後に見える世界は，かつて期待されたものとは大きく異なるように思われる。グローバル化の進展によって世界経済は拡大し，世界第２位のＧＤＰ（国内総生産）を持つに至った中国を筆頭に多くの新興国が登場した。だが，2010年代に入って中国では再び国内の統制が強化され，冷戦終結前後に民主化した東欧諸国やロシアの民主主義も揺れている。冷戦終結後には「平和の配当」として一時的に減少した軍事費も各国で上昇に転じている。また，この間にはアジア金融危機やリーマン・ショックなど世界経済はたびたび混乱した。新興国の台頭もあって，これらの混乱に一部の先進国のみで対応することは不可能であった。さらにグローバル化への対応は各国で国内の格差を拡大させることになった。気が付けばわれわれは，ヒト・モノ・カネそして情報の移動が拡大し，異質な国家間のグローバルな相互依存が常態化した，新たな世界に直面している。

日本に目を転じれば，冷戦終結と前後するバブル経済の崩壊，その後のいわゆる「失われた20年」を経て，経済の先行きは依然として明るいものとは言えない。政治面では1993年に自由民主党の長期政権が崩れた後，衆議院選挙に小選挙区比例代表並立制を導入することを柱とする一連の「政治改革」が実施されたものの，期待された２大政党制は実現しなかった。自民党から民主党への政権交代は失敗に終わり，その後は分裂する野党が争う中で「安倍一強」体制が長く続くことになった。さらに，少子高齢化に歯止めがかからない状況も続いて人手不足が叫ばれる中，2019 年４月から，単純労働についても外国人受け入れを行う事実上の移民解禁とも言い得る政策の実施に踏み切った。日本社会も変化しつつある一方で，将来への明るい展望が描けない状況は続いている。

グローバル化が進行し，「冷戦後」と呼ばれた時代がどうやら終わる中で，「反グローバル主義」を掲げるアメリカのトランプ政権成立，ブレグジット（イギリスのＥＵ〔ヨーロッパ連合〕からの離脱），新型コロナウイルス感染症をめぐる世界的な混乱などグローバル化の反作用とも言い得る出来事も生じた。こうした事態への対応も含めて，われわれはこれまで以上に「国際社会の中の日本」と向き合うことを迫られており，その中で日本外交についても考えていかなければならなくなっている。

2．国際社会の中の日本

国際社会の中で日本はどのような国家なのだろうか。また，どのような国家を目指すべきと考えられてきたのだろうか。

Ｇ７サミット（主要国首脳会議／先進国首脳会議）の一員ということもあって，日本が「主要国」や「先進国」であることには合意があったと思われる。しかし近年，韓国や台湾などかつては植民地であった隣国と生活水準が接近したことで，「日本はもはや『先進国』ではない」という意見を耳にすることも少なくない。また，中国にＧＤＰで抜かれたこともあり，「日本はもはや『主要国』ではない」といった言説もささやかれるようになった。

だが，このような議論は自己認識の変化としては興味深いものの，客観的な指標に支えられているわけではない。日本が約半世紀にわたって世界トップ3に入る経済力を持ち続けていることは事実であり，依然として政府開発援助（ODA）の供与額はトップクラスである。新型コロナウイルスをめぐる混乱は日本やアジア諸国はもちろん欧米諸国でも生じた。また，この講義で見ていくように，国際社会で果たす役割は「失われた20年」の間も拡大を続けてきた。日本が非欧米諸国で唯一の先進国という特権的地位を失ったことはたしかだとしても，それが何を意味するのかは慎重に見極めなければならない。

国際社会の中での日本を考える際にしばしば論じられる問いの1つは，「日本は『大国』か？」というものである。さまざまな議論が行われてきたものの，意見の一致を見るには至っていないというのが実際のところだろう。

第二次世界大戦の敗戦国として連合国軍に占領され，冷戦下ではアメリカの「ジュニア・パートナー」として国際社会を歩んだこともあって，留保なしに日本を「大国」とする議論はほとんど存在しない。1970年前後から徐々に用いられるようになった「経済大国」という形容には，多くの場合，日本は「軍事大国」ではないという含意があった。

こうした戦後の歩みに加えて，日本語の「大国」という言葉の定義の曖昧さにも議論が分かれる理由がある。英語の「great power」や「major power」，「major country」といった用語が日本語の「大国」とほぼ同義で用いられることが多いが，単に「power」とされることもあるし，1対1で対応する訳語があるわけではない。また日本では主として第二次世界大戦期までの国際関係を描写する際に「大国」ではなく「列強」という言葉が用いられるが，英語では特段の区別はない。結局のところ，「大国」の定義次第で，日本が「大国」か否かが決まると言える。

アジア政治論を専門とする白石隆は，日本を「超大国」ではない「大国」と位置付ける。ここで言う「超大国」はアメリカや冷戦期のソ連であるし，「大国」はかつての「列強」とイコールではない。たしかに日本は，アメリカや中国，さらにはソ連とは異なる。しかし同時に，世界でも有数の経済力を持ち，防衛予算額も大きく，文化面でそれなりに影響力を持っていた日本は「中小国」でもない。「超大国」でも「中小国」でもないという意味では「大国」と言えるのかもしれない。

他方で「大国」という言葉を用いずに，日本がどのような国家なのか，あるいは目指すべき姿がどのような国家なのか検討もされてきた。

冷戦終結から間もない頃，国際的に活躍するジャーナリストの船橋洋一は「グローバル・シビリアン・パワー」という国家像を提起した。国際社会における国連の役割や対外援助を重視し，日本は民生的な面を中心に役割を果たすべきだという議論である。

「グローバル・シビリアン・パワー」は「世界民生大国」と説明されることもあるのに対して，国際政治学者の添谷芳秀は，より明確に「大国」論から距離を置いた議論を展開した。21 世紀を迎えた頃から添谷が提起したのは「ミドルパワー」として日本を捉えることであった。添谷の議論の背景には，日本から一歩外に出た時に接する分裂した日本イメージが存在した。一方では世界でも有数の経済力を持ちながら経済以外の分野で国際的な責務を果たそうとしないという批判であり，他方では究極的には核武装を含めて日本が「軍事大国」を目指すのではないかという警戒感である。戦後日本の歩みをふり返ってみれば，分裂したイメージの中間にある「ミドルパワー」としての日本外交の実像が浮かび上がろう。そうすれば，軍事力を基盤とするような「大国間政治」とは一線を画した中間的な領域にこそ，日本が本領を発揮すべき役割を見出せるというのが添谷の議論である。

船橋も添谷も，かつての「列強」としての日本を再び目指すかのような議論を退けつつも，国際社会の中における日本の役割の拡大を説く点では共通している。両者と同じく国連を重視しつつ，日本政治外交史家の北岡伸一は，目指すべき国家像として日本を世界のさまざまな問題に関与する「グローバルプレイヤー」として位置付ける。

いずれにせよ，かつて「列強」の一角を占めた日本は，真珠湾攻撃によってアメリカを戦争に引きずり込むことで文字通りの世界大戦に発展させ，さらに敗戦後も，戦後復興，高度経済成長を経て世界トップ３に入るだけの経済力を半世紀以上にわたって維持してきた。敗戦国として迎えた第二次世界大戦後も，日本が国際社会の中で一定の役割を果たしてきたことは否定できない。その歩みを確認していくことで初めて等身大の日本が浮かび上がる。

この講義では，日本の歩みと世界の歩みを重ね合わせながら，国際社会そして日本の来し方行く末を考えていきたい。

3. 冷戦と日本

現代世界の起点をどこに置くかにはさまざまな考え方がある。

ヨーロッパ諸国を中心とする西洋世界では，長きにわたって第一次世界大戦にその起点が置かれてきた。第一次世界大戦は1,500万人以上の死者を出したのみならず，敗戦国となったドイツ，オーストリア＝ハンガリー，オスマンの３つの帝国が崩壊し，さらに大戦中にはロシア革命が生じた。戦勝国側でも栄華を誇ったイギリスに翳りが生じ，新興国としてアメリカが台頭するきっかけとなった。

日本にとっては，第一次世界大戦ではなく第二次世界大戦が「現代」の起点となった。第二次世界大戦の敗戦国となった日本は，前述したように連合国軍の占領下に置かれた。日本国憲法制定を筆頭にさまざまな占領改革が実施され，日本は民主主義国家として再生した。

戦後日本の針路は，冷戦が始まったことで揺れ動いた。1940 年代末に始まった冷戦は，戦勝国であるアメリカとソ連という 2 つの超大国が対立したことで生じた。この対立はグローバルなものであり，世界は東西両陣営に別れ，2 つの陣営に属さない第三世界にも影響は及んだ。さらに冷戦は，権力政治にとどまらず，経済システムを含むイデオロギーや生活様式をめぐる戦いでもあった。日本は連合国軍によって占領されたが，事実上はほぼアメリカによる占領であり，日本はアメリカの同盟国として独立した。

1951 年 9 月，サンフランシスコ平和条約が締結された。講和会議にはソ連も参加していたものの，調印はせず西側陣営との片面講和（「単独講和」，「多数講和」とも言う）となった。さらに，平和条約と同日には日米安全保障条約も締結され，占領下の「進駐軍」は「在日米軍」として引き続き日本に展開されることになったのである。経済面でも自由主義経済に組み込まれ，日本は冷戦下で西側陣営の一員として歩みを始めた。

2 つの超大国が核兵器を持ってにらみ合う冷戦は世界に大きな緊張を強いた。しかし，結果として見れば，冷戦は日本に居心地の良い国際環境を与えた。アメリカは日本の戦略的重要性を再確認することになり，それは「寛大な講和」の一因となった。また，北東アジア地域における冷戦の最前線は朝鮮半島や台湾海峡であり，日本は一歩引いた位置にあった。これに加えて，占領下で制定された憲法第九条を盾に基地提供を超える米国への軍事協力を拒否することも可能となった。分裂国家になることも戦場になることもなく，朝鮮戦争やベトナム戦争は日本に「特需」という形で経済的恩恵をもたらすことになった。

米軍基地を受け入れ，アメリカの「ジュニア・パートナー」として国際社会に復帰した日本は経済に力を入れた。戦後復興に邁進し，その後は高度経済成長期に突入する。1960 年代末，気が付けば日本は西側陣営で第 2 位の経済力を持つ経済大国となっていた。1990 年代初頭には，一時的なものではあったが国民 1 人あたりの経済力でアメリカを抜き，冷戦の「真の勝者」と言われることもあった。

もちろん冷戦の負の影響が日本になかったわけではない。日米同盟の根幹は，アメリカが在日米軍という形で兵力を提供し，日本がその代わりに基地を提供することにある。米軍基地周辺ではさまざまな問題が発生した。さらに，日本本土はサンフランシスコ平和条約発効によって独立したものの，奄美群島は 1953 年，小笠原諸島は 1968 年，そして沖縄は 1972 年までアメリカの軍政下に置かれ続けた。

また冷戦は，国内に深刻なイデオロギー的な対立を生じさせた。日米安全保障条約に基づく日米安保体制を重視する保守勢力が政権を握っていたものの，「非武装中立」を掲げ，自衛隊を違憲と考える日本社会党を中心とする野党陣営も改憲を阻止するだけの勢力を保ち続けた。

とはいえ，冷戦下の日本では左右の両勢力が真っ向から対立し続けていたと捉えることは必ずしも実態に即してはいない。日本政治外交史家の酒井哲哉は，冷戦期の日本外交の準拠する枠組みとして「九条＝安保体制」という議論を提示している。

独立直後の日本では，保守勢力は日米安全保障体制に依拠する「安保路線」，革新勢力は戦力不保持を定める憲法第九条に依拠する「九条路線」を取っていた。2 つの路線の激しい対立は，1960 年の安保改定をめぐって頂点に達するが，その後は一転して融合していく。

歴代の自由民主党政権は憲法第九条の改憲を棚上げした一方で，野党勢力は団結して日米安保体制の破棄に向けて政権獲得を目指すのではなく多党化の道を歩んだ。そして，国会では日米安保体制や自衛隊の活動に厳しい目を向ける姿勢を示しながら，実際には軍事大国への歩みの歯止めとして日米安保体制を受容していった。こうした状況は与野党の双方にとって好ましいものであった。政権を握る保守勢力にとって，野党の姿勢はアメリカからのさまざまな要求を退けるカードになった。日本に厳しい要求を続ければ，日米安保体制に反対する野党に政権を奪われかねないという「弱者の恫喝」である。野党側も政権を担った際にどのような外交政策を採り得るかといった真剣な検討を行うことを回避することとなった。第２章と第 14 章で見るように，冷戦の終結はこのような状況を一変させることになる。

4. 国際政治の３つの位相――「力」「利益」「価値」

本章を結ぶにあたって，国際政治と日本外交を捉える視座についても触れておきたい。

「世界の中の日本外交（'21）」は，社会と産業コース設置の総合科目として開講されるが，学問分野としては国際政治学もしくは国際関係論の範疇に入る。さまざまな学問分野と比べても，国際政治学や国際関係論の教科書は，標準的な構成が存在しない点が逆に特徴となっている。しかし，それは多くの研究者に共通する認識がまったくないことを意味するわけではない。個人と人類社会全体の間にある存在としての国家を重視し，国家間の政治やさまざまな関係が考察の対象となっていることには一定の共通認識がある。

それでは国際政治をどのようなものとして捉えればいいのだろうか。戦後日本を代表する国際政治学者の１人である高坂正堯は『国際政治――恐怖と希望』の中で次のように述べている。

各国家は力の体系であり，利益の体系であり，そして価値の体系である。したがって，国家間の関係はこの三つのレベルの関係がからみあった複雑な関係である。国家間の平和の問題を困難なものとしているのは，それがこの三つのレベルの複合物だということなのである。

この高坂の議論を敷衍する形で中西寛は，主として安全保障に関わる「主権国家体制」，政治経済に関わる「国際共同体」，価値意識に関わる「世界市民主義」という３つの位相から国際政治を読み解いている。また，細谷雄一は国際社会の秩序原理を「均衡」「協調」「共同体」という３つの体系からなるものとして説明する。中西も細谷も高坂の議論と微妙な違いはあるものの，三者がいずれも国際政治に３つの位相があり，それぞれの位相を構成する要素が類似していると捉えていることに注目したい。

これに近い３分類は英米両国の国際政治理論の伝統にも見出し得るし，国際政治学の古典にもこれと通じる見方が示されている。ここでは英米両国を代表する初期の国際政治学者の議論を紹介しておこう。１人はイギリスの元外交官で後にロシア革命史の研究に転じたＥ・Ｈ・カーである。カーは『危機の二十年』の中で国際政治における権力（power）として「軍事力」，「経済力」，「意見を支配する力」の３つを挙げている。もう１人はドイツからアメリカに亡命したハンス・Ｊ・モーゲンソーである。モーゲンソーの議論はより精緻で複雑だが，現状を変更しようとする国家の政策を「軍事」，「経済」，「文化」の３つの要素に分けて分析した。

以上に紹介したさまざまな議論はそれぞれに微妙という以上の差異が当然存在するし，国際政治の本質をどこに見出すかという重要なポイントで力点の違いがある。その違いは国際政治学を専門として学ぶ際には重要なポイントだが，現代の国際政治を考える上では，差し当たりその差異よりも共通する点に重点を置く方が有益だろう。それを高坂の議論に従って整理すれば，国際政治は複合的な諸要素，具体的には「力」，「利益」，「価値」の３つの位相から構成されている，ということである。

本講義では，「力」，「利益」，「価値」の３つの位相の複雑な絡み合いを前提に，縦軸（歴史）と横軸（地域）の広がりに留意しつつ現代の国際政治と日本外交について検討していく。

学習課題

1. 第１節から第４節のうち，１つの節を選んで500字程度で要約してみよう。
2. 多数存在する冷戦の定義について調べてみよう。
3. 「力」「利益」「価値」の３つの位相に当てはまる政策課題が何か具体的に考えてみよう。

参考文献

E・H・カー（原彬久訳）『危機の二十年』（岩波文庫，2011年〔原著初版1939年〕）
北岡伸一『グローバルプレイヤーとしての日本』（NTT出版，2010年）
高坂正堯『国際政治——恐怖と希望〔改版〕』（中公新書，2017年〔原著1966年〕）
酒井哲哉「「九条＝安保体制」の終焉——戦後日本外交と政党政治」『国際問題』第372号，1991年3月
白石隆『海洋アジアvs.大陸アジア——日本の国家戦略を考える』（ミネルヴァ書房，2016年）
白鳥潤一郎「「価値」をめぐる模索——冷戦後日本外交の新局面」『国際安全保障』第45巻第4号，2018年3月
添谷芳秀『日本の外交——「戦後」を読み解く』（ちくま学芸文庫，2017年〔原著2005年〕）
添谷芳秀，田所昌幸，デイヴィッド・A・ウェルチ編著『「普通」の国　日本』（千倉書房，2014年〔原著2011年〕）
中西寛『国際政治とは何か——地球社会における人間と秩序』（中公新書，2003年）
船橋洋一『日本の対外構想——冷戦後のビジョン』（岩波新書，1993年）
細谷雄一『国際秩序——18世紀ヨーロッパから21世紀アジアへ』（中公新書，2012年）
ハンス・J・モーゲンソー（原彬久監訳）『国際政治——権力と平和（上）』（岩波文庫，2013年〔原著初版1948年〕）

2　日本外交の軌跡

白鳥潤一郎

1. 「敗戦後」の外交
――「戦後処理」と主要国へのキャッチアップ

本章では，世界の中の日本外交を考える前提として，第二次世界大戦後の軌跡を確認しておきたい。取り上げる各項目や各地域との関係に関する詳細な説明は後に続く各章に譲り，大掴みに日本外交の潮流の変化を理解することが本章の目的である。約20年ごとに重点的な政策領域を変えてきた戦後日本外交の歩みを概観していこう。

第二次世界大戦の敗戦国として「戦後」を迎えた日本にとって，最大の外交課題は「戦後処理」であった。歴代政権は戦後処理の諸懸案に取り組みつつ，同時に主要国へのキャッチアップを目指す外交を1970年前後まで展開した。各政権は国内外で難しい問題に取り組むことを迫られていたが，戦後処理が最優先であったこともあり，この時代は「一内閣一課題」とも言われる戦後処理に関する大きな外交課題を抱えていた。それを並べることで，「敗戦国」としての外交を大掴みに把握することが可能となる。

敗戦後の日本は連合国軍によって占領された。日本政府の上位に置かれたＧＨＱ（GHQ/SCAP：連合国軍最高司令官総司令部）との関係に苦慮しつつ，占領下の日本の舵取りを担ったのは国際感覚豊かな外交官出身の政治家たちであった。とりわけ重要な役割を果たしたのは吉田茂である。吉田の下で日本国憲法が公布・施行され，さらに講和も達成された。ともに戦勝国であった米ソ両超大国の対立が冷戦に発展し，朝鮮戦争が戦われる中での独立であった。日本国内ではソ連陣営も含む形の「全面講和」を望む声も上がっていたが，サンフランシスコ平和条約と同日に日米安保条約が結ばれ，「進駐軍」は在日米軍として引き続き日本に駐留することになった。講和達成後は求心力も弱まり，最後は側近にも見放される形で退陣したが，吉田は講和を達成し，さらにアメリカからの再軍備要求に抵抗して「軽武装」を貫くなど戦後日本の基本路線を定めた。

吉田後の各政権は，講和で残された課題を１つ１つ処理していった。「一内閣一課題」に対応する大きな課題を順番に挙げておけば，日ソ国交回復，安保改定，ＯＥＣＤ（経済協力開発機構）加盟，沖縄返還である。

吉田の後を継いだ鳩山一郎にとって最大の課題となったのは日ソ国交回復である。講和会議には参加したものの，冷戦が本格化する状況もあり，ソ連は平和条約の調印を見送っていた。「反吉田」を掲げる鳩山にとって，講和の残された課題である日ソ国交回復は恰好の政策目標であり，ソ連側も積極的に鳩山にアプローチをした。日ソ国交回復に伴ってそれまでソ連の拒否権に阻まれていた日本の国連加盟も実現した。またＧＡＴＴ（関税及び貿易に関する一般協定）加盟も鳩山政権の成果である。さらに，鳩山政権下では「保守合同」が実現し，自由民主党が発足した。自民党発足の約１か月前には左右に分裂していた日本社会党も再統一し，自民・社会の両党が国会で対峙する55年体制が成立した。

日ソ国交回復を花道に退陣した鳩山の後を継いだ石橋湛山は病気のため短期間で政権を手放すことになり，副総理兼外相だった岸信介が首相となった。ちなみに岸の就任までごくわずかな例外を除いて外相ポストは外務省出身者によって占められてきたが，逆に岸以降は本書を校正している2020年現在に至るまで外務省出身者の外相は誕生していない。

岸信介にとって最大の課題となったのは安保改定である。1951年9月，サンフランシスコ平和条約と同日に結ばれた日米安全保障条約（旧条約）は，「片務性」「不平等性」が目立ち，事実上の駐軍協定という色彩が強かった。日本防衛義務は明記されず，日本国内の内乱に在日米軍が出動できるとする「内乱条項」があり，さらに条約期限も定められていなかった。1957年6月に行われた日米首脳会談でアメリカ側の原則的な同意が得られたことから安保改定交渉のプロセスが始まることになった。

旧条約の問題は鳩山政権下でも認識されていたが，重光葵外相が1955年8月に訪米した際に安保改定を切り出した時にはあっさりと退けられていた。アメリカ側の態度が変わった背景には，岸に対する期待と信頼感があった。岸は日米開戦時の閣僚の１人としてＡ級戦犯の容疑者として収監されたが起訴は免れていた。公職追放が解けると政界に復帰し，保守合同の立役者となった。

岸はアメリカの信頼を勝ち得ていたものの，強引な政治手法に対する反発は徐々に日本国内で広がっていった。新条約は1960年１月に調印されたが，国会審議は難航し，５月に自民党が単独で強行採決を行ったことを機に「安保闘争」は急拡大する。新条約成立に併せてアイゼンハワー米大統領が訪日予定だったが，警備上の理由から直前に訪日延期が要請された。新条約の自然成立を待って岸は退陣し，池田勇人が首相に就いた。

池田勇人は，「国民所得倍増計画」を掲げ，「政治の季節」から「経済の季節」へと転換を図った。岸が意欲を見せていた憲法改正は棚上げされ，非武装規定を持つ憲法と日米安保条約が並び立つ状況が固定化されることになった。「国民所得倍増計画」の印象が強い池田だが，外交面では西欧諸国に残る対日貿易差別撤廃やＯＥＣＤ加盟を果たすなど，高度経済成長の国際的条件の整備と日本の国際的地位の向上に取り組んだ。また，吉田政権末期から断続的に進められたアジア諸国との賠償交渉も池田政権期までに概ね決着した。

そして池田の後を継いだ佐藤栄作は，政権発足早々に日韓基本条約を締結し，さらに沖縄の施政権返還を実現した。沖縄返還は日米間に残された最大の戦後処理問題であった。ベトナム戦争が泥沼化する中での難しい交渉となったが，極東地域の安全保障問題への関心表明や有事の際の核兵器の持ち込み等いくつかの「密約」といった代償を払いつつ，最終的に「核抜き本土並み」での返還が決まった。なお，前任者の池田は約４年の任期中にアメリカ，東南アジア，ヨーロッパをバランス良く訪問したが，佐藤の外遊はアメリカの４回が突出し，その他は東南アジアとオセアニアを歴訪したのみであった。外交資源の多くが沖縄返還に結実する「日米関係の深化」に向けられたと言えよう。

沖縄返還を果たした日本に残された最大の課題は日中国交正常化であった。日本は 1952 年４月に締結された日華平和条約によって，大陸の中華人民共和国ではなく台湾の中華民国と国交を結んでいた。日華平和条約はサンフランシスコ講和の代償でもあり，歴代の各政権も中華人民共和国との関係改善を模索していたが，アメリカの反対や中国政治の混乱などもあって頓挫していた。こうした状況はニクソン米大統領による突然の訪中宣言に始まる「米中接近」によって一変する。佐藤政権下でも水面下での接触は図られたが，最終的な解決は次の政権に持ち越された。

激しい自民党総裁選の末に政権を獲得した田中角栄は，1972 年９月，電撃的な訪中によって日中国交正常化を実現した。北方領土や北朝鮮との国交など，現在まで残されている課題はあるものの，日中国交正常化をもって戦後処理が日本外交の主要課題となる時代は終わったと言える。とはいえ，政権発足直後の日中国交正常化は田中内閣にとっての「一内閣一課題」ではない。政権が取り組むべき外交課題は徐々に多元化していった。「敗戦国」としての外交には一区切りがついた形である。

多数講和と軽武装という吉田の選択はたしかにその後の外交路線を決定づけたが，さまざまな課題を先送りした上で経済復興に注力したものとも言える。また，占領期の交渉開始から締結まで約15年を要した日韓基本条約をはじめとして戦後処理は困難な交渉の連続ではあったが，いずれも国際社会への復帰を目指したものであった。

国際社会への復帰と並行して進められたのが主要国へのキャッチアップである。ＧＡＴＴやＯＥＣＤへの加盟，さらに東南アジア諸国への賠償および経済協力は，国際社会に復帰し外交地平を拡大させるだけでなく，経済地平を拡大させることにもつながった。

戦後復興を果たした後の高度経済成長によって，日本の経済力は急速に拡大した。1968年には，西ドイツを抜いて日本の国民総生産（ＧＮＰ）は西側陣営で第２位となった。なお，統計上の問題もあってソ連との比較は難しいが，日本の経済力は1980年前後にソ連を抜いたと推察されている。その後，主たる経済指標は国内総生産（ＧＤＰ）に変わっている。日本のＧＤＰは2010年に中国に抜かれたが，いずれにしても1968年以来，半世紀以上にわたって経済力では世界のトップ３を占め続けている。

2.「経済大国」の外交
――国際経済秩序の「共同管理者」

約四半世紀をかけて戦後処理を概ね終えた日本は，敗戦国から「経済大国」に変貌を遂げていた。1968年には西ドイツを抜いて自由陣営第2位のＧＮＰを持つに至り，経済大国となった日本が直面したのは，自らの復興と高度経済成長の前提になっていた国際経済秩序の動揺である。

安定した国際通貨体制と開放的な貿易市場は，敗戦と冷戦の開始によって中国大陸という巨大な市場を失った日本が，経済中心主義を採って高度経済成長に邁進することを可能とする前提であった。また，国内に石油資源をほとんど持たない「資源小国」である日本にとって，石油が安価かつ安定的に供給される状況は極めて好都合であった。しかし，ニクソン・ショックで端的に示されたように通貨体制は揺らぎ，安価で安定的に供給される石油は第一次石油危機で明確となったように過去のものとなった。さらに，1970年代半ば以降は貿易摩擦が深刻化していった。日本は，一連の危機に主要国の一員として対応することを迫られた。

これらの危機への対応を通じて，アメリカ主導の国際経済秩序は先進国間協調体制に再編された。その象徴的な舞台となったのが，1975年に始まったサミット（主要国首脳会議／先進国首脳会議）である。通貨問題を皮切りに，マクロ経済政策の協調や第二次石油危機時の石油輸入量制限など主要議題を変えつつも年1回の首脳会合が定着した。「利益」の体系に関わる範囲に限定されていたものの，国際秩序の維持に相応の責任と負担を引き受けることが日本外交の課題となったのである。

1970年代後半から日本は，日米間を中心とする主要国との貿易摩擦に苦慮した。1980年代半ばから1990年代前半にかけて，米国でさまざまな「日本異質論」が喧伝されたように，各国との摩擦の背景には「台頭する経済大国」への漠然とした不安も存在していた。

中小国であれば，既存の秩序を前提としてその範囲内で自国の利益を最大化することも可能である。だが，自由陣営第2位の経済力を持つ日本がそのような行動を取れば，他国から警戒されるだけでなく，開放的な貿易市場そのものが揺らぎかねない。それゆえ日本は，経済力を外交資源に転化させることよりも，その経済力がもたらす主要国の警戒感や摩擦を和らげることに外交資源を費やすことになった。国内調整に苦慮しつつも市場開放や非関税障壁の撤廃といった取り組みが断続的に進められた。この過程で日本が担うようになったのは国際経済秩序の「共同管理者」とも言うべき役割であった。

もちろんこの約20年間に他の政策課題がないがしろにされていたというわけではない。たとえば「力」の体系に関わるものとして，核不拡散体制の一員となる「非核」の選択は，佐藤政権期にその大枠が定められたものだが，これは「敗戦国」としての戦後処理を超えた課題であり，1976年の核不拡散条約（ＮＰＴ）批准によって最終的に確認された。また，防衛計画の大綱や日米防衛協力のための指針（ガイドライン）の策定など1970年代半ばに防衛政策の体系化が図られたことは日米同盟深化の端緒となった。このようにさまざまな課題はあったものの，1970年代から1980年代の外交課題の重点は，「利益」の体系に関わる問題に置かれていたと見るべきだろう。

3. 冷戦後の日本外交――「価値」をめぐる模索

冷戦後の日本は，それまでの「利益」に加えて「価値」の体系に関わる問題にも取り組むようになった。

1989年夏からの東欧革命が号砲となり，冷戦構造は音を立てて崩れていった。同年秋にはベルリンの壁が崩壊し，年末にはマルタ会談で米ソ両首脳によって冷戦終結が謳われ，翌年秋にはドイツ統一，そして1991年末にはソ連が崩壊した。この過程で，冷戦後の日本外交を方向づける「原点」となったのが1990年夏からの湾岸危機，そして翌年の湾岸戦争である。

フセイン（Saddam Hussein）大統領率いるイラクが突如クウェートに侵攻し，併合を宣言したことで始まる危機は，アメリカを中心とする多国籍軍の介入という湾岸戦争につながった。米ソ両超大国の対立構造が揺らぐ中で行われたイラクのクウェート侵攻に国際社会がいかに対応するかは，冷戦後の国際秩序の行方を左右するものであった。

湾岸危機・湾岸戦争を通じた日本の貢献は決して小さなものではなかった。日本が負担した戦費はサウジアラビアとクウェートに次ぐものであり，さらに紛争周辺国への20億ドル供与等を含めて日本の拠出額は130億ドルを超えた。また，米軍の湾岸地域への展開にあたって在日米軍基地は後方支援の拠点として重要な役割を果たした。日本は国連安保理決議の採択を待たずに独自の経済制裁措置を採るなど，初動は素早かった。だが，湾岸戦争は「外交敗戦」として記憶されることになった。日米間のギャップは危機発生当初から大きかったし，自衛隊派遣に関する国連平和協力法案は廃案となり，日本の人的貢献は戦闘終了後の掃海艇部隊派遣に留まったからである。「利益」の体系ではない国際的な危機にどのように向き合うか，政府のみならず与野党の政治家，国民のいずれもが右往左往することになった。この湾岸戦争の「教訓」が，カンボジア和平後のＰＫＯ（国連平和維持活動）以降の国際安全保障への参画につながった。

その後，ＰＫＯは日本の国際安全保障参画の柱の１つとなった。難民救援や国際緊急援助隊なども含め，自衛隊の海外での活動は広がっている。「付随的な業務」とされてきた海外任務は，2007年１月の防衛庁の省昇格に際して本来任務に位置付けられることになった。ただし，第14章で詳しく見るように，その後国連が平和維持活動の定義を変更したにもかかわらず，日本の法体系や議論が従来のままになっているという問題が生じており，2017 年５月に南スーダンＰＫＯから部隊を撤収して以降，日本のＰＫＯ参画は司令部要員のみの状況が続いている。

2001 年９月 11 日にアメリカで発生した同時多発テロ（9・11 テロ）を機に，「対テロ戦争」への対応も新たな外交課題として浮上した。アメリカ主導で進められた「対テロ戦争」の中で，とりわけ難しい台頭を迫られたのは，2003 年３月に始まるイラク戦争である。9・11 テロを引き起こした勢力とイラクのフセイン政権との関係は明確ではなかったし，大量破壊兵器開発問題についても査察継続を退けて開戦に踏み切るだけの説得力があるとは言い難かったが，小泉純一郎首相は開戦直前に武力行使への指示を明言した。自衛隊のイラク派遣にあたっては多国籍軍への参加の是非に議論は集中したが，日本が担ったのは施設部隊を中心とする人道復興支援であった。また，アフガニスタンに関しても復興支援国際会議を 2002 年１月に東京で開催するなど，復興支援に力が入れられた。日本の「対テロ戦争」への協力は，1990 年代初頭以来の国際安全保障への参画の一環と言えよう。

国際安全保障への参画と並行して進められたのがＯＤＡ（政府開発援助）の刷新である。

日本のＯＤＡは東南アジア諸国への賠償を源流とする。賠償が完了した国から順次経済協力に切り替えられていった他，韓国は当初から賠償ではなく経済協力という形であり，中国に対しては国交正常化後一定の期間を置いて円借款が始まった。地域的にもアジア諸国に偏りがあった。援助の形は徐々に多面的になっていったものの，統一的な方針を持たず，基本的には個々のプロジェクトを積み重ねていく形式であり，またインフラ支援への偏りも指摘されていた。

冷戦期における日本の援助のもう１つの特徴は，人権や民主主義といった普遍的な「価値」が重視されていなかったことである。大規模な虐殺を伴った九・三〇事件後のインドネシアの開発体制を支え続けたことや，光州事件を引き起こした韓国の全斗煥政権に対して大規模な経済援助を供与したことなどが象徴的である。

画期となったのは，天安門事件への対応であった。1989年6月，中国で民主化運動を武力で鎮圧するという天安門事件が発生すると，当初は制裁措置に慎重な態度を示しつつも，その後は欧米諸国と軌を一にして対中円借款の凍結を決めたのである。

そして，1992年6月には，「政府開発援助について，内外の理解を深める事によって幅広い支持を得るとともに，援助を一層効果的・効率的に実施する」ことを目的に，人道的見地への配慮，国際社会の相互依存関係の認識，環境の保全を理念として掲げ，「開発途上国の離陸へ向けての自助努力を支援すること」を日本の援助の基本と位置付けるＯＤＡ大綱が策定された。ＯＤＡ大綱は2003年7月に「平和構築」と「人間の安全保障」への取り組みを含む形に改定され，さらに2015年には，従来のＯＤＡ大綱を発展的に改定する「開発途上地域の開発を主たる目的とする政府及び政府関係機関による国際協力活動」に関する開発協力大綱が策定された。

なお，1993年10月には，第1回のＴＩＣＡＤ（アフリカ開発会議）が開催された。その後，2019年までに6回の首脳会合が開催されるなど，ＴＩＣＡＤは日本の対アフリカ外交の柱となっている。冷戦期の日本の取り組みを，経済成長を優先する「開発」それ事態に価値を見出すものと評価することはもちろん可能だが，いずれにせよ冷戦後にＯＤＡは「価値」の面でも地域の面でもより普遍的なものを目指す方向に刷新されたのである。こうした取り組みは，橋本龍太郎政権期の「ユーラシア外交」などと併せて，日本外交の地平をグローバルなものへと広げるものと言える。

国際安全保障への参画，そしてＯＤＡの刷新と並ぶ新たな外交課題として歴史認識問題が浮上したのも冷戦後である。

歴史認識問題は，ともにアメリカの同盟国である隣国の韓国との国交樹立交渉に約15年の歳月を費やすことになったことからもわかるように，元植民地帝国かつ敗戦国の日本にとって，とりわけ難しい問題の1つである。冷戦後の日本外交にとって歴史認識問題は避けて通ることができない困難な課題となった。

端緒となったのは，高校の歴史教科書の検定に際して，文部省がアジア諸国への「侵略」を「進出」に書き換えさせたと報道されたことをきっかけとする1982年の教科書問題である。この問題は1986年にも再燃した。また1985年には，中曽根康弘首相の靖国神社公式参拝をめぐって日中関係は動揺を見せた。とはいえ，後から振り返ってみれば，1980年代の歴史認識問題は散発的なものに留まり，近隣諸国との二国間関係全体を規定するようなものではなかった。

歴史認識問題が拡大したのは，1990年代に入って「慰安婦」問題が本格的に浮上したことによる。日韓両国は1965年の国交樹立の際には，請求権について「完全かつ最終的に解決されたこと」を確認しているが，韓国の民主化は軍事政権下で締結された日韓基本条約を含めて過去を問い直すことにつながり，紆余曲折はあったものの韓国政府も日本に対して「賠償」を求める方針を打ち出すことになった。請求権に「例外」を認めることは，その拡大につながりかねないものであり，日本政府としては受け入れ難いが，宮澤喜一，非自民連立政権の細川護熙，自民・社会・さきがけ連立政権の村山富市とリベラル色の強い首相が続く中で，「慰安婦」問題をはじめとする歴史認識問題への取り組みが進められていった。

1995年夏，7月にはアジア女性基金が発足し，8月には植民地支配と侵略を認め，「痛切な反省」と「心からのお詫び」を表明する村山談話が発表された。村山談話には，歴史認識問題を紛糾させる側面があったことも確かだろう。とはいえ，「慰安婦問題」は東南アジア諸国やオランダとの間にも存在し，イギリスとの間では戦争捕虜問題，アメリカとの間でもスミソニアン博物館での原爆投下機「エノラ・ゲイ」展示をめぐる問題など，歴史認識問題が広がりを見せていたという事情も考慮すれば，戦後50年の節目に日本政府の認識について閣議決定を経た総理大臣談話という形で発表したことに一定の意義は認められよう。またアジア女性基金の取り組みを経て，韓国以外の国との間では「慰安婦」問題はほぼ解決することになった。本来，異なる国家の歴史認識が完全に一致することはあり得ない。それゆえ，歴史認識問題の解決は難しい。日韓間を中心に歴史認識問題はくすぶり続けている。

以上のように，新たな課題として外交資源の多くが割かれたのは「価値」の体系に関わる問題であったが，経済摩擦は1990年代半ばまで一貫して日米首脳会談の最重要項目であったし，アジア金融危機やリーマン・ショックへの対応，21世紀に入ってからの経済連携協定（ＥＰＡ）の取り組みなど，「利益」の体系に関わる問題も引き続き重要な外交課題であった。さらに，気候変動問題をはじめとする地球規模課題への取り組みも進められた。重要なことは，新たに浮上した政策課題に対応するために重点が変わっても，それ以前から取り組んできた課題がなくなるわけではないということである。それゆえに，国力が相対的に低下しても国際場裏で求められる役割は増加することになる。公務員の定員抑制が続く状況で例外的に外務省が増員を続けていることや，防衛庁の省昇格，国家安全保障会議（ＮＳＣ）創設といった施策の背景にはこうした事情も存在している。

なお，冷戦終結後の日本外交を考える際には，1996年4月の日米安全保障共同宣言に結実した日米安保再定義にも触れておく必要があるだろう。冷戦を前提とした日米安保体制が現在まで続いているのは，同盟が冷戦後の状況に見合うものへと「再定義」されたからである。その詳細な説明は第 4 章と第 12 章に譲ることとして，ここでは日米安全保障共同宣言で日米間の「価値」が強調されていることを紹介するに留めたい。

4．日本外交の岐路？

本章を結ぶにあたって，日本外交の軌跡を改めて振り返っておこう。近代日本の帰結は「敗戦」であった。敗戦国としてその歩みを始めた戦後日本は，概ね 20 年周期で重点的な新たな外交課題に取り組んできた。

日本は 1970 年前後までは戦後処理を中心課題としつつ，先進国へのキャッチアップを目指した。経済面でも復興を経て高度経済成長が始まり，戦後処理が概ね落ち着いたのとほぼ同時期，日本は西側陣営第 2 位の経済力を持つに至った。

しかし，日本の経済大国化とほぼ同時期に，それまでの経済成長を支えた国際経済秩序が動揺する。日本にも「利益」の体系に関する課題への主体的な関与が求められた。ドルショックや二度の石油危機など 1970 年代は危機の連続であったが，この過程で日本は国際経済秩序の運営・管理に携わる主要国の一員となる。1975 年に始まったサミットはその象徴的な舞台となった。アメリカが支えてきた国際経済秩序は，日本を含む主要国全体が責任を担う形へと変容した。国際経済秩序の動揺が落ち着くのと前後して浮上したのが貿易摩擦である。日本は台頭する新興経済大国として各国に警戒され，アメリカを中心に各国との貿易摩擦や経済摩擦への対応に外交資源の多くが割かれることになった。

1990年頃から，新たな課題として「価値」の体系に関わる問題が浮上した。日本社会にそれを知らしめたのが湾岸戦争の経験である。カンボジア和平後のＰＫＯを皮切りに，日本は国際安全保障への参画を本格的に進めていくこととなった。日本国内の議論は割れたが，9・11テロを機に始まった「対テロ戦争」への関与も基本的に国際安全保障の領域に限定されたものであった。従来，日本が国際的に役割を果たすのはもっぱら経済関係であり，その他の領域は立ち遅れていた。さまざまな領域で「負担分担」や「責任分担」を求められる中で，実務的な検討は行われており，ＯＤＡの刷新や歴史認識問題などへの取り組みが本格化するのは冷戦後のことであった。

経済大国となった後，1990年前後までは「利益」の体系に関わる問題，次いで2010年前後までは「価値」の体系に関わる問題が，日本が取り組むべき新たな外交課題となった。そして2010年代に入る頃から，日本は「利益」「価値」に加えて「力」の体系に関わる問題に直面することになる。

冷戦後の日本外交にとって安全保障は最大の課題の1つだったが，そこでまず向き合った安全保障とは「国際安全保障（International Security）」であった。断続的に繰り返される北朝鮮のミサイル実験や核開発問題は予断を許さない状況が続いているが，より根本的な課題は中国の軍事的台頭への対応である。日本は「自国の防衛（National Defense）」の問題と真剣に向き合うことを迫られるようになっている。2010年に日本を抜いて世界第2位の経済大国となった中国は，人民解放軍の装備近代化を図るとともに日本周辺を含めて軍事活動の範囲を拡大させている。

安全保障環境の悪化を客観的に示すのはなかなか難しいが，ここでは1つの指標として航空自衛隊のスクランブル（領空侵犯のおそれがある場合に備えた緊急発進）回数を紹介しておこう。ソ連が極東地域における活動を活発化させていた新冷戦期にスクランブルの回数は一度ピークを迎えたが，その後はソ連の崩壊もあって低下の一途をたどっていた。しかし，2010 年代に入る頃から中国機の活動が目立つようになり，2016 年には過去最多の 1,168 回を記録した。この内，中国に対する措置は 851 回と全体の約４分の３を占めている。その後もスクランブル回数の高止まりが続いている。また，尖閣諸島では 2008 年 12 月の中国公船の領海侵入や 2010 年９月の漁船衝突事件によって緊張が一挙に高まり，さらに 2012 年秋の日本政府による尖閣「国有化」以降，中国公船の領海侵犯も常態化している。

戦後日本で安全保障問題を論じることの難しさは，非武装規定を持つ憲法と日米安保条約の間の不整合に由来する。戦後の大半を通じて保守勢力が政権を担い続けたこともあり，安全保障問題は党派的な対立を惹起することも多い。しかし冷戦後，安全保障上の重要な決定には自民党以外の政党も関わっている。日米安保再定義は，長く「非武装中立」を掲げていた社会党が連立政権に加わっていた時期に行われたものである。また，冷戦期に定式化された防衛力整備の基本的な考え方である「基盤的防衛力」が改められたのは，民主党政権の時代であった。

本稿を執筆している 2020 年現在でも世界第３位の経済力を持つとはいえ，日本の相対的な経済力は低下を続けている。1990 年代半ばのピーク時にはＧＤＰでも世界全体の約 18 パーセントを占めていたが，現在はその３分の１程度である。さらに，中国の台頭と反比例をするかのように，第二次世界大戦後の国際秩序を支えた米国の指導力は目に見えて低下している。第４章でも見るように，それは，日本外交の基軸としての日米同盟の行方を不透明にするものである。「力」「利益」「価値」という３つの体系の釣合いをいかに図るか。目指すべき国際秩序を明確に示し，地道な努力と取り組みを続けることが，これまで以上に日本外交には求められる。

次章から，世界各国や地域，さまざまな政策課題と日本との関係について掘り下げて検討していくことにしよう。

※本章は，拙稿「「価値」をめぐる模索——冷戦後日本外交の新局面」『国際安全保障』第45巻第4号，2018年3月，をベースに大幅な加除修正を加えたものである。また，同拙稿刊行後に出版された波多野澄夫編著『日本外交の150年——幕末・維新から平成まで』（日本外交協会，2019年）も参照した。

学習課題

1. この章の内容を1,000字程度で要約してみよう。
2. 本章のベースとなった，白鳥潤一郎「「価値」をめぐる模索——冷戦後日本外交の新局面」『国際安全保障』第45巻第4号，2018年3月，を読んでみよう（https://researchmap.jp/jshiratori/ からダウンロード可能）。
3. 日本の目指すべき国家像について考えてみよう。

3 アメリカ／超大国の歩み

高橋和夫

「世界のすべての皇帝のために乾杯！」
セオドア・ルーズベルト大統領
（ポーツマス会議の歓迎パーティーでの乾杯の音頭）

1. 3回のヨーロッパ介入

（1）超大国のリズム

超大国となってからのアメリカの外交にはリズムがある。海外での大きな役割を求める時期と，反対に対外的な関与を縮小しようとする孤立主義的な傾向の時期である。アメリカの外交は両者の間を振り子のよう揺れ動いてきた。

アメリカが超大国として姿を見せるようになったのは，19世紀から20世紀へと世紀が変わる頃であった。この時期の1898年にアメリカは，スペインと戦いキューバを独立させた。またスペインからフィリピンを奪った。つまり初めて海外の植民地を持った。さらに1903年にパナマをコロンビアから独立させた。運河の建設・管理権や幅16キロメートルの運河地帯の永久租借権をアメリカに与える条約を新たなパナマ政府に結ばせた。そして，運河の建設工事を開始した。運河は1914年8月15日に開通した。その2週間ほど前にヨーロッパで第一次世界大戦が始まっていた。アメリカは，ヨーロッパの植民地帝国のように振舞い始めた。

写真 3-1　セオドア・ルーズベルト大統領
出典：Wikipedia

第一次世界大戦から少し時間を戻そう。1905年，当時のアメリカ大統領だったセオドア・ルーズベルトは，アメリカのポーツマスに日露両国の代表を招き日露戦争の講和の調停の労を取った。交渉に先立った歓迎会でルーズベルトが乾杯の音頭を取った。「ロシア皇帝と日本の天皇のために乾杯！」というべきか，あるいは「日本の天皇とロシア皇帝のために乾杯！」とすべきか。どちらの名前を先に呼ぶべきか。ルーズベルトは頭を悩ませた。調停者として中立の立場を維持するために，「偉大な2つの国の皇帝と国民のために乾杯！」と音頭を取って，この場を切り抜けた。なお，着席の順などの問題を避けるために会は立食形式で行われた。ルーズベルトはフランス語で挨拶した。これは，その外交ほど滑らかではなかったが，何とか通じたようだ。ルーズベルトに関して語られる数多くのエピソードの１つである。

その調停努力の結果が，日露戦争を終わらせたポーツマス条約であった。その功績によりノーベル平和賞をルーズベルトは受けた。超大国アメリカの調停外交へのデビューであった。

さて，この超大国という言葉は英語のスーパーパワーの訳語である。パワーというのは力という意味であるが，国際政治では強国という意味で使われる。スーパーパワーとパワーの違いは何か。第二次世界大戦の末期に，研究者たちは，自国の存在する地域を超えて大きな役割を果たす強国を表現するために，この言葉を使い始めた。具体的にはアメリカ，ソ連，イギリスを意味していた。しかし第二次大戦後の国力の衰退から，イギリスに関してはスーパーパワーという言葉を使わなくなった。したがって米ソのみが超大国であった。

超大国を超大国たらしめる要素は多い。経済力，軍事力，人口，支配領域の広さなどがすぐに頭に浮かぶ。その１つはおそらくエネルギーだろう。石炭に支えられた工業化を進めたアメリカのペンシルバニア州のタイタスビルで商業規模の石油が発見された。1859 年のことであった。このときからアメリカは石油の時代に入り，やがて世界が，その流れに従った。ちなみに後に超大国ソ連へと変貌するロシアにおいても，19 世紀後半からアゼルバイジャンで大規模な石油開発が始まっていた。このアゼルバイジャンは，同世紀の前半にロシア帝国がカジャール朝ペルシア帝国から奪った地域の一部であった。なお 1991 年のソ連の崩壊後にアゼルバイジャンは独立国となった。

19 世紀以降，米露（米ソ）は世界最大のエネルギー生産国となった。イギリスもまた，20 世紀の初めにイランの原油資源を支配下に収め，

写真 3-2　ウッドロー・ウィルソン大統領
出典：Wikipedia

エネルギー大国となった。この三国が第二次世界大戦の勝者となり，石油を持たなかった日独伊が敗れた。石油は勝者と敗者を分けた。

話が先走り過ぎた。第一次世界大戦まで話を戻そう。1914 年にヨーロッパで第一次世界大戦が始まると，当初アメリカは中立を維持した。しかし，やがて 1917 年にはイギリスとフランスの側に立って参戦し，その勝利に貢献した。なぜアメリカはヨーロッパの戦争に参戦したのだろうか。それは当時のウッドロー・ウィルソン大統領が，ドイツの軍事力によるヨーロッパ大陸の統一を恐れたからである。その理由は，それがアメリカを脅かすのを恐れたからではない。ドイツの軍事力の下で統一されたヨーロッパが脅威となるのを恐れたからではない。ウィルソンが恐れたのは，そうした脅威に対抗するためのアメリカにおける軍事力増強の意味であった。

20世紀初頭の強大となったアメリカの国力を持ってすれば，統一ヨーロッパの軍事力に対抗する措置は十分に可能であった。したがってウィルソンはヨーロッパの軍事力を恐れたのではない。恐れたのは，強大な軍事力を常備する国家にアメリカが変貌する意味である。それは，戦争を常に想定した国家となるだろう。現代風に言えば安全保障国家だろうか。となると言論の自由，報道の自由，議会での十分な討論といったアメリカの民主主義を支える基本が脅かされるのではないだろうか。戦争を想定すれば軍事機密が重要になる。報道の自由は制限されざるを得ない。戦争においては，即座の，時には瞬時の決断が求められる。それは，時間をかけての議会での議論という民主主義の根本と相いれないのではないだろうか。

したがってアメリカは強大な軍事力を常備する必要性を排除するために，若者たちを招集し強大な軍事力を短期間で準備しヨーロッパの戦争に介入した。そしてドイツの野心を砕いた。当時のアメリカの外交の振り子は介入へと振れたわけだ。

（2）第二次世界大戦とアメリカ・ファースト委員会

ヨーロッパで砲声が止み第一次世界大戦が終わったのは，1918年11月だった。だが，1939年9月に，つまり第一次世界大戦が終わってから21年後には，ヨーロッパ人が再び大規模な殺し合いを始めた。これは第二次世界大戦として知られる。この戦争は，ドイツ軍のポーランド侵攻で始まった。苦戦するポーランド軍を背後から突き刺すようにソ連軍が反対方向から同国に侵入した。この戦争の開始の前年の1938年に結ばれた独ソ不可侵条約のポーランドにとっての苦い果実であった。

この第二次世界大戦は，翌1940年には大きな展開を見せた。ドイツ軍がベルギー，オランダを席捲しフランスを打ち破った。ドイツ軍の電撃的な勝利の衝撃がヨーロッパを駆け抜けた。ヨーロッパ大陸の大半をドイツと同盟国のイタリア，そしてソ連が制圧した。そしてドイツ空軍のイギリスへの空襲が始まった。イギリスは必死に攻撃をしのいでいた。この追い詰められたイギリスを助けたい。それがアメリカの当時のフランクリン・ルーズベルト大統領の本心であった。

ところが国民のほうは，ヨーロッパの戦争への介入に興味がなかった。反対であった。なぜヨーロッパ人の殺し合いに，再度お付き合いしないといけないのか，理解に苦しんだ。わずか20年前に終わった殺し合いを再開したヨーロッパ人の愚かさに，アメリカ国民は愛想を尽かしていた。ルーズベルト大統領は，イギリスへの支援を考えていながら，1940年の大統領選挙では戦争に参加しないと公約して当選した。イギリスに兵器を送ったり，イギリスへの輸送船を守るためにアメリカ海軍にドイツの潜水艦を攻撃させたりした。ドイツと実質上は戦争状態にアメリカはあった。だが，もちろん本格的な参戦は世論の反対からできなかった。

この世論に大きな影響を与えていたのがアメリカ第一委員会であった。つまりアメリカ・ファースト委員会であった。この委員会の一番有名なメンバーはチャールズ・リンドバーグであった。1927年に大西洋を無着陸で単独飛行したパイロットである。「セントルイスの魂」と名付けた飛行機でニューヨークからパリへの飛行を成功させたハンサムな若者は，世界的なスーパーヒーローとなった。「翼よ，あれがパリの灯だ！」との名言で記憶されている人物である。また，その子息が誘拐され殺害されるという事件もあった。悲劇の中心人物でもあった。このリンドバーグは，全米各地で多くの聴衆を集めた会場で，雄弁にアメリカがヨーロッパの戦争に参戦する愚を訴えた。

写真 3-3　フランクリン・D・ルーズベルト大統領
出典：Wikipedia

ドイツがヨーロッパ大陸を制圧した状況では，アメリカの参戦がイギリスに勝利をもたらすことはないだろう。負けと決まった戦争に参戦するのは愚かであるとリンドバーグは主張した。アメリカ国民は，それを理解している。だが，国民を戦争に引き込もうとしている勢力がある。ルーズベルト政権であり，イギリスであり，ユダヤ人であると議論を続けた。このアメリカ・ファースト委員会の議論は強い説得力で国民の心をつかんだ。ルーズベルト政権がイギリスの側に立って参戦するのは，国内政治的には無理であった。すでに見たように，それを理解していたルーズベルトは，アメリカを参戦させないという公約で 1940 年の大統領選挙を闘った。アメリカ外交の振り子は孤立主義の方向へと大きく振れていた。

1941 年 12 月にルーズベルトに救いが訪れた。日本海軍がハワイ真珠湾を奇襲した。これによってアメリカ・ファースト委員会も反戦の世論も吹き飛んだ。アメリカ・ファースト委員会は解散し，リンドバーグはパイロットとして戦場に向かった。

だがルーズベルトには，まだ問題が残っていた。日本から攻撃を受けたので，日本と戦うことはできるようになった。しかし，ルーズベルトが守りたかったイギリスを攻撃しているのは，ドイツであった。ドイツがアメリカに攻撃したわけではなかった。アメリカは依然としてドイツと戦うことはできなかった。ところが，ルーズベルトに，もう一人の救世主が現れた。ドイツの独裁者のアドルフ・ヒトラーだった。というのはドイツの方からアメリカに宣戦を布告したからだ。これで大手を振って，アメリカはイギリス支援に乗り出せた。アメリカは第一次世界大戦に引き続き第二次世界大戦に参戦しヨーロッパで戦った。日本とドイツのおかげで，孤立主義と対外介入主義の間を揺れる振り子は，振り切れるほど対外介入のほうへ振れた。戦争を仕掛けられたのだから，当然であった。

(3) 冷戦

さて，第二次世界大戦末期からアメリカとソ連は厳しい対立関係に入った。この対立は冷戦として知られる。なぜ冷たかったのか。それは米ソ両国が実際に弾を撃ちあう熱い戦争を戦わなかったからである。冷戦は世界的な規模で戦われた。そして地域により問題によりさまざまな表情を見せた。資本主義を掲げるアメリカと共産主義を掲げるソ連との対立であった。したがって冷戦は，イデオロギーの対立として語られた。だがソ連の共産主義体制の崩壊した冷戦後の世界でも，ロシアとアメリカが対立する場面が往々にしてある。イデオロギー的な差異が，消えたにもかかわらずである。と考えると米ソ冷戦の主要因はイデオロギーの違いではなかったのだろうか。冷戦は，単に２つの超大国間の争いだったのだろうか。

この対立の特徴は，冷戦が冷戦に止まったことだろう。歴史上，2つの強国の存在は，しばしば戦争を引き起こした。アテネとスパルタ，ローマとカルタゴ，フランスとイギリス，ドイツとフランス，その例は数知れない。だが米ソ両国は，決して正面から衝突することはなかった。その理由は何だろうか。双方の指導者の叡智を指摘することは可能だが，何が指導者に，その叡智を与えたのだろうか。双方が所有していた途方もない量の核兵器が，双方の指導者に戦争の意味を考えさせ慎重にさせた。戦争は，双方の国家に耐えがたいほどの打撃をあたえただろう。そして双方の指導者自身の命を直ちに脅かしただろう。こうした状況は人類史においては冷戦までは例がなかった。つまり核兵器が両国の指導者の頭を冷まし続けた。

さて第二次世界大戦直後の情勢である。ヨーロッパの東半分はソ連軍の力によってナチス・ドイツから解放された。そして，この半分の大半でソ連軍は駐留を続けた。見方によれば占領を続けた。そこは，共産主義政党の支配する世界となった。西半分はアメリカ軍を主力とする軍隊によって解放された。この両者は，あたかも「鉄のカーテン」で隔てられたかのように，分断されていた。

その東側には強大なソ連軍が存在していた。しかし，西側は軍事的には空白に近かった。西ヨーロッパ諸国は疲弊しており軍事力を再建する余裕はなかった。しかもアメリカは，戦争が終わると一千万人を超えていた兵力の動員を解除した。戦争が終わった以上，若者を軍隊に止めておく理由はなかった。故郷で父や息子や恋人の帰還を待ちわびる人々を民主主義国家では，いつまでも待たせるわけにはいかなかった。たちまち兵力は数十万人へと急減した。詳しい数値を示すと，1945年にはアメリカ軍の総兵力は1,230万人であったが，その3年後の1948年には55万人にまで縮小していた。解体状態であった。孤立主義と介入主義の振り子は，今度は孤立主義のほうへと振れていた。

（4）トルーマン・ドクトリン

この振り子を介入のほうへ押し戻したのは，ギリシアとトルコの情勢であった。ギリシアでは政府と共産主義者のゲリラが対決していた。そしてトルコに対してはソ連の独裁者のヨセフ・スターリンが領土要求を突き付けた。さらにトルコ海峡地帯での海軍基地の租借を要求した。トルコに対する領土要求というのは，トルコ東部の一部はソ連を構成するアルメニア共和国に本来は属するべきとの議論であった。またトルコ海峡というのは，黒海と地中海を隔てるボスポラス海峡とダーダネルス海峡の２つを指す言葉である。ここにソ連軍の基地を置かせろという要求であった。トルコは，これを拒絶した。しかし，第二次世界大戦の勝者であるソ連の圧力を強く感じていた。

このギリシアとトルコに対して，アメリカのハリー・トルーマン大統領が軍事援助を発表したのが1947年のことであった。またアメリカは，西ヨーロッパ方面に対するソ連の脅威に対抗するために大規模な経済援助計画を発表した。これは当時の国務長官のジョージ・マーシャルの名前を取ってマーシャル・プランとして知られる。これによって西ヨーロッパ諸国の経済を再建するというのが，当面の目標であった。というのは，西ヨーロッパ諸国では経済的な混乱を背景に共産党が支持を伸ばしていたからだ。西ヨーロッパの共産党が選挙で勝って政権を取れば，スターリンは一兵も動かすことなく，鉄のカーテン越しに影響力を浸透させただろう。ワシントンは，そうした事態を阻止したかった。

そして，経済が復興すれば，西ヨーロッパ諸国の軍事力の強化が可能になるというのが，アメリカのシナリオであった。当時の状況では東西の軍事バランスは，ソ連に圧倒的に優位であるというのが，一般的な認識であった。だがアメリカは切り札を握っていた。それは核兵器であった。その威力はロスアラモスの実験場で試験され，広島と長崎の地獄絵で証明されていた。アメリカが，この核兵器を独占しているうちに，西ヨーロッパの再建と再軍備を完了するというのが，ワシントンの政策担当者たちのシナリオであった。

さらに1949年にはアメリカは西ヨーロッパ諸国などとともにＮＡＴＯ（ナトー，北大西洋条約機構）を結成した。この条約が意味していたのは，平たく言えば，西ヨーロッパが攻撃を受ければ，アメリカが血を流しても守るという約束であった。アメリカは，第一次，第二次世界大戦に続き，冷戦においてもヨーロッパに介入した。

こうしてアメリカは，3回目のヨーロッパ介入に踏み切った。だが思い通りには状況は動かなかった。西ヨーロッパ経済は復興したものの，軍事力の強化はアメリカが期待したほどには進まなかった。というのは民主主義国家では軍事費よりは国民の福祉への支出のほうが票につながるからである。したがって，通常戦力面での東側の優位という構造と認識は冷戦の終結まで続いた。

もう1つの計算違いは1949年のソ連の核実験であった。アメリカの予想より早くソ連は核兵器を保有した。これによりアメリカによる原子の火の独占が崩れた。さらに，この年，中国内戦で共産党が勝利を収め，共産党によって中華人民共和国の成立が宣言された。いずれにしろ，この時期にヨーロッパが東西に分断され，アメリカが西ヨーロッパの防衛に関与するという構造が出来上がった。

2. 一極覇権から「アメリカ・ファースト！」へ

（1）世直し

ヨーロッパ方面を包含しながら第二次世界大戦後の世界を規定してきた冷戦構造が，ミハイル・ゴルバチョフの登場した1985年3月以降に変わり始めた。

このゴルバチョフはペレストロイカという改革をスローガンに掲げた。ある日本語通のロシア人によれば，これは「世直し」であった。この世直しは，ソ連の国力を国内改革に傾注することを求めた。

その外交面での表現が「新思考外交」であった。この新思考の新しさは，まずソ連が第三世界でのアメリカとの影響力の拡張競争から手を引くというところにあった。それは，米ソによる陣取り合戦の終わりの始まりを意味していた。これまでのように第三世界の国々が米ソを天秤にかけて競わせるといったことができなくなった。モスクワにとってワシントンとの協調のほうが第三世界の国々の支持よりも重要になった。冷戦はこの方面でも終わりつつあった。

新思考の第二の意味は，東ヨーロッパの親ソ政権の存続にこだわらないということであった。ゴルバチョフの前任者たちは，それまで力で東ヨーロッパの自由化を阻んできた。フルシチョフは，1956年ハンガリーの自由化を戦車で圧殺した。やはり1968年には当時のソ連の指導者のレオニード・ブレジネフが，今度はチェコ・スロバキアでの自由化運動を戦車のキャタピラで踏み潰した。社会主義国家を反革命から守る義務と権利があるというのがソ連の主張であった。この議論はブレジネフ・ドクトリンとして知られる。チェコ・スロバキアの「人間の顔をした社会主義」のスローガンの下に進められた「早すぎたペレストロイカ」，つまり「プラハの春」は，このブレジネフ・ドクトリンの犠牲となった。

こうした歴史的背景の東ヨーロッパで，1989年，自由化への圧力が高まった。世界は固唾（かたず）を呑んでモスクワの対応を見守った。ソ連は，今度は介入しようとしなかった。ブレジネフ・ドクトリンに代わりゴルバチョフの補佐官ゲンナディ・ゲラシモフが掲げたのは，「シナトラ・ドクトリン」であった。その意味を問われたゲラシモフは，フランク・シナトラのヒット曲「マイ・ウェイ」を指摘した。つまり，東ヨーロッパは自らの選ぶ道，「マイ・ウェイ」を歩む自由があるというものであった。ソ連が事態を静観することが明らかになると，それまでの東ヨーロッパのためらいがちな自由化への歩みが疾走になった。象徴的には1989年のベルリンの壁の崩壊を持って冷戦は終わった。そして1990年には東ヨーロッパから共産党の独裁政権が姿を消し始めた。さらに，1991年末にはソ連そのものが崩壊してしまった。その後の世界にはアメリカという超大国のみが，そそり立っていた。アメリカの一極覇権の時代が始まった。

（2）冷戦後

この冷戦の終焉時にアメリカの大統領を務めていたのはジョージ・ブッシュであった。後に大統領となり２期を務めるジョージ・W・ブッシュの父親である。ここでは，混乱を避けるために父ブッシュとして言及しよう。この父ブッシュは冷戦を勝利に導いたばかりでなく，1991年には湾岸戦争においてイラク軍を打ち破りクウェートから追放した。この前年の夏にイラク軍がクウェートを制圧していた。これは湾岸危機として知られる。湾岸戦争は，クウェートをイラクの支配から解放する戦いであった。父ブッシュは，しかしながら1992年の大統領選挙で民主党のビル・クリントンに敗れ１期のみでホワイトハウスを去った。

この1992年の大統領選挙は最初から波乱含みであった。共和党の現職の大統領に同党の候補指名を求めて保守派の論客のパット・ブキャナンが挑戦した。一時期は支持率が９割に達した現職に対する無謀とも思えるブキャナンの出馬であった。だが当時の不況もあり，ブキャナンは予備選挙の緒戦では善戦した。大統領は外交の勝利を訴えているが，アメリカの経済は疲弊している。国内経済のために政府は働くべきだと訴えた。そのスローガンは「アメリカ・ファースト！」であった。この早すぎたトランプは，結局は敗退した。しかし，「問題は経済でしょう，おばかさん！」と訴えた民主党のビル・クリントンがホワイトハウスに入った。

冷戦の湾岸戦争の勝者であった外交の大統領父ブッシュの敗退は象徴的であった。国民は，外交の勝利ではなく，不況からの脱出を望んでいた。クリントン大統領は経済の回復を実現した。しかも財政を均衡させて黒字予算を実現した。そして対外的には大きな軍事的な関与は行わなかった。クリントンの時期にアメリカ外交の振り子は対外介入主義から孤立主義のほうへ振れた。

（3）アメリカ同時多発テロとネオコン

このクリントンのあとを継いだのが共和党のジョージ・ブッシュであった。冷戦の勝者の息子であった。ここでは混乱を避けるために息子ブッシュと呼ぼう。息子ブッシュの外交は，再び対外的な軍事関与に振れた。というのは2001年９月にアメリカは同時多発テロに襲われたからである。これを，息子ブッシュの周りにいたネオコンと呼ばれる人々が利用して，アメリカをアフガニスタンとイラクへの戦争へと駆り立てた。

ネオコンとはネオ・コンサーバティブ（新しい保守主義者）という意味である。今や唯一の超大国となったアメリカは圧倒的な軍事力を行使して，平和と安定を脅かす政権を転覆させ，民主的で自由な政権を打ち建てるべきだというのがネオコンの主張であった。アメリカの力で自らのイメージにあった民主国家を創り出そうという壮大な野心であった。

同時多発テロが，この野心の実行を可能にした。テロに襲われたアメリカ国民が，テロの根源を断つための戦争が必要だとの説に動かされたからだ。

まず，ネオコンの目標となったのがアフガニスタンであった。この国はターレバンという厳格なイスラム解釈を国是とする政権が支配していた。そしてアメリカ同時多発テロを実行したアルカーエダという国際テロ組織が，このアフガニスタンに拠点を構えていた。同時多発テロの翌月の10月には，アメリカはターレバン政権に対して戦争を開始した。そして年末までには，この政権を打倒した。ここまでは，筋書き通りだった。しかし，その後の民主的な国家創りのほうは成果を上げていない。しかも，後に見るようにアメリカが2003年にイラク戦争を始めるとターレバンが復活した。そして戦いは今日まで続いている。

2003年3月，今度は先に触れたように，イラクに対する攻撃を開始した。イラク戦争の始まりであった。翌4月には，イラクのフセイン政権を打倒した。ここまでは，やはりシナリオ通りであった。だが，その後イラク国民のアメリカの支配への反発，さらにはイラク国民の間での内戦が始まった。ここでも民主国家の建設は困難を極めている。

（4）「アメリカ・ファースト！」

こうした状況を受けて2008年にバラク・オバマが大統領に当選した。オバマはイラク戦争をばかげた戦争だと呼んで，この戦争に賛成した他の政治家を押さえて当選した。アメリカ外交の振り子は，海外での関与の縮小へと振れ始めた。

これを加速させたのが，2016 年の大統領選挙でのドナルド・トランプの当選であった。トランプは「アメリカ・ファースト!」というスローガンを掲げてホワイトハウスの鍵を手にした。アメリカ・ファーストとは何か。それはアメリカが一番で中国が二番というような意味ではない。その意味は，アメリカの国益が最優先という意味である。国益の具体的な内容は何か。その重要な要素は，アメリカ自身の防衛以外ではアメリカ人の赤い血を流さないという方針である。アメリカの死活的な利害がかかわらない限り自国民を死なせないという意思表示である。

このスローガンを振りかざして，2016 年の大統領選挙では，トランプは他の候補を打ち破った。海外へのアメリカの軍事的な関与を批判して支持を集めた。特に重要だったのはイラク戦争批判であった。この戦争を批判したトランプが，共和党の最有力候補と考えられていたジェブ・ブッシュを退けて同党の指名を獲得した。フロリダ州の元知事の

写真 3-4　バラク・オバマ大統領
出典：Wikipedia

写真 3-5　ドナルド・トランプ大統領
出典：Wikipedia

ジェブ・ブッシュは，兄のジョージ・ブッシュ息子大統領が始めたイラク戦争を支持した。そして他の共和党の候補者もイラク戦争を支持していた。イラク戦争が馬鹿な戦争だと批判したのは共和党の有力候補ではトランプだけであった。

トランプは共和党の大統領候補者の指名を獲得したものの，実は共和党の主流の人間ではなかった。それゆえ共和党の大半が支持してきたイラクでの戦争を批判できた。しかも民主党のヒラリー・クリントン候補でさえ，上院議員時代にイラク戦争に賛成の投票をしていた。それが2008年の民主党の候補指名を求めての争いで，バラク・オバマに敗れた大きな要因であった。オバマは上院議員のときにイラク戦争に反対の投票をしていた。それが自分のほうが指導者としての判断力があるのだというオバマの言葉に説得力を与えた。2008年と2016年の大統領選挙では，イラク戦争への賛成投票がヒラリーを最後まで呪ったかのようであった。

話を戻すとトランプは，終わりなき戦争に倦み疲れた人々の支持を集めた。そうした厭戦気分を象徴する言葉が「アメリカ・ファースト！」である。このファーストに関して重要な点は，これを言うのはトランプがファーストつまり初めてではないという事実である。すでに見たように，リンドバーグやブキャナンがこの言葉を使っている。アメリカ・ファーストは，トランプの特異な個性に起因する言葉ではない。見誤ってはならない。その背景には，戦争に疲れた国民の支持がある。それは，アメリカの歴史に脈々と流れる孤立主義の伝統の最新の表出である。そして，この流れは，2020年以降も続きそうである。というのは，2020年の大統領選挙で，トランプは敗れたが，勝った民主党のジョー・バイデン（1942年～）は，オバマの副大統領だったからである。アメリカ・ファーストという傾向は形や表現を変えながら生き続けるだろう。

学習課題

1. この章の要旨を1,500字ピッタリにまとめてみよう。字数を決めての論述練習は文章力を高める良い手段です。
2. 放送大学のテレビ科目『現代の国際政治（'18)』の第4回「アメリカの世界戦略（1）スーパーパワーへの道」を視聴しよう。
3. 放送大学のテレビ科目『英語で読む大統領演説（'20)』の第7回を視聴しよう。冷戦期の大統領のトルーマンの演説が解説されています。

参考文献

小此木政夫・赤木完爾（編著）『冷戦期の国際政治』（慶応通信，1987年）
ドリス・カーンズ・グッドウィン著／砂村榮利子・山下淑美訳
『フランクリン・ローズヴェルト』上下（中央公論新社，2014年）
高橋和夫『現代の国際政治（'18)』（放送大学教育振興会，2018年）

4 日本とアメリカ――同盟国の絆と摩擦

白鳥潤一郎

1. 日米関係――変わるものと変わらぬもの

アメリカとの関係は特殊である。日米関係を外交上の基軸とする日本に限った話ではない。それは，何よりもアメリカが世界中のどの国よりも巨大な存在ということに由来する。

どの国にとってもアメリカとの関係が非対称であることは際立つ。かつてもう1つの「超大国」であったソ連も，軍事以外の領域では大きく差を開けられていたし，遠方への展開能力では同盟網に支えられたアメリカに敵わなかった。世界の多くの国にとって，アメリカとの関係は何らかの意味で最も重要な二国間関係（少なくともその1つ）である。

戦前の日本にとってもアメリカは縁のある国であった。「黒船来航」は幕末の混乱，引いては明治維新につながった。「開国」そして「通商」に日本を導いたのはアメリカであり，また日露戦争ではセオドア・ルーズベルト（Theodore Roosevelt）米大統領が周旋役を担った。移民問題を除けば昭和初期まで日米両国は基本的に良好な関係をたどったと言えよう。1931年9月の満洲事変が日米間に深刻な対立を引き起こし，さらに1937年7月に始まる日中戦争が泥沼化していく中で日米関係は破局に向かうことになった。1941年12月，日本の真珠湾攻撃によって日米戦争が始まった。

1945年8月，日本の「敗戦」は日米二国間の関係を決定的に変えた。日本を占領したのは連合国軍だが，実態としてはアメリカの意図に沿った形で民主化をはじめとする占領改革が実施された。

日本はアメリカの大きな影響の下に戦後の歩みを始めた。そして，日米の同盟関係は独立後の日本外交の柱として現在まで継続している。アメリカとの関係性が非対称であることは変わっていない。とはいえ，冷戦史家ジョン・ルイス・ギャディス（John Lewis Gaddis）が「尾が犬を振る」と形容しているように，アメリカは同盟国に振り回され，譲歩をしてきた面もある。また，第3章でも触れているように，「アメリカ・ファースト」はトランプ（Donald Trump）大統領の専売特許ではない。アメリカの伝統の1つである「孤立主義」の新たな表出である。日米の同盟関係は，こうしたアメリカ側の不満も考慮しながら手入れが続けられてきていることを押さえる必要があるだろう。

第二次世界大戦後，日本にとってアメリカとの関係は最も重要な二国間関係だが，日米関係は時代とともに大きく変容している。「勝者」と「敗者」であった占領期の状況は，少しずつ，しかしながら着実に変化していった。「台頭する経済大国」として日本が欧米各国から警戒された1980年代には，日米関係は「世界で最も重要な二国間関係」とも言われたが，1990年代半ばには一転して「ジャパン・バッシング」が指摘されるようになった。だが，この間も両国の関係は深化を遂げている。

日米関係が，どのように変わっていったのかを見ていくことにしよう（なお，日米関係の安全保障面については第12章で詳細に触れる）。

2. 日本占領

1945年8月14日，日本政府はポツダム宣言受諾を決定し，即日連合国にその旨を通知した。8月30日に占領のために連合国軍最高司令官の任に就いたマッカーサー（Douglas MacArthur）が厚木飛行場に降り立ち，９月２日には戦艦ミズーリ号上で降伏文書の調印が行われた。

日本が正式に降伏したことで占領統治が本格化していく。最初に問題になったのは占領の形態である。日本の占領は，７月 26 日に米英中３か国首脳の名前で発出されたポツダム宣言に基づく。だが，ポツダム宣言には曖昧な点があった。日本は「無条件降伏をした」と言われることもあるが，ポツダム宣言で連合国が無条件降伏を要求したのは「日本国軍隊」であったし，民主化に向けた改革の主体として「日本国政府」を挙げていた。また，よく知られているように天皇制については慎重に明言を避けていた。連合国内での駆け引きも同時並行で進んでいた。８月８日に対日宣戦したソ連は，日本のポツダム宣言受諾表明後も戦闘を続け，スターリン（Joseph Stalin）は北海道の約半分の占領を要望していたが，アメリカは８月 18 日，分割占領を退けた。

結果として，日本の占領は事実上アメリカの単独占領という形となった。これが日本占領の第１の特徴である。ソ連をはじめとした連合国の意向はＧＨＱの意思決定にもさまざまな形で影響を与え，中国・四国地方の占領は英連邦軍が担った。それでも，対日戦の主力を担い続けたアメリカは，占領の主導権を他国に譲るつもりは毛頭なかった。連合国間の協議機関は設置されたが，その権限は名目的なものに留まった。勝者の側では，連合国間よりもむしろＧＨＱ内（たとえば民生局〈ＧＳ〉と情報担当の参謀第２部〈Ｇ２〉）やＧＨＱと米本国の対立の方が占領政策に与えた影響は大きかった。

第２の特徴は，天皇と日本政府を通じた間接統治となったことにある。日本が降伏文書に調印した９月２日，ＧＨＱは①占領軍による英語を用いた統治，②占領軍裁判所の設置（占領軍による裁判権行使），③軍票の発行，からなる「三布告」の実施を日本政府に通告した。直接軍政の危機であったが，日本政府からの申し入れを受けて撤回された。そして9月27日には，マッカーサーと昭和天皇の会談が行われた。この会談の後，マッカーサーは天皇を積極的に利用しつつ占領を行う方針を固めた。

4か国に分割占領され，1949年まで軍政が続いたドイツと比べれば，同じ連合国による占領でも日本が一定の自立を保ったことがわかるだろう。それは日本に統治の継続性と占領の安定をもたらした一方で，戦争責任問題に曖昧さを残すことにもつながった。

占領された日本にとってＧＨＱの存在は圧倒的に大きい。しかし日本占領は勝者が敗者に全てを押し付けたという単純なものではなく，勝者と敗者の間には相互作用があり，それは占領改革にも通じるものであった。

占領初期から中期にかけて行われた改革の主たる目的は日本の非軍事化と民主化に置かれた。その実施方法には概ね3つの類型が見られる。

第1は，「日本政府先取り型」で，労働改革や選挙改革が該当する。労働改革は労働組合の導入を柱とし，敗戦直後の東久邇宮内閣の段階で具体的な検討が始まり，早くも1945年12月に労働組合法が公布された。選挙については，女性参政権が付与され，衆議院の選挙権は20歳に被選挙権は25歳に引き下げられた。いずれもＧＨＱからの詳細な指令を待たずに実施された改革であった。

第2は，「ＧＨＱ指令型」で，政治犯の釈放，財閥解体や独占禁止法などの「経済民主化」，警察機構の改革などである。日本政府の抵抗もむなしくＧＨＱによって押し切られたもので，独立後に是正が図られたが，その後も影響は続いている。

その他の改革の多くは，第3の「混合型」で，農地改革がその典型であった。農林官僚たちにとって，小作農の地位と生産性向上のための農地改革は戦前以来の課題となっていた。また食糧問題の解決も急務であり，早くも1945年10月には農林省で原案が作成された。閣議での強い反対をふまえた修正案が議会に提出されたが，それについても強い反対を受けた。その後，ＧＨＱからの覚書が転機となって審議が進み，農地改革は実施に移された。しかし，ＧＨＱはこの改革を不十分かつ不徹底なものと判断して自ら追加的な改革案を立案し，日本政府に実行が委ねられることになった。

最大の占領改革であり，その後に大きな影響を与えたのは言うまでもなく日本国憲法の制定である。マッカーサーは当初日本の自主的な取り組みを待つ姿勢であったが，検討が遅々として進まず，かつ大日本帝国憲法の微修正に留まる改正案が検討されていることがわかると方針を転じた。マッカーサーは基本方針として①天皇制存続，②戦争放棄，③封建制廃止，を示し，これをふまえてＧＨＱ内で憲法草案がわずか9日間でまとめられた。日本側はこの草案を受け入れる他なく，ＧＨＱ草案を基にした日本国憲法が1946年11月に公布された。

占領の潮目が変わったのは1947年である。日本国憲法施行を前に，初期の占領改革はほぼ完了に近づいていたことから，早期講和が模索されたのである。3月にマッカーサーが早期講和に言及し，米本国でも早期講和に関する検討が進められていた。だが，国際環境の変化は風雲急を告げていた。冷戦が本格的に始まろうとしていたのである。「冷戦宣言」とも読み取り得る3月のトルーマン大統領演説，ヨーロッパ向けの大規模な経済援助としての「マーシャル・プラン」発表等を経て，ヨーロッパの分断は決定的なものとなった。

冷戦が始まる中で早期講和への動きは頓挫し，アメリカは占領政策を転換する。日本は無力化すべき旧敵国ではなく冷戦下でのパートナーとして育成する対象となり，経済復興を重視する方向に占領政策の重点は移っていくこととなった。

講和に向けた交渉は，アジア地域でも冷戦が本格化する中で進むことになった。特に1950年6月に始まった朝鮮戦争は日本に大きな影響を与えた。朝鮮戦争は「特需」を日本にもたらした一方で，「再軍備」という課題を突き付けた。

最終的に，1951年9月，サンフランシスコ平和条約が締結された。平和条約と同日には日米安全保障条約も締結され，米軍は日本に駐留を続けることになった。なお，ソ連は講和会議には出席したものの条約には調印しなかった。日本国内ではソ連を含む「全面講和」を目指すべきという主張も根強かったが，アメリカがソ連の要求を呑む形での講和に応じる見込みはなく，現実的な選択肢ではなかったと考えるべきだろう。こうして，日本は「西側陣営の一員」という立場で国際社会に復帰することになった。

3. 日米「パートナーシップ」の形成

サンフランシスコ平和条約発効によって主権を回復したものの，敗戦国の日本が本格的に国際社会に復帰するための残された課題は山積みであった。

独立直後の日米関係の実態は，日本がアメリカにほぼ一方的に依存した関係として捉えられる。「ドルと核の傘」とも言われるように，日本は西側陣営の一員として経済・軍事の両面でアメリカの庇護を受ける対象であった。

日米関係は，講和後約20年間をかけて，日本の一方的な依存関係と講和の代償を解消し，アメリカの政策を日本が補完・代替するパートナーシップへと変容していく。この間，アメリカの対日認識は「中立日本」への懸念から「大国日本」への警戒に転じることとなった。

日本にとって「ドルと核の傘」の恩恵は大きかった。在日米軍の存在は，日本が自ら本格的な再軍備をすることなく，経済中心主義を採ることを可能にした。そして日本の経済的自立を支援するために，アメリカは自国の市場を開放し，さらに国際機関への加盟や西欧諸国による対日貿易制限の撤廃に協力した。日本の高度経済成長は内需主導型であったが，原材料等の輸入のための外貨獲得は必須であり，「国際収支の壁」の克服なくして，日本のさらなる飛躍は望めなかった。国際機関加盟や対日経済差別撤廃は，高度経済成長の対外的な条件を満たすことにつながった。日本は1952年に国際通貨基金（ＩＭＦ）および世界銀行，1954年に国連のアジア極東経済委員会（ＥＣＡＦＥ）およびコロンボ・プラン，1955年に関税および貿易に関する一般協定（ＧＡＴＴ），そして1964年に経済協力開発機構（ＯＥＣＤ）に加盟するが，いずれもアメリカの強い後押しを受けている。多角的かつ開放的な貿易体制を実現し，西側陣営全体を強化することがアメリカの狙いであった。

一方的な依存には代償や犠牲が伴う。1950年代には日本各地で米軍駐留に伴うさまざまな問題が相次ぎ，それは「基地闘争」につながった。こうした状況は徐々にではあるが改善していく。朝鮮戦争の最中ということもあり，独立時には約26万人の米兵が日本に駐留していたが，1953年8月の朝鮮戦争休戦後は減少の一途をたどり，1958年2月には地上戦闘部隊の撤退が完了した。徐々に整理・縮小は進んでいったが，日本各地に在日米軍基地や関連施設が点在しており，在日米軍はより「身近な存在」であった。たとえば，現在の代々木公園一帯は在日米空軍の住居施設ワシントンハイツとして利用されていた。ワシントンハイツは1964年に返還，同年開催の東京オリンピックの選手村として使用された後，再整備され現在の形になった。

占領期ほどではないにしても，1950年代半ばまでアメリカが日本の内政に与える直接的な影響も相当に大きかった。たとえば，在日米軍基地駐留経費に関する防衛分担金をめぐる日米交渉は，予算編成とも大きく関係し，鳩山一郎内閣を崩壊寸前にまで追い込むことになった。復興期には「朝鮮特需」やアメリカからの各種援助が日本経済に与える影響も大きかった。こうした状況は高度経済成長が本格的に始まることで日本経済の規模も拡大し，さらに「中立日本」を懸念するアメリカが歴代の自民党政権を支えるようになったことで徐々に解消していった。

日米間には解決すべき大きな戦後処理の問題も残されていた。政治的に特に重要だったのは安保改定と沖縄の施政権返還である。第2章との重なりを避けて，ここでは後者に絞って説明を加えたい。

沖縄について歴代の各政権もアメリカへの申し入れを行ってきた。しかし，本格的に交渉が始まるのは佐藤栄作政権になってからのことであった。佐藤は政権を目指す段階から沖縄返還に強い関心を持っていたが，国内政治やアメリカの動向もうかがいつつ，慎重にタイミングを見極めながら交渉を進めた。ベトナム戦争が泥沼化する中での難しい交渉となったが，最終的に1972年5月に施政権返還を実現した。

沖縄返還は，日米間に残された最大の戦後処理問題であったことに留まらない，多面的な性格を持っている。

第1に，領土問題としての性格である。沖縄は奄美群島や小笠原諸島とともに占領下で日本本土から切り離され，日本の主権回復後も引き続き米軍政下に置かれた。奄美は1953年，小笠原は1967年に返還が決まり，沖縄が最後まで残されることになった。沖縄は小笠原と並ぶ激戦地であっただけでなく，多数の米軍が駐留する「基地の島」であった。それだけに難しい交渉となったが，最終的に日米間の領土問題はここに解決した。

第2に，日米安保体制の法的側面との関連である。沖縄は最終的に

「核抜き本土並み」返還が実現し，日本本土との法的な一体性は保たれた。しかし返還交渉が始まった当時，日本政府内では返還後の沖縄に適用する何らかの特別協定が必要という考えも有力であった。佐藤は慎重に情勢を見極めて最終的に「核抜き本土並み」を交渉方針として打ち出し，実現に導いた。返還交渉を通じて日米安保体制の法的側面が固められることになった。

以上の2つが成果であるのに対して新たな課題も浮上した。1つは，東アジアの安全保障問題への関与である。それまで日本は地域の安全保障問題への関与を慎重に避けてきたが，沖縄返還に合意した共同声明で，日本の安全のために韓国は「緊要」，台湾は「きわめて重要な要素」と初めて具体的に言及した。あくまで口頭でのコミットメントであったが，日本が戦後処理を超えた課題に向き合いつつあったことを示している。

もう1つは，沖縄基地問題の浮上である。もちろん軍政下から沖縄では米軍基地をめぐるさまざまな問題が生じていた。しかし，それは第一義的に沖縄県民とアメリカとの関係であった。返還によって日本政府は基地問題の前面に登場することになった。また，返還交渉と並行して日本本土の基地が整理縮小されたことも基地問題を難しくした。沖縄が求めた「本土並み」は基地負担も含むものだったが，それは実現しなかった。本土にある基地の整理縮小によって沖縄への基地集中が進む状況は1950年代以来生じていたが，それは日本本土で基地問題が見えにくくなる一方，沖縄で問題が深刻化することにつながる。沖縄では返還後もさまざまな事件が頻発したが，沖縄基地問題が全国的に注目を集めるのは冷戦後になってからであった。

沖縄返還が合意される1年前，1968年に日本は西ドイツを抜いて自由陣営第2位の経済力を持つに至った。この少し前からアメリカの対日認識もかつての「中立日本」への懸念から「大国日本」への警戒へと転換していた。日米の相対的な経済力の差が埋まり，泥沼化するベトナム戦争に苦しむ中で，アメリカは徐々に日本にさまざまな負担分担を求めるようになっていく。

4. 世界で最も重要な二国間関係？

世界で最も重要な二国間関係——このように日米関係を形容したのはマンスフィールド（Mike Mansfield）駐日大使である。カーター（Jimmy Carter）政権とレーガン（Ronald Reagan）政権で駐日大使を務めた米政界の長老の言葉は任国に対するリップサービスとばかりも言えない。冷戦終結期に「ソ連の軍事力」よりも「日本の経済力」の方がアメリカにとっての脅威だという世論調査が話題になったように，日本は台頭する経済大国として警戒された。危機に始まり，そして摩擦に終わる約20年間を見ていくことにしよう。

1971年夏，ニクソン（Richard M. Nixon）米大統領による2つの声明が世界を揺るがした。7月15日には翌年の大統領訪中，8月15日には金・ドル交換性停止を柱とする新経済政策がそれぞれ発表された。前者は米中対立が基調だったアジア冷戦の構造を根本から覆す米中接近であり，後者は安定的な国際通貨体制の崩壊を意味するドルショックであった。日本を含む同盟国への相談もなく発表されたことも衝撃を倍加した。頭越しの対中接近は衝撃であったものの，日本は翌年，アメリカに先んじる形で中国と国交を結んだ。

危機はさらに続いた。ドルショックを受けて関係各国は為替レートを調整することで対応したが，結局，1973年3月までに固定相場制の維持を諦めて変動相場制に移行することとなった。さらに同年秋には中東紛争に際して石油が「武器」として使われたことで第一次石油危機が発生した。石油危機の翌年，日本は戦後初めてのマイナス成長を記録することになった。一連の事態は，否応なく日本を国際舞台に引きずり出した。日本は，西側陣営第 2 位の経済力を持つ主要国の一員として，国際経済秩序の動揺に対処することを迫られたのである。

とはいえ，こうした危機においても日本がアメリカとの関係をないがしろにしたわけではなかった。国内に石油資源をほぼ持たない日本が独自路線を歩んだと言われることもある石油危機でも，危機発生直後こそ若干対立したものの，アメリカ主導の消費国間協調を目指す動きにはいち早く参画している。石油危機を経てエネルギー資源外交という新たな領域でも日米両国は協力したと評価する方が実態に即している。多国間関係の中での日米協力という路線は，1975 年に始まったサミットに引き継がれた。

危機に翻弄された状況も落ち着いた 1975 年には昭和天皇が訪米した。次代の平成時代には天皇の訪米は毎年のように行われたが，昭和時代は 1971 年の訪欧と 1975 年の訪米のみであった。昭和天皇は「開戦の詔勅」を発した当事者でもあり，入念な準備を経て行われた訪米だったが，アメリカでは歓迎され，日米関係に確かな礎を築いた。

1970 年代後半以降，徐々に各領域における日米間の摩擦が常態化するようになった。アメリカが，一方で台頭する経済大国である日本を警戒しつつ，他方で日本に負担分担や責任分担を求めるというのが基本的な構図である。在韓米軍撤退問題等に端を発する防衛摩擦は徐々に解消へ向かったが，貿易摩擦は経済摩擦へと拡大し，さらに文化摩擦まで喧伝されるようになった。個別の案件の詳述は避けるが，大幅な円高を是認する「プラザ合意」は日本のバブル経済発生につながり，さらに 1990 年 6 月に最終報告書がまとまる日米構造協議は日本社会全体に与えた影響も大きかった。この間日本は，外交資源の多くを日米間の摩擦の解消に費やすことになった。

日米両国の関係が対立にのみ彩られていたわけではないことも確認しておくべきだろう。1980 年代には，レーガン米大統領と中曽根康弘首相は互いにファーストネームで呼び合う親密な関係を築いた。1970 年代初頭から日本の各政権は 2 年程度しか続かない不安定な状況であったが，中曽根は例外的に 5 年間の長期政権となり，防衛面をはじめとして日米間の協力も進展した。また，1980 年代を通じて日米両国の関係を「同盟」と表現することが日本国内で受け入れられていった。

国内での利害対立をアメリカからの要請という「外圧」を利用することで解消しようとする関係者が少なくなかったことも考慮すべきである。国内にさまざまな利害対立があることは当然として，本来はそれを政府内で調整し，対外的な交渉に臨むことが求められる。だが省庁間や省庁内の縦割り意識も強く，日本の姿勢は揺れた。1980 年代半ば以降，首相官邸の強化が日本政治の課題となった背景にはこのような事情も存在したのである。

5. 冷戦後の日米関係

日米安保体制を根幹とする日米関係は，冷戦という国際環境の下で成立した。冷戦が終結し，安全保障上の考慮が後退すれば，アメリカの同盟への関心は低下しかねない。また，東アジア地域では冷戦終結の前後に安全保障環境は悪化した。ヨーロッパでは東西ドイツが統一したが，東アジア地域では分断国家が統一することなく残存し，韓国が中ソ両国と国交を結んだことで北朝鮮は孤立感を深め，核開発への道を歩んだのである。

経済摩擦もまだ落ち着かず，さらに冷戦終結によって両国内で「平和の配当」を求める声が高まったこともあり，日米同盟は一次的に「漂流」とも言われる状況に陥った。1994年2月，日米首脳会談が「決裂」したことは関係者に大きな衝撃を与えた。しかし，事務レベルで粘り強い交渉が進められ，1996年4月の日米安保共同宣言に結実する日米安保再定義を経て，日米両国の同盟関係は深化することとなった。日米同盟は「アジア太平洋地域において安定的で繁栄した情勢を維持するための基礎」と位置付けられた。そして，この頃にはバブル崩壊によって日本が経済的に苦境に陥る一方でアメリカ経済は復調し，経済摩擦もようやく落ち着きつつあった。

21世紀に入ると，小泉純一郎首相とブッシュ（George W. Bush）大統領の個人的な関係も基盤の1つに同盟の深化は進んだ。こうした蓄積が，2011年の東日本大震災時の「トモダチ作戦」（在日米軍による大規模な救援活動）につながった側面もあるだろう。そして，国論を二分する形にはなったが，2014年には集団的自衛権の限定的な行使容認を認める形に政府の憲法解釈は変更され，翌年には平和安全法制（安保法制）が成立した。また，政権交代後にアメリカは離脱してしまったが環太平洋経済連携協定（ＴＰＰ）など経済面での前向きな協力が進んだことも成果である。

深化を続ける日米関係にとって不安材料となっているのが沖縄基地問題である。1995年9月に発生した沖縄での米兵による少女暴行事件を機に，基地問題は再び政治的にも注目されるようになった。日米両政府の危機感も強く，1996年4月には，市街地に囲まれ，従来から危険性が指摘されてきた普天間基地の移設・返還が合意された。しかし，合意では代替施設の詳細が詰められておらず，さらに返還交渉と並行して大規模な米軍再編が進められる中で大規模な代替基地建設が既成事実化したことで移設は難航していた。

こうした状況で，2009 年 9 月に民主党を中心とした連立政権が登場した。5 年 5 か月の長期政権を築いた小泉の退陣後，日本政治は首相が約 1 年で代わる混乱が続いた。そうした状況での政権交代には高い期待が寄せられたが，実際の政権運営は混乱を極めた。その象徴とも言えるのが沖縄基地問題への対応であった。民主党代表の鳩山由紀夫が選挙中に「最低でも県外」と発言したことで，普天間基地の移設先がクローズアップされることになった。しかし，鳩山が具体的な解決案を持っていたわけではなく，迷走の末に自民党政権時代の辺野古沖移設案に回帰した。この過程で改めて明らかになったのは，沖縄基地問題の本質が日本国内における「負担分担」であり，基地の県外移設を阻んでいるのはアメリカというよりも受け入れを拒む他の都道府県だという事実であった。再度の政権交代の後，現地の強い反対の声を押し切る形で基地建設は強行されている。

日米同盟は 2021 年で発足から 70 年となる。この間，同盟は深化を遂げ，日米間の協力関係も重層的なものとなった。だが，アメリカがヒト（在日米軍）を提供し，日本がモノ（基地）を提供するという根幹は変わっていない。在日米軍基地の安定的な運用が難しくなれば，同盟の根幹が大きく揺らぐ。基地問題は沖縄だけの問題ではなく日本全体の問題であると理解する必要があるだろう。

本章を結ぶに当たって，2017 年に成立したトランプ政権についても触れておきたい。大統領就任後も続く場当たり的な発言や，相次ぐ政府高官の交代もあってトランプ政権の対外政策の全体像をつかむのは困難である。それでも，経済ナショナリズムを重視し，多国間の枠組みを遠ざけて二国間交渉を好む外交のスタイルなどは明らかと言えよう。総じて国際場裏におけるアメリカのリーダーシップの低下を招いている。

2020年までの状況を見る限り，日本は首脳間の個人的な関係を梃子にしつつアメリカの要求をうまく交わしながら実務的な関係の継続に取り組んでいるように思われる。ここで考えなければならないのは，国際的な問題に関与を嫌う姿勢やアメリカのリーダーシップの低下がトランプ政権に限ったことではないことである。とはいえ，アメリカが海外への関与を縮小しようとしたり，同盟国に負担分担を求めたりすることは，戦後を通じて定期的に生じてきた事態でもある。バイデン政権，そして2025年からの政権でもそれは変わらない。中国の台頭が本格化する中で，アメリカとの関係をどのように考えるのか，改めて問われている。

学習課題

1. 「価値」の体系という観点から日米関係を考えてみよう。
2. アメリカの軍事戦略において在日米軍基地の持つ意味について調べてみよう。
3. 日米同盟を破棄した際に日本が取り得る外交上の選択肢を具体的に考えてみよう。

参考文献

五百旗頭真『占領期――首相たちの新日本』(講談社学術文庫，2007年〔原著1997年〕)

五百旗頭真編『日米関係史』(有斐閣，2008年)

佐橋亮編『冷戦後の東アジア秩序――秩序形成をめぐる各国の構想』(勁草書房，2020年)

白鳥潤一郎『「経済大国」日本の外交――エネルギー資源外交の形成　1967～1974年』(千倉書房，2015年)

平良好利『戦後沖縄と米軍基地――「受容」と「拒絶」のはざまで　1945～1972年』(法政大学出版局，2012年)

中島琢磨『沖縄返還と日米安保体制』(有斐閣，2012年)

中島信吾『戦後日本の防衛政策――「吉田路線」をめぐる政治・外交・軍事』(慶應義塾大学出版会，2006年)

日米協会編『もう一つの日米交流史――日米協会資料で読む20世紀』(中央公論新社，2012年)

船橋洋一『同盟漂流』上下巻(岩波現代文庫，2006年〔原著1997年〕)

細谷千博編『日米関係通史』(東京大学出版会，1995年)

宮城大蔵・渡辺豪『普天間・辺野古　歪められた20年』(集英社新書，2016年)

5 東アジア／新しいバランスを求めて*

高橋和夫

摩天楼の影踏みつけて銭を乞う老女一人いて上海風景

1. 米中関係

(1) イブサンローランの香水

東アジアは，冷戦期の国際政治の構造が残る不思議な地域である。朝鮮半島には冷戦構造が残存している。そして台湾海峡にも。その冷戦構造の上に米中の対立という大きな構造がかぶさっている。ここでは米中の対立という構造の中の3つの地域での情勢の展開を取り上げよう。最初の2つは，すでに触れた台湾と朝鮮半島を巡る情勢である。3つめにアセアン（東南アジア諸国連合）の結成と成長である。

まず，大枠となる米中関係から語り始めよう。さて，1996年フランスの高級ブランドのイブサンローランの香水が中国で販売禁止になる事件があった。なぜか。なぜ，この香水の販売が禁止されたのだろうか。それは，そのブランド名が「オピアム」だったからだ。オピアムとはアヘン（阿片）を意味している。香りでアヘンほど男性の心をしびれさせる香水という意味での命名だったのだろうか。退廃的なムードの漂う広告も使われている。

しかしアヘンという言葉は，中国人にはアヘン戦争を思い起こさせる。この戦争が中国にとっては屈辱の近現代史の始まりであった。19世紀，イギリスが，中国との貿易を本格化させた。陶磁器や茶などの中

*本章は，拙著『現代の国際政治（'18)』（放送大学教育振興会，2018年）の第7章「米中関係」での論述を踏まえ発展させた内容となっている。

国の産品は魅力的であり輸入額がかさんだ。しかし，イギリスには中国の大衆に売る物が少なかった。イギリスの大幅な貿易赤字であった。イギリスの銀が決済のために中国に流れた。この流れを変えたのがインドから持ち込まれたアヘンだった。アヘンの販売によってイギリス商人たちは莫大な利益を上げた。またイギリスの対清貿易の赤字の問題も解消された。

しかしアヘンは，人々の肉体をむしばむ。当時の清朝の高官であった林則徐（1785〜1850年）は，アヘンを没収し，その取引を禁じた。まともな政府のまともな対応であった。ところが，これを不服としたイギリスは艦隊を送り清国を攻撃した。歴史では正しいほうが勝つとは限らない。この時がそうだった。イギリスが清を軍事的に屈服させ香港の割譲などの条件を押し付けた。これが列強による中国の半植民地化の始まりであった。どの国民にとっても外国への屈従は苦い経験である。ことに自らを中華と呼ぶほど誇り高い中国人にとっては，その苦さは突き刺すほど鋭い感情的な痛みを伴ったであろう。

中国を傷つけた列強の中には，もちろん日本もアメリカも含まれていた。外国人が忘れることはあっても，中国人のほうは決して忘れることのない歴史であろう。まだ癒(い)えていない深い傷口である。こうしたアヘン戦争以降の歴史を背景として，21世紀の中国外交が展開されている。

（2）2つの政府

中国との付き合いの難しさは，2つの政府が自らこそが中国を代表する唯一の正統な政府だと主張してきた点にある。その背景を説明しよう。1644年以来，長年にわたり中国を支配した清朝は1911年の辛亥革命の結果1912年に滅亡した。その後の混乱のなかで毛沢東（1893〜1976年）の率いる中国共産党と，蒋介石（1887〜1975年）の指導する国民党が，二大勢力として対立した。両者が中国の覇権をめぐって戦っていたころ，そして国民党が共産党に対して優勢な時期に，日本が中国に対する戦争を始めた。

この介入が国民党の共産党討伐を阻害した。日本に対する共闘を求める強い議論と世論を受け，国民党は内戦での共産党に対する勝利を後回しにした。共産党と協力して，まず日本との戦争に当たることとなった。その共産党は，この間に力を蓄えた。そして第二次世界大戦が終わると，国民党と共産党は再び内戦に突入した。今度は共産党の軍隊が国民党の軍隊を圧倒して1949年には中国大陸の制圧に成功した。さらに，その年の10月に毛沢東が北京で中華人民共和国の成立を宣言した。敗れた国民党は台湾へと逃れ，その首都を台北に置いた。ここに中国を代表すると主張する2つの政府が並立した。

（3）朝鮮戦争

この中華人民共和国政府とアメリカの関係を決定的に悪化させる事件があった。朝鮮戦争であった。第二次大戦終了まで日本の支配下にあった朝鮮半島は，北緯38度線で南北に分かれて独立した。北半分は朝鮮民主主義人民共和国（北朝鮮）が，南半分は大韓民国（韓国）が支配した。その朝鮮半島で1950年6月に戦争が始まった。38度線を越えた北朝鮮軍は，たちまち韓国の首都ソウルを陥落させて，早い速度で南下を続けた。日本に駐留していたアメリカ軍が韓国の支援のために送られたが，北朝鮮側の攻勢が続き，韓国軍とアメリカ軍は南端の港湾都市プサンの周辺にまで追い詰められてしまった。そこでアメリカ軍の反攻が始まった。

アメリカ軍はプサンの正面から反撃に出るのではなく，ソウル近郊の海岸の都市仁川（インチョン）に上陸して北朝鮮軍の背後に回った。仁川は，現在の国際空港の所在地である。包囲を恐れた北朝鮮軍は，半島の北部へと撤退した。それを追ってアメリカ軍が北進し，中国との国境にまで近づいた。この年の末，つまり1950年内に戦争がアメリカ軍と韓国軍の完勝で終結するとの楽観的な見方さえあった。アメリカ軍の将兵は故郷でのクリスマスを夢見ていた。

さて，この戦争に参戦したアメリカは，同時に中国情勢にも関与を深めた。というのはハリー・トルーマン大統領（1884～1972年）が，朝鮮半島への介入と同時にアメリカ海軍の艦艇を台湾海峡に派遣したからである。そして国民政府への軍事援助を増加させた。これによって，北京政権の軍隊が台湾海峡を越えて台湾に上陸することが不可能になった。

なお第二次世界大戦後の日本では，北京の中華人民共和国を承認したいとの意向が強かった。というのは経済界が中国大陸の市場に強い魅力を感じていたからであった。しかしながら，アメリカの強い影響下の日本は，台湾の国民党政府の中華民国を中国の代表として承認した。

さて，その後の朝鮮半島での戦局は，どう展開したのだろうか。アメリカ軍が自国の国境まで迫るのに，北京の共産政権は脅威を覚えていた。アメリカ軍が中国の革命政権の転覆を狙っているのではないかとの懸念を抱いていたからだ。中国はアメリカに対して国境に軍隊を近づけないようにと警告した。そして警告が無視されると，中国軍が大挙して，しかし密かに朝鮮半島に入った。中国軍が静かに待ち受ける地域にアメリカ軍が侵入すると，奇襲攻撃をかけて，これを撃退し追撃し朝鮮半島の南部にまで押し戻した。以降，一進一退の血みどろの戦いが続けられることとなった。中国人とアメリカ人が朝鮮半島で実際に殺し合ったわけだ。

こうした状況に置かれ，アメリカ軍を指揮していたダグラス・マッカーサー将軍（1880～1964年）は，核兵器の使用や中国大陸の爆撃を主張した。しかし，トルーマン大統領は，こうした戦争拡大の提案を退け，対日戦と仁川上陸作戦の英雄のマッカーサーを解任した。なぜトルーマンは，戦争の拡大提案を退けたのだろうか。

トルーマン周辺の当時の情勢認識を凝縮しているのが1951年5月のオマール・ブラッドレー参謀総長のアメリカ議会での証言である。つまり朝鮮戦争の開戦から約1年後の発言である。ブラッドレーによると「朝鮮戦争は，間違った敵との間違った時の間違った場所での間違った戦争」であった。どういう意味であろうか。そして朝鮮戦争が間違った戦争ならば，何が間違っていない「正しい」場所での「正しい」敵との「正しい」戦争なのだろうか。ブラッドレーによれば，アメリカにとっての本当の敵はソ連軍であり，正しい場所は西ヨーロッパであった。アメリカは朝鮮戦争が，共産側の仕掛けた陽動作戦（フェイント）ではないかと疑っていた。つまり東アジアにアメリカ軍の主力を投入させ，そのすきにソ連軍が西ヨーロッパに対して大規模な攻撃を始めるのではないかと恐れていたのだ。そのため，これ以上の東アジアへの深入りを避け，軍事力を温存したかった。特に，当時はアメリカの核兵器の保有量が比較的に限られていたので，貴重な核兵器をアジアで「浪費」する愚は，避けたかった。こうした計算が，マッカーサーの解任というトルーマンの決断につながった。

結局，この朝鮮での殺し合いは1953年の休戦まで続いた。中国にしろ北朝鮮にしろ，核兵器を持っていない国が，核兵器で武装したアメリカと戦った。核兵器の脅威を受けながらの戦争の経験が，その後の両国の核兵器開発への強い動機となったであろう。そして朝鮮半島での戦いが止まったあとも，両国はアメリカの核戦力を意識せざるを得なかった。アメリカの核爆弾の影で生きざるを得なかった。

毛沢東は，核兵器を「張り子の虎」と呼んで恐れない振りをした。しかし，脅威は脅威である。中国にとっての当面の選択はソ連に頼るしかなかった。その核戦力でアメリカの核の脅威を抑止するしかなかった。

抑止とは，防止とか防衛とかからは，距離のある概念である。防止とか防衛とかは，相手の行為そのものを阻止する。ところが，抑止は，おうおうにして防止が不可能であるとの前提から，相手に行為の引き起こす結果を想像させて，その行為自体を思いとどまらせる。たとえば，アメリカが核兵器を中国に使用すれば，ソ連が核兵器をアメリカに使うかも知れない。と思えば，アメリカは中国への核攻撃を思い止まる。高速で飛行する多数の核ミサイルを確実に撃墜する技術がない以上，防止はありえない。また当時の中国にはアメリカ空軍の爆撃機の侵入を防ぐ十分な手だてもなかった。可能だったのは抑止のみである。ソ連の核戦力がアメリカの核攻撃から中国を守る抑止力に本当になるのかについては議論があった。しかし，とりあえず毛沢東には，ソ連に頼るしか手段は残されていなかった。中国は「向ソ一辺倒」というスローガンを掲げた。徹底してソ連に頼るという姿勢であった。なお抑止の概念に関しては核兵器の問題を扱う 11 章でも繰り返して論じたい。

（4）ミサイル・ギャップ

ところが，そのソ連と中国の関係を悪化させる事件が発生した。1962 年のキューバ危機であった。この危機には前段があった。キューバ危機に至るまでの，その前段となる米ソ関係を振り返っておこう。

1957 年ソ連は，世界初の人工衛星スプートニクの打ち上げに成功した。これは，アメリカの自信を揺さぶった。世界の科学技術をリードしていると自負していたアメリカは衝撃を受けた。これを「スプートニク・ショック」と呼ぶ。人工衛星を打ち上げるだけの推進力のあるロケットを開発したという意味は，衛星の代わりに核爆弾を搭載すれば，地球上の，どこに対しても核攻撃が可能になる。世界全体がソ連の核兵器の射程内に入った。こうした展開を受けて，ミサイルの技術と数の面でソ連に遅れを取っているのではないかとの懸念が，アメリカで広がった。この懸念を「ミサイル・ギャップ」と呼ぶ。

1960年の大統領選挙では民主党のジョン・Ｆ・ケネディ（1917～1963年）候補は，このミサイル・ギャップを争点にして共和党政権が怠慢であると批判した。共和党のリチャード・ニクソン（1913～1994年）候補は，ドワイト・アイゼンハワー（1890～1969年）大統領の副大統領として２期を務めた人物である。共和党には安全保障問題に強いとのイメージがある。ところがケネディは，ミサイル・ギャップをテコに，その安全保障問題で共和党を攻撃した。

ところで1950年代末からアメリカは，ソ連のミサイル戦力の実態を知ることになる。というのはアメリカが投入した最新式のＵ２偵察機が，それまで闇に包まれていたソ連の核戦力の実態をとらえ始めたからである。懸念していたほどの数のミサイルをソ連が配備していない事実をアメリカは知った。しかもソ連のミサイルは液体燃料を使っていた。アメリカの使っていた固形燃料の場合，ボタンを押せば発射できる。ところが液体燃料の場合は，発射準備の命令が出てから燃料タンクへの燃料の注入を始める。その作業に時間を要する。ミサイル発射の準備をしているのを察知できれば，アメリカのミサイルは発射準備の完了前のソ連のミサイルを攻撃できる計算になる。いずれにしろ，ミサイル・ギャップは存在しなかった。アイゼンハワー政権は，候補者のケネディに，この事実を知らせた。しかし，ケネディは，ミサイル・ギャップという争点を使い続けた。

そしてケネディが大統領に当選した。ケネディは公約通りに核戦力を拡充した。アメリカの核ミサイル戦力を大幅に増強した。今度こそ本当のミサイル・ギャップが生まれた。アメリカは核戦力でソ連をリードした。しかも圧倒的に。これが11章で扱うキューバ危機の背景となった。おそらくソ連は，このミサイル・ギャップを埋めるためにキューバに中距離核ミサイルを配備した。その詳細は同章に譲りたい。しかし，この危機の経験は米ソの指導者を対話へと向かわせた。

（5）「平和共存」

ケネディとフルシチョフは，キューバ危機で人類の破滅の深淵をのぞき込んだ。フルシチョフは，以降は資本主義世界と社会主義諸国の全面対決は不可避であるとの議論を捨て，両者の「平和共存」を訴えるようになった。

しかしながら，これは北京政府には不都合であった。平和共存は現状維持を意味した。それは台湾の現状の追認であった。台湾を「解放」して祖国に「復帰」させるという夢の放棄であった。中国とソ連の間で，つまり中ソ間で，イデオロギー上の路線対立が表面化するようになる。ソ連は中国に対する援助を打ち切り，中国はソ連を「修正主義」として批判した。モスクワと北京の間で，どちらがマルクス・レーニン主義の正しい継承者かという社会主義の本家争いが始まった。

これでアメリカの核攻撃をソ連の核で抑止するという戦略が根本的に崩れた。中国は懸命に核兵器開発を進め，1964年10月に最初の核実験に成功した。ちょうど東京ではアジア初のオリンピックが開かれていた。

（6）ダマンスキー（珍宝）島

その5年後の1969年，ついに両国軍が国境線をなすウスリー川の中州で衝突した。ソ連は対中国国境に精鋭部隊を配備して中国を威嚇(いかく)した。中国の核戦力が成長する前に，北京政権を打倒したいとの強い誘惑にかられているようであった。ソ連の中国攻撃が真剣に懸念された。今や，アメリカの核戦力ばかりでなくソ連の核戦力が中国を威嚇した。

毛沢東は，国民に対し地下壕を深く掘り食料を蓄え戦争に備えるように呼び掛けた。そして対外的には，大きな動きに出た。アメリカとの接近を模索したのだ。米ソ両国と同時に対立する愚を知り，より大きな直前の敵であるソ連に対峙するための一手であった。1971年ニクソン大統領の補佐官であったヘンリー・キッシンジャー（1923年～）を北京に招き，関係改善のための本格的な交渉を開始した。そして1972年に，ニクソン大統領の北京訪問を実現させた。これによってアメリカは，ソ連に対して明確なメッセージを発した。ソ連の中国攻撃に反対であるとの。

ソ連の脅威が中国のアメリカへの接近の決断の動機であった。それでは，なぜアメリカは朝鮮戦争で戦った中国との和解に動いたのだろうか。キッシンジャーによれば，ソ連の中国攻撃は予測できない大混乱をもたらすだろう。さらにソ連による中国制圧は国際政治のバランスを根本的に変えるだろう。どちらもアメリカの国益ではない。また北ベトナムと戦争をしていたアメリカにしてみれば，中国との接近は北ベトナムに対する強い圧力になる。いずれもアメリカの国益に沿っていた。

（7）改革開放

外交面で，毛沢東はアメリカとの接近という大きな選択をした。同じように，国内的に大きな決断を下したのが鄧小平（1904～1997年）であった。鄧小平は，毛沢東の死後の中国において，強い指導力で経済改革を実施した。「改革開放」という名の資本主義的な経済政策であった。外資を誘致して中国の経済を一変させた。

そして，その改革開放路線の採用から40年の時が流れた中国の経済

表5-1　中国とアメリカのＧＤＰ（購買力平価ベース）

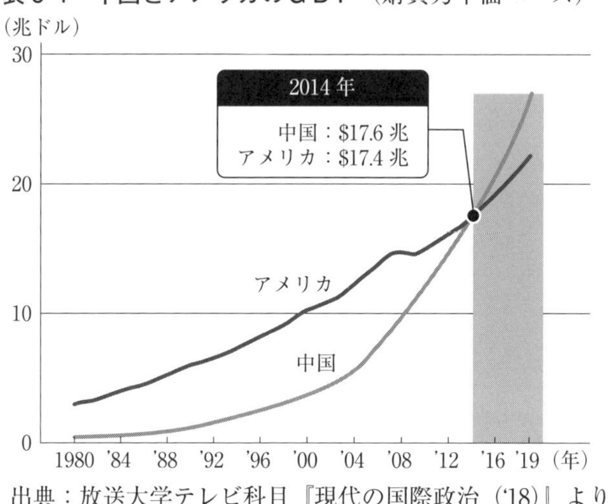

出典：放送大学テレビ科目『現代の国際政治（'18)』より

は驚異的な成長を遂げた。安価で豊富な労働力の活用により，中国は世界の工場となった。そして21世紀に入るとその規模で日本を越え，世界第2の経済力を誇るようになった。やがては，アメリカにも経済規模で追いつき追い越すのではとの予想も一部では出されている。事実，購買力平価という基準で測ると，すでに経済規模では世界一だとの見方もある。

（8）パンダかドラゴン（龍）か？

国内的には大胆な改革を行った鄧小平の外交政策は，「韜光養晦（とうこうようかい)」という言葉に凝縮されていた。国力が整わないうちは，国際社会で目立つことをせず，じっくりと力を蓄えておく戦略であった。慎重そのものであった。

しかし，すでに見たように40年以上の時が中国の経済を発展させた。

写真 5-1　鄧小平
出典：Wikipedia

この経済発展が中国の政治を，どのように変えるのだろうか。専門家の意見は二分されていた。経済の発展とともに政治も次第に民主化し，欧米型の社会へと移行していくという見方が一方で存在した。これをパンダ派と呼ぶ。他方では，経済の発展にもかかわらず，中国は共産党独裁の体制を維持し，そしておそらく対外的に強硬な姿勢を取るだろうとの予想がある。この考えは，ドラゴン（龍）派として知られる。

現在までのところパンダ派の見方は劣勢である。国内での目立った民主化の動きは見えない。また経済発展は，中国の軍事大国化を引き起こしている。外交面でも東シナ海や南シナ海での領有権の主張など強硬な姿勢を示している。

こうした中国のドラゴン化の背景に何があるのだろうか。1つには，

写真 5-2　超高層ビルの立ち並ぶ上海のプードン地区

(2012 年 12 月　筆者撮影)

写真 5-3　上海で物乞いをする身障者

(2011 年 12 月　筆者撮影)

共産党政権の統治の正統性の問題がある。中国は確かに豊かになったが，同時に貧富の差を生み出した。途方もない格差が社会を引き裂かんばかりに大きな口を開けている。発展した海岸部と内陸部の間に，都市と農村の間に，そして権力を利用して豊かになった党幹部と庶民の間に，大きな所得の格差が存在している。

上海の超高層ビルの影で物乞いをする人々の姿を見ると，社会正義の実現を目指した中国革命とは，一体全体何だったのだろうかとの疑問に，旅行者でさえ，とらわれる。こうした格差の著しい社会の運営が仕事であるならば，別に共産党が権力を独裁する必要はない。アメリカのビジネス・スクールの卒業生にだってできるだろう。中国共産党は，社会正義の実現の主体としての魅力を失ってきた。新たな正統性の源泉が必要である。そこで出てきたのが民族主義である。

中国共産党は対日戦争を戦い勝利に導いたとの神話を強調し始めた。また日本の中国に対する第二次世界大戦終結までの行為を，それまで以上に強調するようになった。

こうした論調は，1972年の北京訪問の際の田中角栄首相と毛沢東主席の会話とは，鮮やか過ぎる対比をなしている。その会話とは第二次世界大戦が終わるまでの中国大陸での日本の行為を田中総理が詫びたのに対し，毛主席は「日本の介入のおかげで共産党は国民党との内戦に勝利を収めたのであるから，それは良かった」という旨の返答をした。田中首相のほうが拍子抜けした。このときの毛沢東には「歴史認識」という言葉で日本を問い詰める様子はみじんもなかった。そんなことをしなくても，革命第一世代の指導層にはカリスマ性があった。その統治の正統性に異議をはさむ者もいなかった。

第二世代以降の指導層には，そうしたカリスマ性はない。この面でも，民族主義を煽(あお)ることで，その埋め合わせをしているかのようである。第一世代の毛沢東や周恩来は社会主義の理想郷の建設を訴えた。そして鄧小平は豊かな社会との未来像を提供した。そうした理念に代わる中国の将来像として，現世代の指導層が国民に呼び掛けているのが，「中国の夢」の実現である。その意味はアヘン戦争以前の清朝の最盛期の支配領域を回復である。しかも清朝も夢見なかった東シナ海と南シナ海での覇権の確立を目指している。その行動はパンダよりもドラゴンのほうを思わせる。

(9) 米中間での相互確証破壊の成立

2000年代に入って，中国は，その核戦力を飛躍的に増大させた。中国は核戦略の用語で第二次攻撃能力とよばれる戦力を獲得した。これも11章で再び論じることになる概念である。第二次攻撃能力とは先制攻撃を受けても生き残れる核戦力を意味している。そうすれば，報復を恐れ潜在的な敵国は先制攻撃をためらうだろう。つまり抑止が効いている状態になる。先制攻撃を第一次攻撃と数えれば，生き残った戦力で反撃する能力が第二次になる。

奇襲攻撃を最も受けにくいのは，位置の特定の難しい潜水艦に搭載された核ミサイルである。アメリカ，ソ連（ロシア），イギリス，フランスは，そしておそらくイスラエルも核兵器を搭載した潜水艦を保持することで，この第二次攻撃能力を維持している。2000年代に入り，中国は核ミサイルを搭載した潜水艦隊を建造し，この第二次攻撃能力を獲得した。仮にアメリカからの攻撃を中国が受けても同国の潜水艦は水面下で生き残り反撃の長距離核ミサイルを発射できるようになった。アメリカと中国の間の相互の核抑止が確固たるものとなった。別の言葉を使えば，相互確証破壊という状況が成立した。この用語に関しても11章で再度の説明を試みよう。

(10) オバマのアジア・シフト

中国の軍事力の増強は，そして強硬な外交姿勢は，まず台湾の安全保障を脅かしている。そして周辺諸国との摩擦と対立を生んでいる。日本とは尖閣諸島の領有権を争っている。また南沙諸島をめぐる東南アジア諸国との対立など，中国は数多くの領土・領海問題を抱えている。そして，この海域の制海権を第二次世界大戦後から一貫して保持してきたアメリカと対立するようになった。

一方で，南シナ海の環礁を埋め立てて人工の島にし，そこに軍事力を展開するという中国のやり方は，余りにも挑発的である。他方，アメリカのオバマ政権の対応は逆に慎重であった。それでも，2015年から中国が領有を主張する人工の島の「領海」内を海軍の艦艇に航行させ始めた。中国の領有権の主張を認めないとのジェスチャーである。アメリカは，これを「航行の自由作戦」と呼んでいる。

そしてオバマ政権はアジアに軸足を移すと言明している。オバマ政権は，一貫してシリアへの本格的な軍事介入に慎重だった。その大きな理由の１つは，中東にさらに深く足を突っ込むのではなく，アジアに重心を移したいからである。アメリカの将来は太平洋にあり，中東にはない。シェール・ガスとシェール石油の生産でエネルギーの自給を達成しつつあるアメリカにとっては，エネルギーという観点からも介入の動機は低下している。

中国の台頭への対応という面で見ると，アメリカはインドやベトナムと軍事的な関係を深め，中国の動きを牽制している。またオバマ政権はＴＰＰ（Trans Pacific Partnership，環太平洋パートナーシップ協定）と呼ばれる経済協定を太平洋周辺の同盟諸国と締結した。日本の外務省のホームページによれば「自由，民主主義，基本的人権，法の支配といった普遍的価値を共有する国々とともに」経済の交流を深めようとの試みである。これには中国が加盟していない。「自由，基本的人権，法の支配といった普遍的な価値の共有」という言葉は，中国を除外するための暗号のようなものである。経済の面で，中国以外のアジア太平洋諸国を強くアメリカに結びつけようとする計画であった。しかし，2016年の大統領選挙では，民主党のヒラリー・クリントン候補（1947年〜）も共和党のドナルド・トランプ（1946年〜）候補も2人ともがＴＰＰに反対の立場を打ち出した。各国は，この条約に署名したものの，肝心のアメリカでの協定の批准が難しくなった。そして，当選したトランプは，この条約から離脱した。

（11）2016年のアメリカ大統領選挙

そのトランプの当選した2016年のアメリカ大統領選挙では中国が議論の的となった。中国との貿易が，製造業を破壊し，アメリカの中流階級を縮小させた。民主党の側では，最後までヒラリー・クリントン候補と大統領候補指名を争ったバーモント州選出のバーニー・サンダース上院議員（1941年〜）が自由貿易に反対の立場を鮮明にした。つまり中国との貿易に批判的だった。サンダースは，失業した，あるいは職を脅かされているアメリカの工場労働者などの支持を集めた。サンダース候補の急追を受けたヒラリー・クリントン候補も制限のない自由貿易から距離を置き始めた。結局は，いずれの候補も中国との貿易の再検討を訴えたわけだ。何とかクリントン候補がサンダース候補を振り切って民主党の指名を獲得した。TPPを交渉したオバマ政権の1期目の国務長官であったクリントンが，最後にはTPPへの反対を打ち出した背景であった。

同じような議論が，共和党の候補者指名を獲得したドナルド・トランプによっても展開された。トランプは，中国が環境を破壊して，つまり環境保全のコストを負担せずに製造した製品をアメリカに輸出していると攻撃した。さらに，通貨を操作して中国通貨の元を異常に安く維持して輸出攻勢をかけていると議論を続けた。しかも，サイバー攻撃をかけてアメリカ企業の秘密を盗んでいると声を荒げた。トランプは，自分なら中国とうまく交渉できる。そして，もっと良い条件を引き出せる。そう主張して11月の本選挙でクリントン候補を破って大統領に当選した。

当選したトランプは中国からの輸入に高い関税を課した。さらに中国がアメリカの企業と政府機関に対してサイバー攻撃を掛けて情報を盗んでいると批判している。米中間の関係は緊張した状況にある。

(12) 新型コロナウイルスと旧型米中関係

2020年３月頃に同年11月のアメリカ大統領選挙に出馬する候補者の姿が，鮮明になった。共和党は，もちろん現職のドナルド・トランプ大統領である。そして民主党の候補者選びが実質的に終わった。ジョー・バイデン前副大統領（1942年～）で決まった。11月の大統領選挙ではトランプとバイデンの一騎打ちという構図になった。

さて，ちょうどバイデンに民主党の候補者が決まった３月頃からアメリカで新型コロナウイルスが蔓延（まんえん）し始めた。各地で多くの感染者と死者が出ている。このパンデミックとよばれる広い範囲の感染がドナルド・トランプを大統領の座から引きずり下ろすかも知れない。確かに，感染が拡大し始めた段階ではトランプ大統領の支持率が上昇した。危機の際に指導者の下に結集しようとする心理は普遍的であり条件反射的ですらある。しかし，危機が長引くにつれ，トランプへの支持率は元の水準にまで低下した。背景にあるのは，危機の悪化と，トランプ政権の対応の遅れである。そして経済の破綻である。昨年11月の段階でCIA（米中央情報局）は，中国で新しいウイルスが広がっているとホワイトハウスに警告を発していたとメディアは伝えている。警告を受けながら，トランプは動かなかった。その結果が現在の惨状である。

そして，この危機が引き起こした失業の増加と株価の下落が，トランプの再選を脅かしている。トランプが再選のために実績として打ち出してきたのが経済の繁栄だった。給与の格差の問題はあるにしろ，失業率は歴史的な低さであったし，株価は上昇していた。その両方をパンデミックが吹き飛ばしてしまった。株価は若干ながら戻しているが，経済成長がマイナスになった以上，現在の株価が長く維持できると信じているエコノミストは多くない。

失業者は歴史的なスピードで増加している。5月段階で3,000万人を超えた。国内総生産も2020年の最初の四半期で5パーセント縮小した。経済の繁栄が一瞬にして不況に転じた以上，もはやトランプは経済では選挙を闘えない。その結果が，トランプの再選戦略の変更である。感染の拡大と経済の崩壊の責任を転嫁する必要がある。まず中国以外に，その候補はいない。そして中国の影響下にあるとされるWHO（世界保健機構）が，トランプによる攻撃の対象となってきた。もっと早期に中国が十分な情報を開示していたならば，今回の惨事は避けられただろう。そしてWHOの対応も決して迅速ではなかった。アメリカによる中国叩きとWHOへの資金供与の停止は，こうしたトランプの再選戦略の反映である。その成否は来たる11月の大統領選挙が示すだろう。

仮にトランプが再選されれば，この中国叩きは，米中関係に苦い後味を残すだろう。逆にトランプが，もし敗れるとすれば，その原因は新型コロナウイルスということになるだろう。

だが民主党の候補者指名が確実視されるバイデン前副大統領が勝利を収めた場合でも，中国に対する厳しい態度が予想される。人権を外交理念に掲げ，香港の民主主義の弾圧やウイグル人の抑圧をバイデンは批判している。米中の摩擦は高熱を発し続けるだろう。

新型コロナウイルス後の米中関係は，新型コロナウイルス前の米中関係に似ているだろう。このパンデミックが，まぶしすぎるほど強い光で照らし出しているのは，すでに始まっていたアメリカと中国の競争関係である。アメリカも中国も何年か後には，このウイルスの災難から立ち直るだろう。そして感染の始まる前と，そして現在と同じように，ライバル関係を繰り広げるだろう。現在，両者が争っているテクノロジーの面での覇権争いに，ウイルスのワクチンや治療薬の開発競争が加わるだろう。新型コロナウイルス後の世界においても，現在と同じように各国は米中間での難しい外交の舵取りを迫られるだろう。国際政治の基本的な構図は変わらない。

(13) ハイテク覇権

さて，アメリカと中国の関係で注目すべきは，戦略面でのライバル関係にもかかわらず，両者の間では巨額の貿易が行われており，投資の流れも小さくない点である。両国は競合しつつ協力しているわけである。今後とも競合と協力の厳しいバランスとりが続くだろう。アメリカの政策エリート間でのコンセンサスは，米中は軍事，経済そしてテクノロジーの面で覇権を掛けての競争状況にある。そしてアメリカには，この競争に負けるつもりはない。

中国のような一党独裁の体制が，自由なアメリカとの技術面での覇権を掛けた競争に勝てるだろうか。自由な思考と議論が許される社会でこそ，技術革新は早いスピードで起こるのではないだろうか。それが，結局は冷戦でアメリカがソ連に勝った理由ではないだろうか。という議論は，確かにそれなりの説得力を持つ。

しかし，独裁体制が技術革新を実現した例も存在する。たとえば第二次世界大戦後の世界を規定することとなった２つの大発明はナチス独裁下のドイツで起こった。ジェット・エンジンと弾道ミサイルである。しかも，第二次世界大戦後の米ソ間の宇宙開発競争においては，当初はソ連がアメリカをリードしていた。共産主義体制が資本主義体制の先を行っていた。もっともソ連の宇宙開発の基礎となったのは第二次世界大戦中にナチスによって開発されたロケット技術だった。やがてアメリカが巻き返し1969年にはアポロ計画で月に人を送るという成功を収めた。宇宙開発競争の勝負があったと思わせた瞬間であった。

これを，アメリカの自由な体制のソ連の共産党独裁体制に対する勝利と解釈するべきだろうか。しかし，考えてみればアポロ計画で主導的な役割を果たしたのはドイツ生まれのフォン・ブラウン博士であった。ヒトラーのために弾道ロケットを開発した男である。アメリカに亡命した多くのドイツ人科学者たちには，ナチスに対する嫌悪から当初は十分な研究の機会が与えられなかった。しかし，宇宙開発競争でソ連に後れを取ると，そうした嫌悪感が吹き飛んだ。アメリカの宇宙開発競争での勝利では，こうしたドイツ出身の科学者たちの果たした役割が大きかった。

ナチス支配下での技術革新は，国家が総力を挙げて取り組めば，自由の不足は，その強い足かせとはならないという証明だろうか。中国とアメリカの技術覇権の行方は，必ずしも明らかではない。

(14) ツキジデスのワナ

古来から，既存の大国と新興の大国は，しばしば対立し戦争を引き起こしてきた。古代の地中海世界では既存の大国カルタゴと新興のローマが激突し，その覇権を争った。結果は歴史の示す通りカルタゴは廃墟となり，ローマは大帝国となった。19世紀に成立した統一ドイツは，やがて既存のイギリスやフランスと対立して第一次世界大戦が起こった。新たな大国の登場は，既存の秩序を不安定にしがちである。

こうした状況を表現するのに「ツキジデスのワナ」という言葉が使われる。これは古代ギリシアの歴史家ツキジデスの著作である『戦史』にちなんだ言葉である。この著作の中でツキジデスは既存の大国スパルタと新興の大国アテネの戦争を描いている。そしてアテネは，この戦争で敗れる。その大きな要因は，伝染病の流行であった。新たな大国の出現は，国際システムを不安定にさせやすい。現在の東アジアは，そうした時期だろうか。そしてパンデミックが広がっている。不気味な偶然の一致である。

2. 台湾

（1）「フリー・チャイナ」

中国大陸の情勢を追ってきたが，中華民国政府の支配する台湾の情勢にも目を向けておこう。台北の蒋介石の国民政府は，自らこそが中国を代表する唯一の正統な政府であるとの立場を堅持した。対外的には，自らを「フリー・チャイナ」として宣伝した。共産主義の支配下にはない，自由なほうの中国というわけであった。しかし，台湾は決して自由ではなかった。蒋介石に対する批判は許されず，住民は警察の厳しい監視下に置かれていた。海外で学ぶ留学生にも，その監視の目が及んでいた。つまり台湾はフリーではなかった。

それではチャイナのほうは，どうだろうか。台湾の人々は，外省人と呼ばれる蒋介石とともに大陸から台湾に移った人々と，本省人と呼ばれる人々に分かれる。本省人とは，それ以前から台湾に生活していた人々である。台湾の第二次世界大戦後の歴史は少数派の外省人による多数派の本省人の支配の歴史であった。両者の関係は緊張に満ちていた。

もともとの住民の間には，中国人意識が強くなかったからである。日清戦争を終結させた1905年の下関条約で台湾が日本に割譲された。それから40年の間，台湾は日本の統治下にあった。その歴史的な評価に関しては議論がある。ただ確かなのは，蒋介石の支配よりもましであったとの認識が広く抱かれている点である。日本の支配から国民党の統治への変化は「犬が去って豚が来た」と表現されている。蒋介石の支配下でも，台湾人としての意識が息づいていた。

その蒋介石の中華民国政府は，国際社会で次第に孤立していった。台湾が中国を支配しているという虚構に付き合う国が少なくなっていったからである。特にアメリカが北京の中華人民共和国政府と接近してからは，その流れが強くなった。ついに1971年には国際連合で，中国を代表する政府として，蒋介石の中華民国に代わって中華人民共和国が，議席を獲得した。つまり北京政府が台北政府に取って替った。

そして，その蒋介石が1975年に世を去った。その息子で後継者の蒋経国（1910～1988年）は，本省人の登用を進めて台湾経済の活性化を目指した。その1人が李登輝（1923～2020年）であった。本省人つまり台湾人であった。1988年に蒋経国が世を去ると，この李登輝が台湾の指導者となり民主化を進めた。「フリー・チャイナ」は，すくなくともフリーになった。しかし「チャイナ」色は強くならなかった。台湾の多数派は，台湾人としてのアイデンティティーを表面化させていった。

中国大陸を支配する北京政権がドラゴン的な特徴を強め軍事力を増強している。その時期に，台湾では台湾の独立を求める声が高まっている。

表5-2を参照されたい。人口の約6割が自らを台湾人とのみ考えている。しかも，その比率は一貫して上昇している。中国人でもあるし台湾人でもあるという比率は，4割以下である。中国人とのみ自らを意識し

表5-2　台湾人／中国人意識の変遷

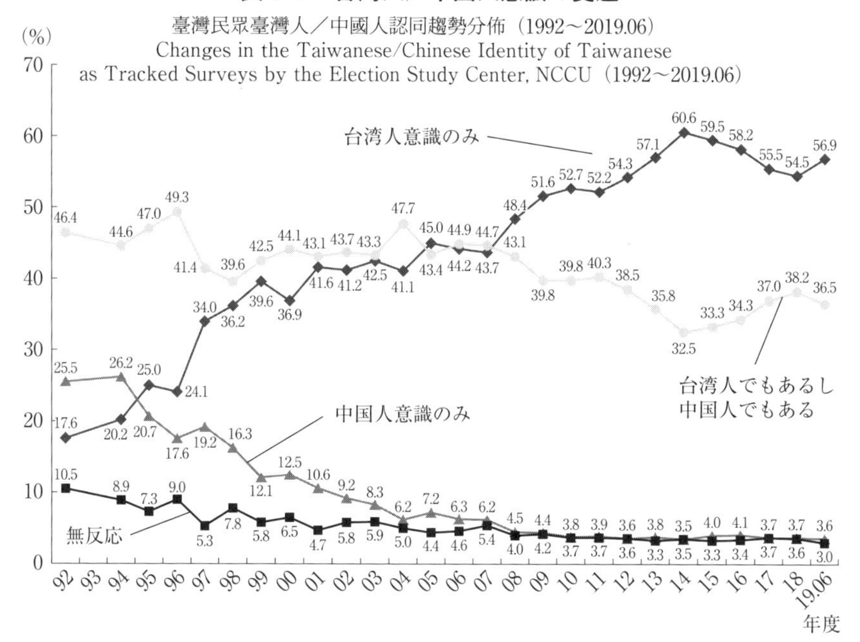

出典：国立政治大学編纂研究中心
https://esc.nccu.edu.tw/course/news.php?Sn=166"

ている層は，4パーセントにも達しない。台湾の台湾化が進行している。

（2）ソウルが火の海に！

ヨーロッパではソ連と東欧圏の共産政権の崩壊で冷戦構造が壊れた。現在のロシアとNATO諸国の緊張関係を新たな冷戦構造と見なす認識もある。しかし，一度は，この構造が壊れたという事実に変わりはない。ところが，東アジアでは，共産主義政権は倒れていない。少なくとも中国と北朝鮮とベトナムで支配を続けている。経済の開放化によって時代の変化に中国とベトナムは適応しようとしてきた。ところが北朝鮮の場合は，経済面での開放化さえ起こっていない。冷戦期の体制が，そのまま冷凍保存されたように生き続けている。

この北朝鮮が核兵器を開発している事実は長年にわたって認識されてきた。1990年代にはアメリカでは先制攻撃によって北朝鮮の核開発を阻止しようとの議論もあった。これは，かなり真剣に論じられた。しかし，結局は攻撃は行われなかった。なぜだろうか。アメリカが最終的には北朝鮮との戦争で勝利を収めるだろうとの計算はあったが，その過程での犠牲があまりにも大きいというのが理由であった。

特に人口一千万人を超える韓国の首都ソウルは，北朝鮮との軍事境界線から，わずか38キロメートルしか離れていない。38キロメートルといえば埼玉県の熊谷から新宿の東京都庁ほどの距離である。ソウルは，その境界線の北に配備された無数の北朝鮮軍の長距離砲の射程内である。ということは，開戦と同時に北朝鮮軍が発砲すれば，ソウルが火の海になる。つまり北朝鮮はソウルを人質にしてアメリカ軍の動きを抑止してきた。事実，北朝鮮の高官自身が「ソウルを火の海」にすると言及している。

図5-1～5-4のように，朝鮮半島と関東地方の地図を重ねてみると，軍事境界線からソウルがいかに近いかが想像できる。上で述べたように，ソウル駅と新宿の東京都庁を重ねて見ると，軍事境界線は埼玉県の熊谷あたりになる。

しかも，北朝鮮は2000年代に入り核兵器と長距離ミサイルを開発し，ますます軍事面で強力になりつつある。ソウルだけでなく，そのミサイルの射程内のすべてが，ある意味では人質となった。韓国全体が，日本列島が，そしておそらくアメリカの西海岸までもである。

周辺諸国は，この国に対してさまざまな働きかけを行ってきた。たとえばアメリカの提案は次のような内容に集約される。基本的には，核と

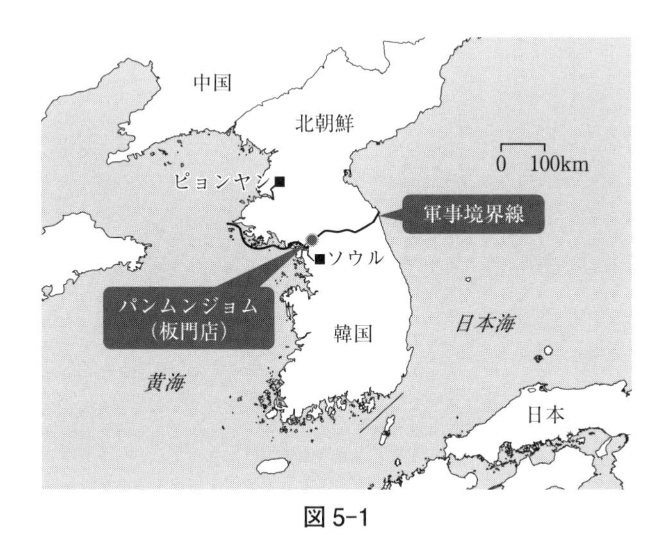
中国
北朝鮮
0　100km
ピョンヤン
軍事境界線
ソウル
パンムンジョム
（板門店）
韓国
日本海
黄海
日本

図 5-1

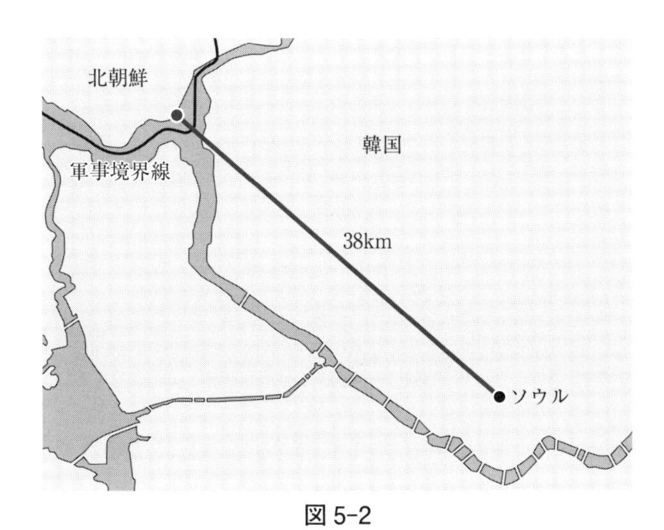
北朝鮮
韓国
軍事境界線
38km
ソウル

図 5-2

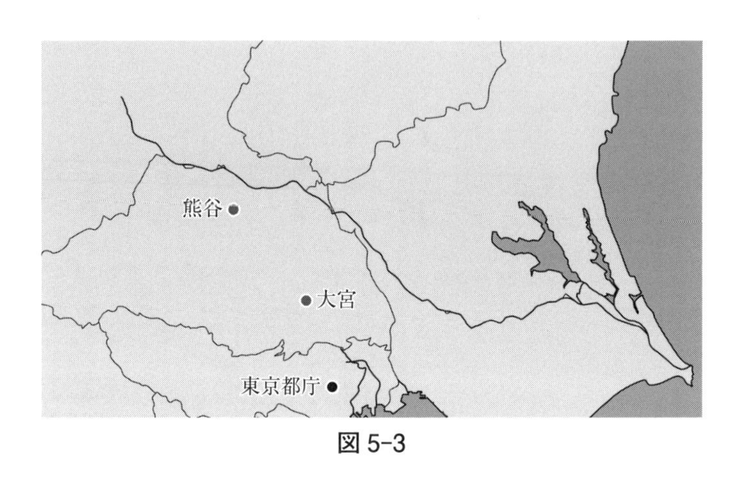

図 5-3

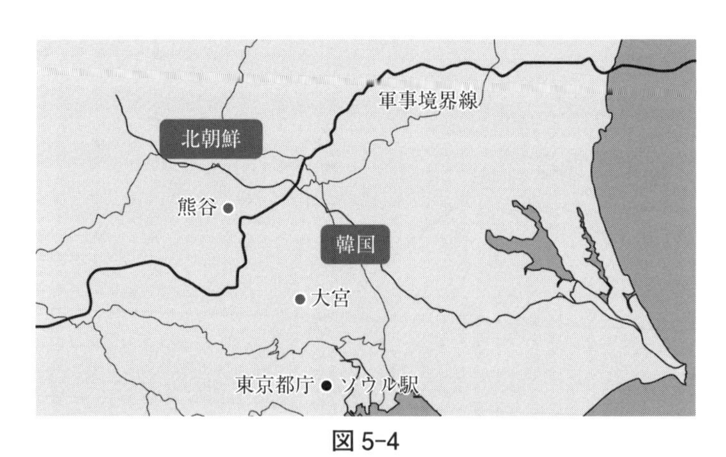

図 5-4

図 5-1～5-4 は放送大学テレビ科目，第 7 回「米中関係」『現代の国際政治（'18)』より。

ミサイルを放棄すれば，現在の体制の生き残りを保障する。さらには経済支援を行う。しかしながら，核とミサイルを放棄すればイラクのフセイン体制やリビアのカダフィ体制のように軍事的に潰されるだろうというのが北朝鮮側の認識のようである。アメリカの過去の中東政策から北朝鮮が得た教訓だろう。ピョンヤンの体制の生き残りを保障するのは，核とミサイルの保持であり，その放棄ではない。そうした認識である。「解決」への道筋は見えていない。

3. ASEAN（アセアン，東南アジア諸国連合）

（1）ドミノの連合

1970年代まで東アジアには分断国家が2組あった。1つは，前述の朝鮮半島を南北に分断する北朝鮮と韓国である。2つめが北ベトナムと南ベトナムであった。第二次世界大戦後のベトナムの歴史での最大のドラマの1つは，この国のフランスから独立である。そして，2つめが南北ベトナムの統一である。フランスから1956年にベトナムは独立を勝ち得た。しかし独立時に国家が分断された。ホーチミンの共産党が支配する北ベトナムと，アメリカなどが支援する南ベトナムの2つの国にである。その北ベトナムは国土統一のために戦った。これを侵略と見なした南ベトナムはアメリカの支援を得て抵抗した。これがベトナム戦争の1つの解釈だろうか。

アメリカは，なぜベトナムに軍事介入したのか。それは南ベトナムが共産化すれば，他の東南アジア諸国も次々に将棋倒しのように共産化する。そうした認識があったからだ。1つのドミノが倒れれば，他のドミノも倒れるという理解であった。これが，いわゆるドミノ理論であった。

さて，そのベトナム戦争が激しく戦われていた1967年にASEAN

（アセアン，東南アジア諸国連合）が結成された。インドネシア，マレーシア，シンガポール，タイ，フィリピンの５か国による共同体の設立であった。共産化が心配されたドミノたちの連合であった。

ベトナム戦争は1975年まで続いた。この年の５月，北ベトナム軍がサイゴンを陥落させ南ベトナム政府を崩壊させた。北ベトナムの武力による南北ベトナムの統一が完成した。ベトナム戦争は終わった。そして，ほぼ同時にカンボジアでもポルポトに率いられた共産政権が成立していた。インドシナでの戦いは共産勢力の勝利によって終わった。

ベトナム戦争は，天文学的な費用と６万人近いアメリカ将兵の命を奪った。また数限りないベトナムの人々を傷つけ殺した。しかし，アセアンにとっては貴重な時間が与えられた。この間にシンガポールなどは経済的に離陸した。1960年代から1970年代にかけてアセアン地域は，世界で最も急速な経済成長を実現した地域の１つであった。成功は，アセアンの魅力を強くした。1984年にはブルネイがアセアンに加盟した。

こうして東南アジアは共産勢力支配下のインドシナ半島とアセアンに二分化した。そのインドシナ半島ではベトナムとカンボジアの関係が悪化し，ついにベトナム軍がカンボジアを制圧してポルポト政権を追った。そして，このベトナムを懲罰するとして中国軍がベトナム北部を攻撃した。共産主義者同士の戦いが，そのイデオロギーそのものへの懐疑を深めながら進行した。アメリカなどは，今度はポルポト政権の残党への支援を通じてベトナムのカンボジア支配に抵抗した。

そして，ソ連でミハイル・ゴルバチョフ（1931年〜）が最高権力者になると冷戦が終わった。ソ連が支援を打ち切るとベトナムはカンボジア占領の費用を負担しきれなくなり，同国から撤退した。

ベトナムの指導層とアセアンの交流が深まると，共産主義者たちは，この地域共同体の成功に強い印象を受けたようだ。シンガポールを訪れ

写真 5-4　リー・クアンユー（李光耀）首相
出典：Wikipedia

たベトナムの指導者たちは，高層ビルの立ち並ぶ風景を見て涙したとも伝えられている。ベトナムが第二次世界大戦後，フランスとアメリカとカンボジアと，そして中国と戦い続けた期間，シンガポールはひたすら経済建設に邁進した。両者の差異は光と闇ほども深かった。1980 年代にはシンガポールの１人当たりの年間所得は１万ドルを超えていた。ベトナム人の所得は 200 ドルにも及ばなかった。

そのベトナムが 1995 年にアセアンに加盟した。それに 1997 年にラオスとミャンマーが続いた。そして 1999 年にはカンボジアも加盟してアセアンは 10 か国となった。アセアンは大きくなった。だがＥＵと違ってアセアンは緩やかな連合体である。つまり政治的な一体感に乏しい。大きな外交力をアセアンとして発揮するという状況ではない。

それでも，その経済的な成功は，国際政治に大きなインパクトを与えた。インドシナの共産諸国が改革開放路線を受け容れてアセアンに加盟したのは，その証拠ではないだろうか。

また中国で改革開放路線を推し進めた鄧小平とシンガポールの指導者のリー・クアンユー（1923～2015年）が同じ華人として親しかったのも良く知られている。シンガポールという小さな都市国家に象徴されるアセアンの成功は，計り知れないほど大きな影響力を持った。

学習課題

1. この章のアセアンの記述を1,000字ピッタリに要約してみよう。
2. 放送大学のテレビ科目『現代の国際政治（'18)』の第7回「米中関係」のテレビ教材を視聴してみよう。
3. 「宋家の三姉妹」（1997年公開）という映画を見てみよう。

参考文献

アリソン・グレアム著／藤原明子訳『米中戦争前夜』（ダイヤモンド社，2017年）
陳舜臣『実録アヘン戦争』（中公新書，1971年）
トゥキュディデス著／久保正彰訳『戦史』（中央公論新社，2013年）

本稿では，次の2つの文章を融合させた。また，それらの執筆以降の情勢を反映させた。第9章「東アジアの国際情勢／日中関係の構造」『国際理解のために（改訂版)』（放送大学教育振興会，2019年）と，第7章「米中関係」『現代の国際政治（三訂版)』（放送大学教育振興会，2018年），いずれも拙著。

6 アジアの中の日本

白鳥潤一郎

1. 日本とアジア

かつて戦乱と混沌に覆われていたアジアは，その後，繁栄の舞台となった。経済成長の中心はアジア地域となり，国際政治の重心も大西洋から太平洋へと移りつつある。そして，日本とアジアの関係性も「アジアと日本」から「アジアの中の日本」へと変容した。かつての垂直的な関係は水平的な関係となった。

日々流れるニュースからもわかるように，隣人であるアジア諸国との関係は広範な課題を抱え，それぞれに独特の文脈と複雑な事情が存在している。そして，アメリカをはじめとする域外大国の動向は，アジア諸国と日本の関係を考慮する際の重要な要素となってきた。日本とアジア諸国との関係を考える際には第三国との関係も常に視野に入れなければならない。

本章では，こうした複雑な隣人との関係の詳細を限られた紙幅の中で説明するのではなく，日本とアジア諸国の関係性に着目しながら，大掴みに第二次世界大戦後を通じた変遷を確認することにしたい。日本と中国，朝鮮半島，東南アジア諸国との関係，地域主義の進展などの詳細に関心のある方は，参考文献に挙げた通史等に進んでほしい。

ところで，「アジア」という概念には幅がある。ユーラシア大陸のヨーロッパ以外の地域およびその近隣が含まれるというのが一般的ではあるが，イランは中東諸国に数えられることも多い。また時代による変化もある。今でこそ「東南アジア」はＡＳＥＡＮ（東南アジア諸国連合）にインドネシアから独立した東ティモールを加えた11か国ということでほぼ確定しているが，戦後初期はインドなど南アジアの国々を含むこともあった。「東アジア」も難しい。東南アジアと北東アジアをあわせて東アジアとされることもあれば，北東アジアとほぼ同義で用いられることも少なくない。

このような地域概念の幅は以下で概観するように，第二次世界大戦後のアジアの歩みに根差している。近年では「アジア太平洋」に代わって「インド太平洋」も注目されるようになっている。地域概念の揺れも含めて，戦後日本とアジアの関係を見ていくことにしよう。

2. 脱植民地化の進展と日本のアジア復帰

1945年夏，日本の敗戦によって第二次世界大戦は終結した。1945年8月14日，日本政府はポツダム宣言受諾を決定し，即日連合国にその旨を通知した。ポツダム宣言受諾は日本本土および「外地」向けには天皇の肉声による「玉音放送」という形で8月15日に公表された。その後，連合国軍の進駐が始まり，9月2日には降伏文書の調印式が行われた。

日本本土に暮らす人々にとって，戦争は8月15日に終わり，その後は連合国軍による占領が本格的に始まった。ポツダム宣言は，日本の主権を日本本土およびその周辺島嶼に限定した。日本の「脱植民地化」は敗戦とともに実現したとも言える。それは一面において，日本が脱植民地化という実に難しい問題を回避して経済成長に邁進することを可能にしたが，戦前・戦中の負の遺産と向き合う機会を逸したことを意味する。

日本本土では敗戦とともに直ちに戦後が始まったが，植民地であった朝鮮半島や台湾，傀儡国家であった満洲（現在の中国東北部），日本が委任統治をしていた南洋諸島，戦争中に日本が軍政を敷いていた東南アジアの諸地域の状況は違っていた。これらの諸地域では，日本の敗戦後，内戦や独立戦争が勃発するなど，さまざまな混乱が生じた。米ソ間の取り決めによって分割占領され，分断が固定化されていった朝鮮半島をはじめ，「大日本帝国」の解体は，東アジア地域に多くの悲劇を産み，「戦乱のアジア」の原因となった。

また，イギリス，フランス，オランダは第二次大戦終結の時点で，植民地を手放すつもりはなかった。そして日本は，兵士と民間人をあわせて約660万人を旧植民地を含む海外に残していた。終戦時の人口は約7,200万人である。国民の1割近くが引き揚げてきたことになる。各地の状況はさまざまであり，特にソ連占領地域ではシベリア抑留という悲劇もあったが，1946年末までに大部分の引揚は完了した。

日本は1952年4月，サンフランシスコ平和条約発効によって主権を回復した。日本はアメリカの意向に左右されながらも，アジア諸国の関係構築を進めていくことになった。

最大の焦点は中国との関係である。1945年夏以降，中国では国民党と共産党の内戦が再開された。内戦に勝利した共産党は1949年10月に中華人民共和国を建国し，国民党政権の関係者は台湾に逃げ込む格好となり，分断国家となっていた。翌1950年2月には中ソ同盟が成立し，さらに6月には北朝鮮が韓国に侵攻して朝鮮戦争が始まった。

朝鮮戦争によって，米中対立を基調とする東アジアにおける冷戦の色分けは明確となった。戦前期の日本にとって，満洲国も含めた中国は巨大な市場であり，吉田茂は中国本土との関係改善の余地を残しておきたかったが，サンフランシスコ平和条約の批准に向けた米議会の声に配慮するダレス（John F. Dulles）米国務長官は台湾の中華民国政府との国交を樹立するよう強い圧力をかけた。結果として，日本はサンフランシスコ平和条約発効と同日，日華平和条約に調印した。なお，中華民国は日本に対する賠償請求権を放棄した。また，韓国との間では講和会議から間もない段階で国交樹立に向けた予備交渉が始まったが，対立点はあまりに多く，平和条約発効の前に決裂した。

中国本土という市場を失った日本は，新たな経済進出先として「東南アジア」に目を向けた。まず注目されたのはインドである。1947年にイギリスから独立したインドは「中立主義」を掲げ，講和会議には参加しなかったものの，平和条約発効と同日，日印間の戦争状態の終結と正式の外交関係の樹立が確認され，早くも翌月には大使の交換が行われた。主権回復後，日本の対外投資第1号となったのはインドにおける鉄鉱石開発であった。しかし，その後インド経済は不調が続き，日本の関心は他の東南アジア諸国に向けられていくことになる。

東南アジア諸国との関係は賠償交渉が起点となった。サンフランシスコ平和条約は占領経験など一定の条件を満たした国に賠償請求権を認めていた。東南アジア諸国の対応は分かれたが，多くの国と賠償もしくは「準賠償」と呼ばれた経済協力が実施された。1960年代以降，賠償の支払いが終わると，順次経済協力に切り替えられていった。1960年代末になると日本の国際収支も黒字基調が定着し，対東南アジア協力は徐々に拡大していくことになった。

台湾以外の北東アジア諸国との関係が閉ざされた状況は，東南アジアにかける期待を大きくした。東南アジア開発に関する構想が，講和の前後から1960年代半ばにかけて次々と浮上したのは，このような事情からである。構想実現のためには多額の資金や最新技術が必要となるが，アメリカがそれに乗ることはなく，日本にも余裕はなかった。さまざまな地域枠組みが模索されたがいずれも失敗に終わった。東アジア地域で地域主義的な動きが本格化するのは冷戦後のことであった。

日本のアジア復帰という点では，1955 年のバンドン会議（アジア・アフリカ会議）も重要な意味を持った。欧米諸国から独立したばかりの国を中心に，アジア・アフリカから 29 か国が集まったこの会議では，アジア・アフリカ諸国の団結や植民地主義への反対が確認された。

戦前は列強の一員として植民地を抱え，さらに戦中に東南アジア地域を占領した日本の立場は微妙であった。日本招請に動いたパキスタンなどは中国に対するバランサーとしての役割を日本に期待していた。日本政府内では，自由主義陣営の一員として反共の立場で臨むべきという立場と，会議で対立が予想される政治問題からは距離をおいて経済問題を中心に関与すべきという立場に割れた。結局，後者が有力となり，会議における日本の立場はオブザーバー的なものに留まった。なお，この会議は日本にとって戦後初めて閣僚レベルで中国と接触する場となり，さらにアラブ諸国とは本格的な初接触の舞台となった。

以上のように，戦後初期の対アジア外交は東南アジア地域を中心に展開された。日本は日米安保条約を持つ自由主義陣営の一員であったが，政治問題への関与を避けて経済を中心に取り組みを進めようとした。1960 年代前半には，ビルマやインドネシアなど共産圏への接近を進める国々への関与を強化するが，それは冷戦の文脈でも説明可能ではあるものの，「反共」を強く打ち出すというよりも，東南アジア諸国を開発へと導こうという側面が強かった。

3.「戦乱」から「開発」へ

1960 年代初頭までに賠償をめぐる交渉も概ね妥結し，日本と東南アジア地域との関係構築はほぼ完了した。だが，アジアが繁栄の道を歩むには，越えなければならない壁がいくつも残されていた。その意味でも1965年は，日本とアジア諸国との関係だけでなくより広いアジア国際政治にとって画期となる年であった。日韓国交樹立，インドネシアにおける九・三〇事件，そしてベトナム戦争の本格化である。

日韓の国交問題は占領期以来の課題となっていたが，日本側の問題発言や双方の国内事情が重なって難航を続けていた。池田勇人政権の時代に請求権問題の大枠が合意されたが，韓国国内での強い反対もあって交渉は停滞した。池田勇人を継いだ佐藤栄作政権の発足後，交渉は妥結に向かった。双方の国内で強い反対の声を押し切る形での国交樹立となったが，その違いにも注目する必要があるだろう。韓国内の批判が植民地支配の清算が不十分という点に向けられたのに対して，日本側では分断国家の一方かつ軍事政権との国交を結ぶ冷戦の論理に集中した。日本国内で戦前の歴史に対する反省が一定の広がりを見せるのは冷戦終結後になってからであった。とりわけ韓国側に強い不満を残した国交樹立だったが，日本から提供された経済協力は韓国が高度経済成長に向かうきっかけを与えることになった。

東南アジアでは，独立後の熱気が未だ冷めやらぬ状態で戦乱と混乱が続いていた。1964年に中国とスカルノが率いるインドネシアが急接近し「北京＝ジャカルタ枢軸」が結ばれたことは，この地域の緊張を高めた。だが，1965年の九・三〇事件によって，事態は一挙に転換する。事件の詳細は明らかでない部分も多いが，クーデター未遂事件を機にスハルトが陸軍内の実権を握り，その勢いでインドネシア共産党を解体に追い込み，さらにはスカルノを放逐して自らが大統領に就任する。

それまで「安定」を重視してスカルノ体制を支えていた日本は，スハルトの実権掌握を歓迎して支援に動いた。スハルトは反共姿勢を明確にし，反共5か国によるＡＳＥＡＮが1967年に結成された。

対照的に戦乱への道に進んだのがベトナムである。1954年のジュネーブ会談の結果，南北に分かれる形でベトナムは独立したが，南ベトナムには徐々に共産勢力が浸透するようになっていた。フランスに代わってアメリカが関与することとなり，1965年に入ると本格的な軍事介入が始まった。ゲリラ戦術をとる相手に米軍は苦戦し，ベトナム戦争は泥沼化の一途をたどった。

この時期，日本にとって最大の外交課題となっていたのは沖縄返還である。ベトナム戦争が続く状況で返還を実現するのは容易ではない。アメリカは日本に経済と安全保障の両面におけるアジア地域への関与を迫った。日本は交渉の過程で，南ベトナムへの援助増額や国際収支問題での対米協力を約束し，さらに有事における在日米軍の韓国と台湾での戦闘作戦行動を認める姿勢を示した。

沖縄返還交渉が本格化し始めた頃，対立が深刻化していた中ソ両国はとうとう国境地域での武力衝突に至った。中国はソ連をアメリカ以上の脅威と見なすようになった。一方で，アメリカもベトナム戦争の泥沼化に苦しめられており，打開の糸口を探っていた。ニクソン（Richard M. Nixon）米大統領はベトナムからの「名誉ある撤退」を目指した。その過程で米中両国の利害が一致することとなり，それが1971年夏からの米中接近へとつながった。

米中接近は，それまでのアジア冷戦の構図を根本から覆すとともに日本をはじめとする同盟国に大きな衝撃を与えたが，他方でアジア地域に緊張緩和をもたらした。1972年9月には日中国交正常化が行われ，翌1973年1月にはパリ和平協定の成立によってアメリカの南ベトナムからの撤退が決まると，同年9月には日本と北ベトナムの国交も樹立された。

このような共産圏諸国との関係改善の一方で，日韓関係は悪化し，東南アジアとの関係も曲がり角を迎えた。

韓国にとって，日中国交正常化は米中接近に続く危機であった。朴正煕大統領は予定されていた訪日を取り止め，1972年10月，韓国全土に非常戒厳令を布く「維新体制」を樹立し，国内の締め付けを強めた。その後，東京に滞在していた民主活動家の金大中拉致事件や，在日韓国人男性による朴大統領暗殺未遂事件が追い打ちをかけ，日韓両国の関係は一時的に国交断絶前夜と言われるほどに悪化した。

東南アジアでは，1974年1月，田中角栄首相が訪問した際に大規模な反日暴動が発生した（第10章参照）。この暴動と1975年4月のサイゴン陥落（北ベトナムによる全土統一）を受けて，日本は東南アジア政策の再検討に着手した。

日本の新たな東南アジア政策は，1977年8月，福田赳夫首相の東南アジア歴訪時に発表された。「福田ドクトリン」として知られる新政策は，従来の経済中心の政策を改めるとともに，ベトナム戦争終結後に安定的な国際関係を東南アジア地域に作り出すために，ＡＳＥＡＮ諸国を重視しつつインドシナ諸国との関係改善に向けた支援を表明するものであった。ベトナムのカンボジア侵攻や中越戦争によって「福田ドクトリン」の目論見は外れたが，その後も日本はカンボジア和平に向けて継続的に取り組みを進め，冷戦終結期に身を結ぶことになる。

第10章で詳述するように，1970年代末から，日本は対外援助の拡充を進めた。日本の援助は3年間で倍増され，さらに対中円借款の供与も開始された。戦後初期に模索された地域枠組みは，アメリカの関与を期待したことで失敗に終わった。二国間援助の積み重ねという形ではあったが，日本が資金や技術を提供し，東南アジア諸国の開発を助ける枠組みが機能しつつあった。

政府レベルの支援以上に役割を果たしたのは韓国，台湾や東南アジア諸国からの日本への輸出である。輸入代替型の政策が行き詰まると，東アジア諸国は輸出主導型の経済発展を模索した。日本やアメリカの市場が東アジア諸国からの輸出品を受け入れたことで，アジア太平洋地域は経済圏として興隆した。日本の発展に台湾，韓国，香港，シンガポールが追随し，それは他のＡＳＥＡＮ諸国に広がっていったのである。

4.「アジアと日本」から「アジアの中の日本」へ

冷戦終結の前後，アジアでもさまざまな動きがあった。ここではまず，米中関係と民主化の進展に触れておこう。

1980年代後半は米ソ間だけでなく中ソ間でも和解に向けた動きが進んでいた。アメリカ，中国，ソ連の三国間の関係はアジア冷戦の構造を規定する重要な要因であり，アジアでも明るい未来が描かれようとしているかに見えた。1989年6月に発生した天安門事件は，その見通しを断ち切った。人民解放軍によるデモ隊の弾圧はＣＮＮ等を通じて世界に中継され，衝撃を与えた。改革開放の下で進められた経済面の自由化が政治に拡大することを鄧小平は認めなかったのである。

欧米諸国は天安門事件を強く批判した。日本もまた足並みを揃えて円借款の停止といった制裁措置をとった。だが，この天安門事件後にアメリカの対中政策が大きく変わったわけではない。アメリカ議会が強硬姿勢を強めたこともあって双方の不信感が払拭されるのには数年の時間を要したが，アメリカは事件直後に鄧小平に宛てて大統領の極秘書簡を送り，さらに早くも7月には大統領補佐官と国務副長官が極秘裏に訪中するなど，関与姿勢を明確にした。クリントン（Bill Clinton）に大統領が代わると一時的に対中強硬姿勢も見られたが，しばらくすると宥和姿勢に転じた。また中国も改革開放政策の継続を表明し，2001年には日本の強い後押しも受けて世界貿易機関（ＷＴＯ）への加盟を果たした。

1980年代半ば以降，アジア諸国を民主化の波が襲った。ミャンマー（ビルマ）や中国のように挫折した国もあったが，フィリピン，韓国，台湾といった国々の民主化は定着し，アジアの景色は変わった。また，国際環境が穏やかになる中でベトナムはカンボジアから撤兵し，長く続いたカンボジア内戦も終結し，国連の支援も受けて民主化を進めた。日本にとって，カンボジアＰＫＯ（国連平和維持活動）は国際安全保障への参画の端緒となるものであった。

このような状況とアジアにおける経済発展を背景に，東アジアでは地域主義が興隆した。「開かれた地域主義」を掲げたＡＰＥＣ（アジア太平洋経済協力）が号砲となったと言えようか。1989年に外相会合，1993年からは首脳会合が定例化した。ＡＰＥＣの源流の１つは，大平正芳政権の下で模索された環太平洋連帯構想である。この構想が残したＰＥＣＣ（太平洋経済協力会議）を母体として，日本がオーストラリアに提唱者となるよう働きかけてＡＰＥＣは実現した。なお，ＡＰＥＣをめぐって日本政府内では推進派の通産省と消極的な外務省が鋭く対立した。外務省は経済問題の枠組みとしてＧＡＴＴ（関税と貿易に関する一般協定）を重視し，地域主義的な動きには反対を続けた。ＧＡＴＴを継いだＷＴＯのラウンド交渉停滞もあり，21世紀に入ると外務省の姿勢は徐々に変わっていくが，日本政府内で地域主義参画の推進力を担い続けたのは通産省（経産省）である。

その後の地域統合は，域内の協力と加盟国拡大によって力を得たＡＳＥＡＮが中心となって進んだ。信頼醸成を担う地域枠組みとして1994年から始まったＡＳＥＡＮ地域フォーラムは，アメリカ，ＥＵ（ヨーロッパ連合）やロシアを含む広範な参加国を得ることに成功した。

ＡＳＥＡＮを軸とした地域協力枠組みも模索され，さまざまな成果を残した。だが，21 世紀に入った頃からメンバーシップをめぐる日中間の駆け引きが地域協力の進展に影を落とすようになっていく。ＡＳＥＡＮを中軸とすることに変わりはないが，「＋3」（日中韓）に留めようとする中国に対して，日本はさらにインド，オーストラリア，ニュージーランドを加えた「＋6」を志向するというのが基本的な図式である。

アメリカとの関係もアジア地域主義をめぐる焦点の１つとなった。アジア諸国の安全保障はアメリカとのハブ・アンド・スポークス型の同盟網によって支えられており，経済的なつながりの深い国も多い。「台頭する経済大国」であった日本に対するアメリカの警戒は，1990 年代末まで一貫しており，アメリカを外す形で日本とアジア諸国が協力する動きには反対を続けた。マレーシアが提唱した東アジア経済協議体（ＥＡＥＣ）構想やアジア金融危機に際して日本が提唱したＡＭＦ（アジア通貨基金）構想など，アメリカの強い反対で実現しなかった試みは少なくない。ただし，後者については広範な通貨スワップ網が形成されるなど東アジア地域の実質的な協力は実現している。

このように地域主義が進展したことで明らかになったのは，アジア地域と日本との関係性の変化である。日本は文字通りアジアの一員として「アジアの中の日本」として役割を果たしていったことが見て取れるだろう。アジアか欧米かといった二分法的な見方は少なくとも実務の面では過去のものになっている。

21 世紀に入ると中国の台頭が地域協力の枠組みにも影響を与えるようになった。そして，リーマン・ショック後の対応に自信を得た中国は，各領域で強硬姿勢を強めている。南シナ海では 2008 年頃から，東シナ海では 2010 年頃から中国の活動が周辺国と本格的な摩擦を生むようになった。また，香港や台湾との関係も見直しが進んでいる。なお，中国は2010年に日本を抜いて世界第２位の経済大国に浮上した。

この間，日本や東南アジア諸国などは対中警戒感を強めていたが，アメリカの対中関与政策は基本的に継続していた。しかし，2010年代の後半になって急速にその姿勢を転じた。対立は貿易面や技術面など広範な領域で生じており，米中対立を基調とする新たな時代が始まったことは間違いない。

中国の台頭は東アジアの地域主義の展開にも影響を与えている。日中関係や日韓関係の悪化といった要因も関係しているが，ＡＳＥＡＮと北東アジアの３か国を軸とした協力は停滞し，それに代わってＴＰＰ（環太平洋パートナーシップ協定）などアメリカやカナダ，中南米諸国等も加わる形での地域主義が進展を見せるようになった。また，日本が「自由で開かれたインド太平洋」を地域構想として掲げ，アメリカの太平洋軍のインド太平洋軍への改称など，「アジア太平洋」に代わって「インド太平洋」が注目されるようになったことも，2010年代後半に生じた変化である。関係各国の思惑や狙いは必ずしも明確ではないが，中国を排除するのではなく，より広い枠組みの中で急速に増した中国の影響力を相対化することで対応するということは共通する特徴と言えるだろうか。

以上のように，冷戦後のアジアではさまざまな地域主義的な動きがあり，中国の台頭後も形を変えながら協力は続いている。しかし，米中対立が基調となる時代に懸念される課題は少なくない。

その１つは，日本，韓国，東南アジアなど中国の周辺に位置する国々の利害が必ずしも一致しないことである。この点で日本は難しい対応を迫られている。地理的環境もあって，韓国や東南アジアは日本以上に中国の影響を直接的に受ける立場である。それに対して日本は，一歩引いた位置でアメリカとの関係も同時に重視しながら対応を進める立場にある。米中対立が基調となる前から見られた傾向ではあるが，中国はその時々に力点を変えつつも日米，日韓，日本とＡＳＥＡＮを離間させ，交渉上の優位を作ろうとする。日本がアメリカや韓国，ＡＳＥＡＮ諸国との強い協力関係を保つことが問われているが，とりわけ日韓関係は厳しい状況が続いている。日本が「インド太平洋」を重視してインドやオーストラリアとの連携を深めようと動いていることや，ヨーロッパとの安全保障関係の強化に動いていることは（第８章参照），周辺国との弱い環をより広範な国際関係の中で補強する意味合いもあるのだろう。

中国の台頭に直面する今，アジアでどのような秩序が描けるのだろうか。

その際にまず確認するべきことは，北東アジア地域で冷戦期に形作られた分断が固定化している現状だろう。冷戦終結期に起こった大きな変化は，北朝鮮の孤立であり，それが核兵器およびミサイル開発につながった。韓国はソ連と1990年9月に，中国と1992年8月に国交を結んだ。北朝鮮も日本との関係改善に動いたが失敗に終わっている。冷戦期の体制間競争の延長に展開された「北方外交」は，国連への南北同時加盟を除いて，北朝鮮が孤立する方向に作用した。その一方で，民主化が定着した後の韓国では，革新勢力を中心に南北統一が悲願となっていることが事態をさらに複雑にしている。

北東アジア地域のボトルネックとなっている日韓関係を最後に見ておこう。兆候は「慰安婦」問題に揺れた1990年代初頭から見られたが，それでも日韓両国は歩み寄りを進めて1998年には日韓パートナーシップ宣言が締結されるなど，前向きな関係は保たれていた。しかし，その後は「歴史認識問題」がネックとなって厳しい状況が続いている。

歴史認識問題の困難さは，究極的にそれを解決することが不可能だという問題の性質にある。異なる国家の歴史認識が完全に一致することはあり得ない。世界各国はさまざまな問題を抱えながらも，歴史認識の違いがその他の問題に波及することがないように努力を進めてきたとも言える。日本が国際社会に復帰する過程では，各国との間で請求権問題の解決が第一歩となってきたことは，政府間で生じ得る難しい問題を一度清算するためであった。日韓両国の歴史認識の違いはこの請求権問題にまで発展しており，前向きな見通しを立てることは難しい。

もう1つ押さえておくべきことは，日本と韓国の関係性の変化である。韓国と日本の国力の差が急速に縮まっていることが日韓関係を難しくする根底的な要因となっている。国力に大きな差がある時代に作られた関係は，その変化に応じて「手入れ」が必要となる。日米間で言えば，安保改定や沖縄返還といった取り組みが行われた。日韓両国の1990年代におけるさまざまな取り組みは，関係性の変化をふまえた「手入れ」であったと言えよう。2020年代に日本と韓国の「手入れ」がどのように進められるかが注目される。

学習課題

1. 国連加盟時に行われた重光葵外相の演説を読んでみよう。
2. 「福田ドクトリン」として知られる福田赳夫首相のマニラでの演説を読んでみよう。
3. アジア諸国と日本の経済力の推移を調べてみよう。

参考文献

磯﨑敦仁，澤田克己『新版 北朝鮮入門――金正恩体制の政治・経済・社会・国際関係』（東洋経済新報社，2017 年）
加藤聖文『「大日本帝国」崩壊――東アジアの一九四五年』（中公新書，2009 年）
木村幹『日韓歴史認識問題とは何か――歴史教科書・「慰安婦」・ポピュリズム』（ミネルヴァ書房，2014 年）
国分良成，添谷芳秀，高原明生，川島真『日中関係史』（有斐閣，2013 年）
佐橋亮編『冷戦後の東アジア秩序――秩序形成をめぐる各国の構想』（勁草書房，2020 年）
白石隆『海洋アジア vs. 大陸アジア 日本の国家戦略を考える』（ミネルヴァ書房，2016 年）
杉原薫『アジア太平洋経済圏の興隆』（大阪大学出版会，2003 年）
田中明彦『アジアのなかの日本』（ＮＴＴ出版，2007 年）
日本国際政治学会編『日本の国際政治学 4 歴史の中の国際政治』（有斐閣，2009 年）
波多野澄雄，佐藤晋『現代日本の東南アジア政策――1950-2005』（早稲田大学出版部，2007 年）
平岩俊司『北朝鮮――変貌を続ける独裁国家』（中公新書，2013 年）
宮城大蔵編『戦後日本のアジア外交』（ミネルヴァ書房，2015 年）
宮城大蔵『現代日本外交史――冷戦後の模索，首相たちの決断』（中公新書，2016 年）
李鍾元，木宮正史，磯﨑典世，浅羽祐樹『戦後日韓関係史』（有斐閣，2017 年）

7 ヨーロッパのパラドックス／統合と分離

高橋和夫

「連邦というものが，ヨーロッパの経済問題の解決となるとお考えでしょうか？」との記者の質問に答えて，「ヨーロッパでの協力を深めるのであれば，どのような手段も支持いたします。」

オードリー・ヘップバーン演じるアーニャ王女

（1953 年封切の映画「ローマの休日」より）

1．イギリス

（1）大きく大きく大きくなーれ，小さく小さく小さくなーれ

ヨーロッパで不思議な現象が起こっている。一見すると矛盾する２つの流れが同時に起こっている。国家が集まってより大きな単位に結合しようとする流れと，国家がより小さな単位に分裂する傾向である。すなわち統合と分離の同時進行である。繰り返せば，統合とは国家が経済面などでの協力関係を深め，より大きな政治・経済単位を成立させようとする動きである。また，そうした経済単位に加盟しようとの流れである。ＥＵ（欧州連合）の発展がその代表例である。第二次世界大戦後に進展した西ヨーロッパの統合運動は，冷戦後には東ヨーロッパまでを含み込んだ。また，こうした動きはヨーロッパに限らない。東南アジアでも，第５章で見たように，1965 年に発足したＡＳＥＡＮ（Association of South East Asian Nations／東南アジア諸国連合）が加盟国を次第に増

やしてきた。国際政治の１つの流れは明らかに統合である。

だが同時に，もう１つのこれとは反対の流れも見て取れる。国家の分裂傾向である。しかも平和的にである。これは先進工業諸国に特徴的な傾向で，これまでは国内のエスニック集団（エスニック・グループ）にすぎなかった人々が大幅な自治や独立を求める民族集団に転化する現象である。これを，ここではマイクロ・ナショナリズム（小さな民族主義）と呼ぼう。この場合，すでに言及した平和的な手段によって分離を実現しようとする傾向が１つの特徴ともいえる。それは，先進工業諸国では言論の自由や政治活動の自由が保障されており，武力に訴えなくとも主張の実現のために活動できる例が多いからである。もちろんフランスの支配するコルシカ島やスペインとフランスの国境近くのバスク地方の独立運動などのような武力闘争に訴える例外もある。

（2）民族とエスニック集団

話を進める前に，エスニック集団とか民族とかの用語を解説しておく必要がある。民族とかエスニック集団についてはさまざまな議論があり，多様な定義が可能である。ここでは以下のように定義しておこう。エスニック集団とは，他の人々とは違う文化を共有していると認識している人々の集まりであり，しかも，その集団としての政治的な主張を声高には上げない人々である。たとえば日本の関西人とか東北人とかの概念は，エスニック集団である。日本列島の他の人々とは同じ文化を共有している面もあるが，同時に自分たちの間だけで独自の文化も有している。だからといって独立や自治を強烈に主張したりはしていない。主張が文化面に止まる限り，それはエスニック集団である。

しかし，一度その集団が自治や独立を求めて活動を開始すれば，それはもはやエスニック集団ではなく，民族集団である。ナショナリズムである。ナショナリズムとは，運命を共有していると認識している集団が独自の国家を求める傾向である。あるいは国家には至らないまでも自治を求める姿勢である。ここでは，政治的な自治や独立を求めるかどうかを，民族とエスニック集団を隔てる基準としている。

文化という言葉も定義が難しい。ここでは文化人類学者のJohn Clifford Geertzの「文化とは“意味の共有”である」という定義を紹介しよう。この人物はアメリカではギーツとして，日本ではギアツとして知られている。筆者が考えた例だが，たとえばＢＡＫＡという言葉がある。日本人は，この言葉の意味を「馬鹿」だと認識し，お互いにその意味をわかり合う。日本語を使わない人々には，意味のない音のつながりにすぎないだろう。また他の意味を持つのかもしれない。言葉を変えるならば，ＢＡＫＡを「馬鹿」の意味だと共有している人々が日本人である。文化を共有しているわけだ。もちろん言葉を理解するだけでは，その文化に完全には参加できない。日本語に堪能な外国人は，日本人ではなく「変な外人」にされてしまうようにである。だが言葉は，この文化という概念の核の１つである。文化の構成要素には，その他にも趣向とか宗教とかがあるだろう。言語を含む「意味の共有」が文化である。このようにここでは定義しておこう。

エスニック集団やナショナリズムの説明をした。それでは，何がマイクロ・ナショナリズムであり，何がマイクロでないのだろうか。ここでは，その集団の属する国家の多数派に比べてマイクロであるという意味である。たとえばスコットランドの民族主義はイギリス全体から見ればマイクロである。しかしスコットランドの人口は500万人を越えている。国連加盟国の中には人口が500万はおろか，100万にも満たない国は少なくない。ここでいうマイクロとは，比較の概念である。

繰り返すと，国際政治には統合と分離という２つの矛盾する流れがある。ヨーロッパの分離運動の多くが平和的手段を取っている。その代表例として冷戦後に話し合いでチェコとスロバキアに分裂したチェコ・スロバキアがある。流血をまったく伴わないきれいな別れ方ということで「ビロードの離婚」と呼ばれた分裂であった。「ビロードの革命」をもじった言葉である。説明するまでもなく，ベルリンの壁崩壊後の東欧の民主化の過程の中でチェコ・スロバキアでは，流血を見ることなく民主化が達成された。そのためチェコ・スロバキアの経験は「ビロードの革命」と呼ばれた。

本章では，この統合と分離の２つの現象を取り扱いたい。両者がなぜ同時に進行しているのだろうか。両者は無関係なのだろうか。両者間に因果関係はないのだろうか。そんな問いへの答えを見出せればと思う。本章では，統合の代表例であるＥＵの発展について論じ，次に国家の分裂傾向に触れ，そして最後に両者間の関係を考えよう。

（3）ブレクジット

まず2020年のイギリスのEUからの離脱，ブレクジットについて論じておこう。Brexit とは British（イギリス）と Exit（離脱）をくっつけた新語である。ブレクシットと濁らない発音もあるようだ。

この離脱はイギリスという国のヨーロッパ大陸諸国とは違った歴史的経験に光を当てている。筆者は，大陸諸国の歴史的な体験こそがＥＵの成立の原動力だと考えている。イギリスとの対比で大陸諸国の歴史認識が，より鮮明に見えてくるだろう。また離脱投票後のイギリス北部のスコットランドの動きに，本章で扱う大きな流れが集約されている。

さて，2016年イギリスではＥＵに関する国民投票が行われ，多数が離脱を支持した。そして紆余曲折を経たが，2020年に入って，イギリスがＥＵから離脱した。なぜ，イギリスは離脱したのだろうか。具体的には，なぜ国民の多数派は投票によって2016年に離脱という意思表明を行ったのだろうか。

端的に言って，ブレクジットはグローバル化の負け組の反乱である。グローバル化という現象が，国境線を突き抜けて進んでいる。グローバル化の他にも，国際化，グローバライゼーションといった表現も使われる。このグローバル化とは何だろうか。それは，ヒト，モノ，情報が国境線を越える現象である。

グローバル化という言葉はなくとも現象は，常に存在した。鎖国の時代とされる江戸時代にもである。長崎の出島を通じて海外の物や思想が日本に流入していた。江戸時代は，グローバル化のレベルの低い時代と理解できるだろう。その江戸時代に比べると現代は，圧倒的に多くの情報が入ってくる。ヒトとモノの出入国も多い。現代は，グローバル化の程度の進んだ時代である。

グローバル化の意味するものは急激な変化である。そして変化は，大きなチャンスである。才覚のあるものは，変化をとらえて巨富を築く。しかし，変化に取り残される負け組も目立つ。たとえば先進工業諸国では多くの労働者たちが職を失う。より低い賃金の労働者を求めて企業が工場を海外に移転するからである。資本は容易に国境を超え，残された労働者を失業者に変えるからだ。

ＥＵ内では，資本ばかりでなく労働者の移動も容易である。イギリスの比較的に高い賃金を求めて，東ヨーロッパから多くの人々が移民してきた。ＥＵ内であれば労働者の移動と移住が自由だからだ。これが，イギリスの一部では反発を受けた。自分たちの仕事が奪われると，そしてイギリスの文化が浸食されると。

図7-1の地図を参照してもらいたい。離脱支持はイギリスの南部で強かった。つまりイングランドと呼ばれている地域である。しかし，首都

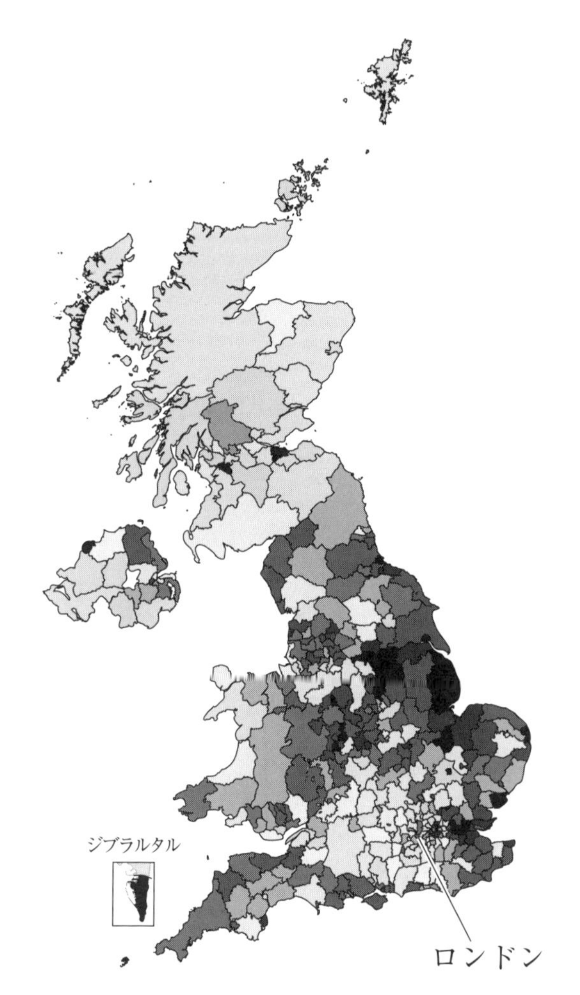

図 7-1　EU 離脱の国民投票（2016 年）
色が濃いところほど EU 離脱支持が高い。
出典：ウィキペディア
https://commons.wikimedia.org/wiki/File:United_Kingdom_European_Communities_membership_referendum,_1975_compared_to_United_Kingdom_European_Union_membership_referendum,_2016.svg

ロンドンは例外であった。グローバル化で潤ってきた地域だからだろう。北部のスコットランドでのEU残留支持が，今後大きな意味を持ちそうだ。この点については，あとで触れたい。

（4）難民問題

こうした議論の追い風となったのは，難民問題であった。特に中東からの難民の流入であった。その中東の情勢を見ておこう。イラクとシリアの情勢の混乱を背景に2014年6月に「イスラム国」（ＩＳ）の成立が宣言された。このＩＳは正しいイスラムでもなければ国家でもない。しかし，ＩＳは成立直後からシリアやイラクで国境線を越えて支配地域を拡大した。

ＩＳに象徴される中東の混沌たる情勢が，希望を失った人々をヨーロッパへと押し出した。中東にあった強権的な政権が倒れ，国内秩序を保てなくなったのも，人の流れに拍車を掛けた。ＩＳの成立した翌年の2015年だけでも100万人以上の難民がヨーロッパに流入した。

第２にテロの拡散を通じて中東の激震がヨーロッパをも揺さぶった。それは，まずＩＳの呼びかけに応じた「一匹オオカミ型」のテロが世界の各地を襲った。ＩＳは，テロを起こすように呼び掛け続けている。こうした呼びかけに応えたテロがアメリカで，オーストラリアで，ヨーロッパ大陸で，そしてイギリスで発生した。大きな組織に属していない個人あるいは少数のグループの，つまり一匹オオカミの動きを察知するのは治安当局にも難しい。

さらにＩＳは，自らが訓練した要員を送り込んでのテロを展開し始めた。2015年11月に起きたパリ同時多発テロ，そして2016年3月のベルギーの首都ブリュッセルでテロが続発した。さらにインドネシアでも大規模なテロが発生した。

中東の激震の余波をもろに受けているのがヨーロッパである。難民とテロの問題に同時に襲われている。しかも 2 つの問題が複合している。難民に混ざってテロリストが侵入しているからである。

この難民とテロの問題が重なり合ってヨーロッパの秩序に挑戦している。こうした雰囲気の中で 2016 年 6 月 23 日にイギリスで国民投票が行われた。そして国民は EU から離脱を選択した。離脱を主張した人々は，EU に残れば，より多くの難民がイギリスに押し寄せる。そればかりかイギリスでテロが起きる可能性が高くなると声高に主張した。そして多数派を説得した。

イギリスの EU 離脱は，イギリスの分裂の可能性を高めた。というのはイギリス北部のスコットランドでは分離独立運動がくすぶっているからだ。2014 年のスコットランドにおける住民投票ではイギリス残留派が多数を占めた。しかし，スコットランド独立派は EU への残留を望んでいる。2014 年の投票は，EU 残留を前提として行われた。ところが，イギリスが EU から離脱し，その前提が失われた。それゆえスコットランド独立派は再度の住民投票を求めている。

もちろん難民とテロの二重の恐怖に脅かされているのはイギリスばかりではない。多くの難民を受け入れたドイツをはじめヨーロッパ各国で排外主義的な極右政党が支持を増している。第二次世界大戦後から営々として続けられてきたヨーロッパの統合運動そのものが大きな試練にさらされている。中東発の危機がヨーロッパの理念そのものを脅かしている。難民の流入やテロの拡散がグローバル化の側面であるとすれば，グローバル化は，この面でもブレクジットを引き起こす力となった。

（5）歴史

そもそもイギリスは EU の創設時から，ヨーロッパの統合運動には冷めた見方をしていたという歴史的な経緯がある。ブレクジット問題の最後に，この点を強調しておきたい。つまり，イギリスは，あとから参加して，先に辞めると言い出した。大陸のドイツやフランスとの統合運動への熱意の違いはどこからくるのだろうか。

これは，やはり戦争の悲惨さの経験の程度の差なのではないか。というのはドイツやフランスなどの大陸諸国は，第二次世界大戦の戦場となっているからである。二度と戦争を繰り返してはならないと決意し，その手段として欧州の統合運動を進めてきた。ところがイギリスには占領された経験がない。もちろん第一次世界大戦では大陸の戦線に派遣された将兵の多くが戦死している。オックスフォード大学とケンブリッジ大学の卒業生の一世代が塹壕戦で消えたと言われるほどである。名門大学出身者の多くはイギリスの貴族階級に属する人々である。この人々は，いざとなれば先頭になって戦う。それが貴族の義務であり誇りである。そして，それに続いた庶民の多くもヨーロッパの大地の土となった。また第二次大戦では首都ロンドンは激しい爆撃にさらされた。イギリスも，戦争の惨禍にさらされた国である。

とはいえ敵国に占領された経験のあるドイツやフランスやベルギーやオランダに比べれば，社会に残した戦争の爪痕は比較にならないほど浅い。大陸の指導者層を欧州の統合へと突き進めたのは，そうした戦争の原体験である。したがってEUは，繰り返される戦争という歴史の呪いから逃れるための方策であった。欧州大陸諸国にとっては，EUは何にもまして歴史の問題である。ところがイギリスにとっては経済発展のための手段であった。それゆえEC（欧州共同体）の成功を見るまでは，参加しようとはしなかった。EUへの熱意が違うはずである。そもそもイギリス人の多くは，欧州統合運動などに参加したつもりはなかったであろう。

2. ヨーロッパ大陸

(1) 3回目の統合運動

さてイギリスから，やっと大陸諸国の動向に筆を向ける準備が整った。ローマ帝国の分裂以来，ヨーロッパの統一は長年の夢であった。中世には神聖ローマ帝国という国も誕生したが，よくいわれるように，この国には特に神聖なところはなかったし，ローマに首都を置いたわけでもないし，またローマ帝国と比較できるほどの広い領土を保有してもいなかった。その後フェリペ2世，ルイ14世，ナポレオンなどがヨーロッパ大陸の覇者となりかけたこともあったが，結局は野心を満足させることはなかった。20世紀においてヨーロッパの統一に近づいたのは第一次世界大戦中のドイツである。もっと近づいたのは第二次世界大戦中のドイツである。したがって第二次世界大戦後のヨーロッパの統合運動は20世紀における3回目の試みといえる。ブレクジットにもかかわらず，その運動の勢いは21世紀に入っても続いている。EU加盟を望む国々が列をなしている。アルバニア，北マケドニア，セルビア，モンテネグロなどである。

さて第一次と第二次の世界大戦の主戦場はヨーロッパ大陸であった。さらにドイツ人とフランス人は，その前に1870~71年の普仏（プロシア・フランス）戦争を戦っている。もっとさかのぼれば，1789年のフランス革命から1815年のナポレオンの没落までの期間にも戦っている。こうしたたび重なる戦争の惨禍から次の世代を守るために，戦争ができない状況を作り出すことにしよう。そうした考え方に基づいて，まず戦争準備のためには不可欠の物資となる石炭と鉄鋼を共同で管理する案が浮上した。1950年，フランスの外相ロベール・シューマン（1886~1963年）が石炭と鉄鋼の共同生産と販売を提案した。このアイデアはシューマン・プランとして知られる。西ドイツのコンラート・アデナウアー首相（1876〜1967年）がこれを受け入れた。翌1951年，パリ条約が調印された。この条約は国家から独立した機関に石炭と鉄鋼の生産と販売に関する権限を委譲することを規定していた。そしてこの条約にベルギー，オランダ，ルクセンブルグとイタリアも署名した。この条約によって1953年に6か国を統合したＥＣＳＣ（European Coal and Steel Community 欧州石炭鉄鋼共同体）が発足した。映画「ローマの休日」が封切られた年である。

これによって，フランスは西ドイツの鉄鋼と石炭の生産に発言権を得た。逆に西ドイツは，世界の外交舞台に復帰する機会を得た。この条約は，フランスと西ドイツの間の戦争を想定することをさらに困難にした。この時期には，まだエネルギー源として石炭が重要であった。統合運動の次の段階は，ＥＵＲＡＴＯＭ（European Atomic Energy Community 欧州原子力共同体）とＥＥＣ（European Economic Community 欧州経済共同体）の実現であった。前者は原子力エネルギーの面でのアメリカへの依存を断ち切り，独自の開発を推進するために設立された。後者は加盟諸国間で関税を相互に撤廃し，経済の相互依存を強めようとした。6か国が調印した。1957年に署名されたローマ条約がＥＵＲＡＴＯＭとＥＥＣの設立を規定している。これによって両者が発足したのはその翌年の1958年であった。6か国とは，石炭鉄鋼共同体の構成メンバーと同じであった。したがって，フランス，西ドイツ，イタリア，ベルギー，オランダ，ルクセンブルグの6か国は石炭鉄鋼共同体，原子力共同体，経済共同体の3本の糸で結ばれることとなった。ヨーロッパ統合は，その理念の枠の内側をだんだんと実態で詰め始めた。そして1967年には石炭鉄鋼共同体，原子力共同体，経済共同体の三者を統合する格好でＥＣ（European Community 欧州共同体）が発足した。本部はベルギーの首都ブリュッセルに置かれた。

（2）トロイの木馬

こうした統合運動の中核を担ったのはフランスと西ドイツであった。ところが西ヨーロッパのもう１つの大国イギリスは，２つの世界大戦でドイツの野心に激しく抵抗したように，３回目の統合運動にも冷淡であった。なぜであろうか。それはイギリスは広大な植民地を抱えており，植民地に独立を与えてからも，そうした諸国とともに英連邦としての絆を維持したからだ。またアメリカとの特殊な関係もあり，ヨーロッパの統合には及び腰であった。そもそも，イギリス人には自分たちをヨーロッパ人とみなしていないところがある。かつてはイギリス人が「ヨーロッパ」と言及するときには，それはヨーロッパ大陸を意味しており，イギリスを含んでいないことすらあった。

そして先にも述べたような戦争体験の違いがあった。そもそも，この統合運動の背景には２つの世界大戦の悲惨な体験がある。もちろんイギリスもこの２つの戦争を戦ったが，空襲を除けば国土が戦場になったわけではない。また敗戦も経験していない。ドイツ人は２度敗戦を経験しているし，フランスは結局は第二次世界大戦の勝者に名を連ねたが，第二次世界大戦初期の1940年にはドイツの電撃作戦に敗れ，その占領を経験している。その他のヨーロッパ諸国も多かれ少なかれ占領の苦しみを経験している。イギリスとは戦争の悲惨さに対する意識が違う。欧州の統合運動というものを突き動かしてきたのは，戦争の再発を阻止したいとの思いであった。そうであるならば，戦争での被害の比較的に軽かったイギリスが熱意の面で劣っていたのも当然だったのだろうか。その結果が2020年のイギリスのEUからの離脱だった。

西ドイツとフランスが推進した経済面での統合に対抗するかのよう

に，イギリスは1960年にＥＦＴＡ（European Free Trade Association 欧州自由貿易連合）を北欧諸国などと結成した。しかし，結局はＥＥＣの魅力には対抗できず，1961年にはイギリスもＥＥＣへの加盟交渉を開始した。だが，このイギリスの加盟申請をフランスのシャルル・ドゴール大統領（1890～1970年）が拒否する。イギリスの加盟はアメリカの影響力を共同体に忍び込ませる役割を果たす，つまりイギリスはアメリカの「トロイの木馬」となるというのがヨーロッパの独自性を強調したドゴールの主張であった。

説明するまでもなく，トロイの木馬は古代ギリシャの詩人ホメロスの叙事詩『イーリアス』に登場する話である。美女ヘレンを巡る戦争で，ギリシャ軍はトロイを攻める。しかし，頑丈な城壁に囲まれたトロイを攻めあぐねたギリシャ軍は，城門の前に巨大な木馬を置いて撤退する。トロイ側はギリシャ軍の撤退を喜び，この木馬を城内に引き入れて祝宴を開く。しかし深夜になってトロイ軍が酒に酔って寝静まった頃，木馬の中に隠れていたギリシャ兵が現れて城門を開いた。そしてトロイ軍を攻撃した。また撤退したと見せかけていたギリシャ軍も，再度トロイに戻って攻めかかった。この策略でトロイが陥落する。イギリスをこの策略の木馬に見立てたドゴールは，1967年にもイギリスの加盟申請を拒絶した。ドゴールの「ノン」の連発であった。このためイギリスの加盟はドゴールが引退した後の1973年まで実現しなかった。

（3）より広く，より深く

1973年，イギリスと同時にアイルランドとデンマークも加盟し，共同体のメンバーは9か国となった。そして，トロイの木馬のイギリスが加盟した8年後の1981年に，トロイの木馬のストーリーを生んだギリシャもメンバーとなった。加盟国数はついに2ケタの10か国となった。

さらに1986年にはスペインとポルトガルが加盟してメンバーは12となった。振り返ってみると，この頃冷戦が終わり始めていた。その前年の1985年にモスクワでゴルバチョフが権力者として登場した。ゴルバチョフのペレストロイカが走り出していた。そして1989年にベルリンの壁が崩壊し，1990年に東西ドイツが統一された。旧東ドイツ部分も共同体の一部となった。

冷戦の終結を受けて，ヨーロッパの統合運動が引き裂かれた「鉄のカーテン」を越えて広がり始めた。1995年，スウェーデン，フィンランド，オーストリアが加盟した。いずれも冷戦期には東西両陣営の間で中立を標榜していた国々であった。もし冷戦が続いていれば，ソ連への遠慮から共同体への加盟を見合わせざるをえなかったような諸国であった。この3国を加えて共同体は15か国を包含することとなった。この拡大したＥＣ（欧州共同体）が，後に見るようにＥＵ（European Union 欧州連合）へと発展していく。

そして2004年に，チェコ，エストニア，キプロス，ラトビア，リトアニア，ハンガリー，マルタ，ポーランド，スロベニア，スロバキアの10か国が加入し，ＥＵ加盟国は25となった。さらに2007年にブルガリアとルーマニアが加盟し，ＥＵの加盟国は27となった。その人口も5億人に増えた。その後も拡大の勢いは止まらず，2013年にはクロアチアが加盟して28か国となった。そして本章の初めで見たように，イギリスの離脱により現在の加盟国数は27である。

こうして共同体は領域を広げると同時に，内においては加盟国間の結びつきを深めた。拡大と同時に統合の深化が起こった。話は前後するが，1991年にオランダ南部の都市マーストリヒトで調印された条約で，欧州共同体をＥＵ（欧州連合）に発展的に解消させることで合意した。欧州連合は，政治統合を目指すこととなった。その内容は，通貨統合を含む経済統合と共通の外交および安全保障政策の形成である。ここでもイギリスはためらいを見せた。しかしイギリス，スウェーデン，デンマーク，ギリシャの４か国抜きで1999年には統一通貨制度がスタートした。統計などでユーロの使用が始まった。そして2001年にはギリシャが制度に参加した。さらに2002年には，ついに実際にユーロが市中で流通し始めた。また1999年のヘルシンキでの首脳会議では，ヨーロッパでの紛争や平和維持活動に対応するために独自の緊急展開部隊の創設も合意されている。その規模は数万人となる。これでヨーロッパは，自分の庭の掃除くらいはアメリカ軍に頼る必要がなくなる。

（４）記憶の共同体

この統合運動の歴史を足早に振り返った。そして，その将来に視線を投げかけてみた。ここで立ち止まって考えたいのは，この統合運動のエネルギーの根源である。何がこの統合運動を引っ張ってきたのだろうか。端的に言えば，国際政治と経済と歴史である。まず国際政治から始めよう。第二次世界大戦が終わった時，ヨーロッパは廃墟であった。米ソという超大国の時代に入った。もはやヨーロッパが分裂して争うような時代ではない。自ら分裂せずとも，すでに鉄のカーテンによってヨーロッパは東西に分断されていた。２つのスーパーパワーによる世界支配に対抗するためにも，ヨーロッパは大きなまとまりになる必要がある。そんな認識が，そんな知的な雰囲気が，欧州の統合運動を支えた。

また経済的な理由としては，アメリカの巨大な市場を背景にするアメリカ企業と対抗するためには，ヨーロッパも単一市場を結成すべきである。でなければ，欧州企業はやがてアメリカ企業に圧倒され，駆逐されてしまうだろう。巨大市場を求める経済の論理がこの統合運動の推進力であったことは間違いない。

だが，この統合運動のいちばんの推進力は何にもまして歴史であった。歴史という言葉の代わりに，経験とか記憶とか表現してもよい。それは何の経験であろうか。何の記憶であろうか。それは，戦争の経験であり，記憶であった。これだけ殺し合いをした国々が，その過去にもかかわらず統合の道を歩んでいることに深い感動さえ覚える。おそらく，「殺し合いの過去にもかかわらず」ではなく，「殺し合いの記憶ゆえに」ヨーロッパ人は統合へと突き進んでいるのではないだろうか。すでに述べたように，20 世紀におけるヨーロッパ統合の試みの 1 回目と 2 回目はドイツの軍事力による試みであり，3 回目はその反省から生まれたものといえよう。二度とヨーロッパを戦争の惨禍にさらすことがないようにしよう。そんな決意がフランスとドイツの指導者を和解へと突き動かし，ヨーロッパを統合への軌道に乗せた。戦争の血の臭いを覚えている世代の指導者たちによる統合運動である。

20 世紀の 2 回の世界大戦で何千万人もの犠牲者を出したヨーロッパ人の深い自省の念が，この統合運動の進展の背景にある。ＥＵとは「血の臭いの記憶の共同体」である。

20 世紀における 3 回目の統一運動においても，ドイツは大きな役割を果たしてきた。外交の表舞台ではしばしば主役の座をフランスに譲ったものの，経済の面では圧倒的な力を振るってきた。ＥＵの予算をいちばん負担してきたのは，ドイツの納税者である。ドイツは国際社会への復帰の代償として文句を言うことなく，統一の経費を負担し続けてきた。ＥＵへの支出はドイツによる形を変えた第二次世界大戦の戦後賠償であった。そんな見方も存在する。

（5）ドイツ問題の最終的解決

振り返ってみると，ヨーロッパの 20 世紀はドイツ問題の世紀であった。ヨーロッパが，そして世界が，ドイツという国家といかに付き合っていくかと苦しんだ世紀であった。単純化すれば，そんな見方も可能だろうか。19世紀には2つの強国が欧州に出現した。1861年に統一イタリア王国が成立し，現在の国土のほぼ全部を統合した。そしてドイツが1871年に統一国家となった。さらにアジアに目を向けると，1867年に明治国家が誕生している。

さて何十もの諸国に分かれていたドイツを統一に推進させたのは，その中の強国プロシア（プロイセン）であった。そのプロシアを指導したのは鉄血宰相と呼ばれたオットー・フォン・ビスマルク（1815～1898年）であった。このビスマルクは，ナポレオン・ボナパルト（1769～1821年）がウォータールー（ワーテルロー）で敗れた1815年に生まれている。プロシアの首相（宰相）となったビスマルクは，鉄（強力な軍事力の育成）と血（その効果的な利用）によってドイツ諸国の統合に成功する。

プロシアはドイツ諸国の先頭に立って1864年の対デンマーク戦争を戦った。この勝利によってドイツ諸国の民族主義は燃え上がった。そして1866年の対オーストリア戦争の勝利によってドイツ諸国の間でのプロシアの主導権が確立する。ドイツ諸国の中でのプロシアのライバルであったオーストリア帝国は，この敗北によってドイツの統一運動から排除されることとなった。この2つの戦争の勝利によってプロシアのリーダーシップによるドイツの統一運動が加速した。統一への道で残された唯一の阻害要因は，フランスの存在であった。フランスが，ライン河以西のドイツ諸国に伝統的に影響力を有していたからであった。プロシアは，1870～71年にそのフランスとの戦争で圧倒的な勝利を収めた。この勝利を背景に，プロシアはドイツの統一を成し遂げた。プロシアの国王ウィルヘルムⅠ世（1797～1888年）がドイツ帝国皇帝として即位し，ドイツ帝国が完成した。神聖ローマ帝国以来の帝国ということで，この帝国には第二帝国という呼び名が使われることもある。ちなみに，アドルフ・ヒトラー（1889～1945 年）のドイツは第三帝国と呼ばれた。ウィルヘルムが即位の儀式を挙行したのは，プロシア軍占領下のパリ郊外のベルサイユ宮殿の鏡の間であった。

統一を達成したドイツは，やがて欧州そして世界における現状変更を求める勢力として第一次世界大戦を引き起こす。1871 年にビスマルクの手腕によって統一ドイツが誕生した時，世界はすでにイギリスやフランスなどによって分割されていた。そのため，ドイツが勢力圏を広げる余地は限られていた。これが 2 つの世界大戦の背景となった事実である。イタリア，日本，ドイツと，同じ頃に国家の統一を達成した国々が第二次世界大戦で同じ側に立ったのは単なる偶然ではないだろう。この三国の「遅れて来た青年」たちは，発展すべき空間が残されていないとの認識を共有していたからだ。

さて，日本人は明治以来このドイツという国に憧れた。そして多くを学んできた。その文学を，音楽を，医学を，技術を，そして何にもまして軍事思想を吸収してきた。フランスとプロシアの戦争が起こったのは明治国家の誕生直後の明治 4 年であった。この普仏戦争と呼ばれる戦争で，プロシアは電撃的勝利でフランスを降した。フランス皇帝ナポレオンⅢ世（1808～1873 年）を捕虜にするほどの大勝利であった。日本は，このドイツの軍事力に強い印象を受けた。多くの俊英がドイツに送られ，逆に軍事顧問がドイツから招かれた。

日本のように遠くに離れていれば，ドイツは素晴らしい国である。しかし，その強大さゆえに，周辺諸国にとってはドイツは驚嘆の対象ではなく，脅威の源泉であった。この脅威を平和裏にヨーロッパに融合するというのが，統合運動の 1 つの側面である。つまり，ドイツ問題の「最終的解決」としてヨーロッパの平和的な統一を理解することもできる。ドイツの偉大な力をどう制御するかは，ドイツの周辺諸国の人々のみならず，ドイツ人にとっても大きな課題である。あたかもドイツ人自身がドイツを信用しておらず，ドイツの力を恐れているかのようである。ドイツの指導者たちが統合運動へ示してきた熱意は，そんな不安感の反映なのだろうか。ドイツの力によるヨーロッパの統一ではなく，ヨーロッパの文明によるドイツの融合が起こりつつある。ドイツはヨーロッパの「普通の国」になりつつある。文豪トーマス・マン（1875～1955年）の言葉を借りれば，「ヨーロッパのドイツ化ではなく，ドイツのヨーロッパ化」が進行している。

（6）アメリカの対応

ＥＵの拡大と深化の道程を振り返った。そして，その前途を展望した。ヨーロッパは，統一への道を歩んでいるかのように見受けられる。その到着地は，アメリカ合衆国に対抗することのできる新しい超大国だろうか。ヨーロッパ合衆国だろうか。

さて，こうしたヨーロッパの動きにアメリカはいかに対応するのだろうか。ヨーロッパの統一を阻止するというアメリカの伝統的な立場からすれば，ＥＵの拡大は歓迎できない。多くの若者の命と多額の資金を投じて第一次，第二次世界大戦，そして冷戦にアメリカが介入したのは，そのためであった。だが，ここで理解しておきたいのは，アメリカが恐れてきたのはヨーロッパの統一そのものではなく，ナチズムや共産主義によるヨーロッパの統一，つまりアメリカの価値観を脅かす勢力によるヨーロッパの統一であった。アメリカと同じように人権の保障，民主主義，言論の自由などを理想として掲げるＥＵの拡大は，アメリカを脅かすものではない。ＥＵの拡大はアメリカが理想とする政治形態の拡大を意味する。そうした視点に立てば，アメリカがＥＵの拡大に反対する政治的な理由はない。そんな考え方も可能である。そして実際にアメリカは，ＥＵの拡大に反対してはいない。

ちなみに，世界にはＥＵ以外に，もう１つ超大国への道を歩んでいると見られている国がある。中国である。その経済の近代化は不可避的にその軍事力の近代化をもたらす。中国の軍事力が周辺地域の脅威になるのではないか。またアメリカそのものを脅かすことになるのではないか。1999年に公表されたアメリカ議会の報告書が，すでにアメリカの核関連の技術が中国によって組織的に盗まれたと非難している。米中間の覇権争いに関しては，５章ですでに論じた。中国は，言論の自由，人権の保障，民主主義といった価値に照らすと，とてもアメリカと価値観を共有する国家とはいえない。それが，ＥＵの拡大には懸念を示さないアメリカが中国の国力の上昇を注意深く見守っている理由だろう。価値観といった形のないものが，アメリカの対応に決定的な違いを生み出しているのだろうか。

3. マイクロ・ナショナリズム

（1）ビロード型

ヨーロッパの統合の足取りをたどってきた。しかし，本章の冒頭で触れたように，ヨーロッパには逆の流れ，つまり国家の枠組みから離脱しようとの動きが少なくない。ＥＵの首都とでも呼ぶべきブリュッセルを抱えるベルギーでさえ，オランダ語系のフラマン語を使う北部のフランダース地方とフランス語系の南部のワロン語地域の間に分離の動きがある。というよりは，フランダース地方にワロン地方を切り離そうとの傾向がある。平たく言えば，比較的に豊かなフランダース地方がワロン語地方を見捨てようとの動きである。フランダースは，けなげな犬の話で日本ではよく知られている地名である。

また，すでに言及したスコットランドの独立運動がある。イギリスにはウェールズ地方での自治運動も盛んである。また北アイルランドの問題は，その複雑さゆえに単純な分類は困難であるので，ここではその存在を認識するに留めておこう。ドーバー海峡を渡ればフランスとスペインにまたがるバスク地方の分離運動がある。やはりスペインのバルセロナを中心とするカタルーニャ（カタロニア）にも強い民族感情が見られる。ナポレオンの出身地として知られる地中海に浮かぶ島コルシカでもフランスからの分離運動がある。またイタリアでは，北部イタリアの分離運動がある。そして，かつての鉄のカーテンを越えると，すでに見たように，チェコとスロバキアはすでに「ビロードの離婚」を達成した。大西洋を越えて北米大陸に目を移せば，ケベック州のカナダからの離脱運動もある。こうした運動をここでは「マイクロ・ナショナリズム」と呼ぼう。

こうした運動のすべてが平和的な手段で目的を達成しようとしているわけではない。しかし，その大半はスコットランドの民族運動に代表されるように，合法的な平和な手段での独立を目指している。また，こうした運動の多くは20世紀末になってから影響力を拡大している。共産圏であれば，こうした感情は抑えられていた。抑えていたものは共産主義の抑圧的な支配である。だが，そうした抑圧のなかったはずのイタリアやイギリスで，なぜ20世紀末にこうした動きが目立つようになったのだろうか。北部イタリアやスコットランドの独立運動のようにである。なぜだろうか。そうした感情を表すことが自由な社会では，もっと早くこうしたマイクロ・ナショナリズムが盛んになってもよかったのではないか。北部イタリアの独立運動が盛んに議論されるようになったのは1990年代に入ってからである。何が世紀末からの活発な状況を説明するのであろうか。

その理由の一端は急激な社会変動である。国際社会の国境の敷居が低くなるボーダレス化現象によって怒濤のように外部から物，情報，人が流れ込んでいる。外部との密な接触が，人々をして自らは何者かとの問いを発せさせるようになる。人々は自らのルーツ（根），つまりエスニシティ（集団の伝統や文化的な特性）に目覚め，そのエスニシティに基づいた政治を求めるようになる。また属する国家や組織が巨大になればなるほど周辺の人々は疎外感を深め，エスニシティに回帰するようになる。日本でいえば，故郷にいる時はたいした意味を持たなかった自分が，九州人であるとか東北生まれであるといった事実が，大都会に出た時に目覚め，「○○県人会」を結成させるようなものであろうか。九州で九州人会を結成しようとする人はいない。ボーダレス化，社会変動，異文化接触と摩擦などの現象がマイクロ・ナショナリズムの心理的な背景を用意しているのであろう。

所属する組織が大きくなればなるほど，そのすべての成員が一体感を抱くことが難しくなる。また急激な社会の変動は，人々に心理的な不安を与える。大きな国家の一部としてではなく，安心感とやすらぎを与えてくれる小さな国家の一員として生きることを希望するようになる。遠い首都で決められた政策に従うのではなく，地元での議論によって自らの運命を決めたいと思うようになる。より暖かな感情を抱くことができる小さな共同体へと人々は回帰し始める。例をあげれば，1970年代からイギリス北部のスコットランドは，急激な外部からの人口の流入を経験している。これは北海での石油開発のために押し寄せた石油関係者であり，石油の富に引き寄せられた人々である。このころからスコットランドの独立運動が耳目を集めるようになった。

もう1つ指摘しておきたいのは，戦争が次第に人々の日常の意識から遠ざかっていることだ。そもそも，19世紀にヨーロッパで民族を束ねる国家が次々に出現したのは，端的にいって戦争に強くなるためであった。ナポレオンのフランス軍による占領を経験したドイツ人は，統一国家なしには軍事的に強くなれないと考えるようになった。それがドイツ民族主義に火をつけた。イタリアでも統一が他の列強と対抗するための道と認識されていた。戦争を想定すれば，大きな単位となるほうが安心である。1707年にスコットランドとイングランドが合同したのも，一致してフランスの脅威に対抗するためであった。しかし，現在の先進工業諸国では大規模な戦争が段々と想定されなくなってきた。戦争がなければ，外部の脅威がないのなら，大きな国の一部になる必要はない。平和な時代が平和なマイクロ・ナショナリズムを醸成する。

次に経済的な要因がある。独立しても経済的に自立できそうになければ，運動は盛り上がりを欠く。しかし，歴史的には貧しい地域として知られたスコットランドでは，今や石油の収入によって経済的な自立が可能であるとの新しい認識が出てきた。このように石油が独立運動の背景となる例は多い。アチェ特別州のインドネシアからの独立運動の遠景にも，その豊かな石油と天然ガスが横たわっている。

石油が出る出ないは別にして，豊かな地域の離脱傾向というのは普遍的な現象だろうか。かつて冷戦期にユーゴスラビア連邦と呼ばれた国から離脱したクロアチアは，連邦の中ではいちばん豊かな地域であった。年間の1人当たりの所得では，いちばん貧しいコソボの数倍は稼いでいた。クロアチアはプロのサッカーチームを持つくらいだから，その経済力の強さが想像できる。自分たちの稼いだお金が税金として吸い上げられ，自分たちのためではなく連邦の貧しい地域のために使われることに対して，クロアチア人は不満を持っていた。独立すれば自分たちの生活はもっと上昇すると考えていた。クロアチアの独立の背景である。またバルセロナもスペイン最大の工業地帯である。そして，北部イタリアもヨーロッパで最高の所得水準の地域である。たいした産業もなくマフィアと腐敗に塗れたと認識される南部と別れたいと考えるのは，不自然な願望ではない。先に触れたフランダース人のワロア人に対する感情の裏側にも経済格差がある。比較的に貧しい地域へ援助し続ける行為への不満がある。

そして現在の世界では新しい経済要因がある。それは巨大な経済圏の誕生である。これまでならば小さな経済ユニットでは国際経済市場では存在できなかった。スコットランドがイギリスから分離してしまえば，市場が狭くなってしまう。ところが現在では，仮にスコットランドが独立を達成すれば，独立スコットランドはただちにＥＵに加盟申請するであろう。北イタリアにしても同じである。あるいはケベックの独立運動の指導層は，すでに北米自由貿易圏に独立後も残ることを鮮明にしている。つまり，自由な貿易体制の存在がこうしたマイクロ・ナショナリズムを経済的に可能にしている。各国が保護貿易を取っていれば小さな国家は生きていけない。大きな市場を求めて大きな国家の一部になるしか選択がない。しかし貿易の自由が確保されていれば，小さな国家でさえ成功できる。あるいは小回りのきく小さな国家のほうが有利な場面さえある。シンガポールやルクセンブルグの繁栄はその証拠である。両者は世界で最高水準の１人当たりの所得を誇っている。

こうしてみると，経済統合と自由化の進展ゆえにマイクロ・ナショナリズムが起こっており，それゆえにその実現が可能になりつつあるのがわかる。統合と分離という冷戦後の国際政治の風景を貫く２つの流れを描いてきた。1つは大きな経済ユニットになろうとする流れである。ＡＳＥＡＮの拡大やＥＵの拡大をその例としてあげた。地域紛争に発展するかどうかは別としても，マイクロ・ナショナリズムの活発化という現象がもう１つの流れである。大きな政治のユニットから分離して小さくなろうとする傾向である。スコットランドや北部イタリアの独立運動を，この例として指摘した。しかし後者の動きは，より大きな共同体のネットワークに参加できることを確信するがゆえの分離傾向である。表面上は逆の方向に走っているように見える２つの流れは，実は同じ水源に発しており，結局は同じ海に注ぎ込むことがわかる。

学習課題

1. この章の内容を800字ピッタリに要約してみよう。要約は文字数が少なくなるほど難しくなるというのが出題者の経験です。
2. この章の内容を，時計を見ながら，７分ピッタリで話す練習をしてみよう。
3. ７分ピッタリで話せるようになったら，今度は何も見ないで話す練習をしてみよう。

参考文献

田中明彦『新しい中世　相互依存の世界システム』（講談社学術文庫，2017年）
ヘドリー・ブル著／臼杵英一訳『国際社会論―アナーキカル・ソサイエティ』（岩波書店，2000年）
エーリヒ・マリア・レマルク著／秦豊吉訳『西部戦線異状なし』（新潮文庫，1955年）

8 日本とヨーロッパ

白鳥潤一郎

1. 日本とヨーロッパの絆？

かつて東アジア地域は「極東（Far East）」と呼ばれていた。19 世紀から 20 世紀の初頭まで，産業革命後の経済発展と近代化に支えられたヨーロッパは世界の中心に君臨していた。そのヨーロッパから見れば東アジア，とりわけ日本は東の端の端に位置している。

日本から見たヨーロッパはどうだろうか。旅行先としての人気も高いし，文化的な影響は大きい。書店にもヨーロッパ各国の小説が翻訳されて多数並んでいる。アジア諸国やアフリカ諸国の小説もないわけではないが，数としては圧倒的にヨーロッパが多い。

政治や外交となると話は変わってくる。ヨーロッパ情勢の報道はそれなりに多いものの，同盟国であるアメリカや，中国や韓国などの隣国と比べると日本との関係がトップニュースとして注目されることは限られる。ヨーロッパと日本の関係について，具体的なイメージはそれほど湧かないという人も少なくないのではないだろうか。また，「未確認飛行物体（ＵＦＯ）」ならぬ「未確認政治物体（ＵＰＯ）」とも称されるＥＵ（ヨーロッパ連合）は，国家とも他の国際組織とも異なるがゆえに，その実態を理解することは容易ではない。

だが，歴史をひもとけば日本がヨーロッパから大きな影響を受けたことはすぐにわかる。

日本に「開国」のきっかけを与えたのはアメリカだが，「開国」後の日本により大きな影響を与えたのは西欧諸国であった。日本は当時世界の中心にあったヨーロッパ諸国に学ぶ形で近代化を進めた。分権的だった従来の体制を一挙に変革する廃藩置県を断行したわずか３か月後，新政府の要人を多数含む岩倉使節団を派遣したことは，新政府の西洋文明導入への熱意を象徴している。日本政府は高給で「お雇い外国人」を招いたが，その中心は西欧諸国の人々であった。憲法は統一ドイツの盟主であったプロイセンとイギリスの折衷型となり，刑法はドイツ，民法はフランスの影響を強く受ける形で制定された。学問や芸術を志す者の多くは西欧諸国を留学先として選んだ。戦前の日本が軍事同盟の相手としたのは，まずイギリスであり，その後はドイツとイタリアであり，さらに言えば現在は独立しているアジア諸国の多くは欧米諸国の植民地であった。

状況は日本の敗戦とその後の占領によって大きく変わった。英連邦軍が中国・四国地方に駐留したものの，日本の占領は事実上アメリカの単独占領であった。ＧＨＱの意思決定にヨーロッパ諸国が与える影響は限られていた。講和にあたってイギリスや英連邦諸国の意向が一定の影響を与えたことは事実だが，それも過大視するべきではないだろう。文化面では西欧諸国の影響力はそれなりに大きかったが，それを圧倒する勢いでアメリカの影響力は拡大した。フルブライト計画も始まり，留学先としてアメリカの魅力も高まっていった。

だが，今世紀に入ってから日本とヨーロッパの関係は政治経済両面で深化を遂げている。たしかにアジア諸国と比べれば人の往来は限られるし，経済的な結び付きも限られる。しかし，グローバルな国際関係を見渡した時，ヨーロッパ諸国，とりわけドイツ・イギリス・フランスの３か国の影響力は依然として大きいし，日本外交の針路にもさまざまな影響を与えている。また，日本では外交を考える際に「アメリカか，アジアか」といった過度な単純化をされることも多い。日米関係は現在でも日本外交の基軸として揺らいでいないが，中国を筆頭にアジア諸国が台頭する中で一般の関心はアジア諸国との関係に過度に傾いているようにも思う。ヨーロッパとの関係は多国間関係が前提となっていることもあり，「世界の中の日本外交」を捉えるために貴重な視座を与えてくれるだろう。

なお，紙幅の関係で詳述する余裕はないが，王室が数多く残っているヨーロッパは「皇室外交」の主要な舞台ともなっている。任期が限られる政治指導者とは異なり，王室との関係は長期間にわたって継続する。昭和天皇の名代として，皇太子時代の上皇はエリザベスⅡ世女王の戴冠式参列のために訪欧した。また昭和天皇は皇太子時代に約半年間にわたって訪欧し，天皇として初めての外国訪問先もヨーロッパであった。皇室の子弟の留学先もイギリスが中心となっている。「皇室外交」によって育まれた絆は無視し得ない。

本章では，戦後初期から現在に至る日本とヨーロッパの関係を，西欧諸国との関係を中心に概観していくことにしよう。

2. 日本の「経済外交」とヨーロッパ

日本と西欧諸国の関係は，1952 年 4 月，サンフランシスコ平和条約発効によって再出発した。講和会議には参加していない西ドイツとイタリアとも，平和条約発効日をもって外交関係は再開された。賠償や国交正常化の交渉が必要だったアジア諸国との関係と比べれば，出発そのものは順調だったとも言える。

とはいえ，ヨーロッパの対日姿勢は前向きとは言い難かった。日本も西欧諸国も戦争によって荒廃しており，復興が最優先課題となっていたことに加えて，戦時中の経験からイギリス，フランス，オランダなどでは日本に対する敵意は根強かった。とりわけ，戦時捕虜の問題を抱えていたイギリスとオランダに残る反日感情は解消されるまで長い時間がかかることになった。

独立した日本にとって最優先課題の１つは「経済外交」であった。より具体的に言えば主要国へのキャッチアップを目指していた。そのためには主要な国際機関に加盟し，国際経済秩序に復帰することが必要であった。独立直後の1952年８月に，日本は国際通貨基金（ＩＭＦ）と世界銀行に加盟を果たしたが，その後は停滞が続いた。ＩＭＦ加盟申請の際にもイギリスは厳しい態度を示していた。反日感情に加えて，戦前期の通商摩擦の記憶や脱植民地化が進みつつある中で東南アジアへの進出を目指す日本に対する警戒の念も強かった。

戦後初期の日欧関係を後押ししたのはアメリカである。アメリカは西欧諸国と日本を「西側陣営の一員」として冷戦をともに戦うパートナーとして育成しようと考えていた。アメリカの強い後押しもあって，日本は1955年９月，ＧＡＴＴ（関税及び貿易に関する一般協定）に加盟を果たした。だが，仮加盟を申請した際にイギリスが棄権するなど日本への厳しい姿勢は続いていた。なお，同じ敗戦国であった西ドイツは占領下の1951年６月にすでにＧＡＴＴに加盟していた。さらに，正式加盟後もイギリスをはじめとしたヨーロッパの主要国はＧＡＴＴ35条を援用し，日本に対する差別的な対応を継続した。こうして，対日経済差別の撤廃が日本の対ヨーロッパ外交の重要な課題となった。

日本とヨーロッパとの関係は池田勇人政権の時代に大きく進展した。池田は「国民所得倍増計画」とともに記憶されているが，外交面でもさまざまな取り組みを行っている。ヨーロッパとの関係改善は，高度経済成長の国際的条件の整備と日本の国際的地位の向上を同時に満たすものでもあり，池田は日米欧「三本柱」論を展開し，積極的な対ヨーロッパ外交を展開した。

池田の対ヨーロッパ外交は周到であった。政権にとって第1の課題は，「安保闘争」に伴う大統領訪米中止によって傷ついていた日米関係の修復にあったが，訪米に際して池田は西欧諸国の対日経済差別撤廃に対するアメリカの支援を要請した。そして，日本の高度経済成長と貿易自由化を着実な進展はヨーロッパ諸国の対日認識を改めることにつながった。二度の外相訪問を地ならしに池田は1962年11月，欧州7か国を歴訪した。池田は「自由陣営」を強化することを説いて対日差別の撤廃を訴え，さらに日本の経済協力開発機構（ＯＥＣＤ）加盟についての支持を取りつけた。

ＯＥＣＤは，アメリカの大規模な対ヨーロッパ援助であるマーシャル・プランの実施機関として設立された欧州経済協力機構（ＯＥＥＣ）を前身として，アメリカおよびカナダが加わる形で1961年9月に発足した国際機関である。「先進国クラブ」とも呼ばれたように，ＯＥＣＤ加盟は日本の国際的な地位向上を象徴的に示すものであった。ＯＥＣＤ加盟の意義はそれだけではない。西欧諸国で課題となっているさまざまな問題を理解する国際社会への窓口ともなった。国内の政策に十分生かされたわけではないものの，環境問題をはじめとして，日本政府はＯＥＣＤを通じてさまざまな課題の存在を知ることとなった。

日本は，1964年4月，国際収支の赤字を理由とした為替制限が認められないＩＭＦ8条国に移行するとともに，ＯＥＣＤに正式加盟を果たした。1964年当時，日本国内ではまだ自らが先進国という意識は希薄であった。だがその後，フランス，イギリス，西ドイツを相次いで抜き去り，1968年に日本は「自由陣営」第2位の経済力を持つ経済大国となった。

なお，日欧関係の改善は前政権からの継続的な課題であったが，岸信介自身が力を入れたのはアメリカおよびアジアとの関係で，ヨーロッパはそれほど重視されていなかった。また，首相の訪欧は吉田茂政権末期に一度行われて以来であり，池田の後は1973年秋まで約10年間にわたって実施されなかった。

3. 先進国間協調と「経済摩擦」の時代

ここまでの各章でも繰り返し説明してきた通り，「経済大国」となった日本を襲ったのは，自らの経済成長の前提となってきた国際経済秩序の動揺であった。

安定した国際通貨体制と開放的な貿易市場は，日本が経済中心主義を採って高度経済成長に邁進することを可能とする前提であった。また，国内に石油資源をほとんど持たない「資源小国」である日本にとって，石油が安価かつ安定的に供給される状況は極めて好都合であった。しかし，ニクソン・ショック（ドルショック）で端的に示されたように通貨体制は揺らぎ，安価で安定的に供給される石油は第一次石油危機で明確となったように過去のものとなった。ＧＡＴＴのラウンド交渉が停滞し，さらに1970年代半ば以降はここに貿易摩擦の深刻化が加わった。日本は，一連の危機に主要国の一員として対応することを迫られた。

ここで言う「主要国」とは差し当たり，アメリカ，西ドイツ，イギリス，フランス，そして日本ということになるだろうか。ドルショックを受けて対応が後手に回ったことは確かだが，通貨問題に関する主要な協議に当初から参加を続けていたことも事実である。そして，第一次石油危機発生後，状況が落ち着く中で開始された消費国間協調をめぐる動きに日本は積極的に参加した。1974年11月に設立された国際エネルギー機関（ＩＥＡ）に日本は原加盟国として参画する。経済面に限定されてはいたものの，主要国へのキャッチアップを目指して国際機関加盟を目標とした時代は終わり，主要国の一員として新たな課題と向き合う時代が訪れたと言えるだろうか。

第一次石油危機における対応では，日米関係に着目すると危機勃発直後の対立が目立つが，ここに西欧諸国を加えて考えると異なる側面が浮かび上がる。第一次石油危機は，第四次中東戦争に際してＯＰＥＣ（石油輸出国機構）が一方的な値上げを行い，さらにＯＡＰＥＣ（アラブ石油輸出国機構）が禁輸や輸出量の削減を通じて消費国の分断を図ったことで発生した。石油のほぼ100パーセントを輸入に頼る日本は苦しい立場に置かれたが，アメリカの意向も組みつつ，従来のアラブ諸国寄りの中立政策を「明確化」することで対応し，さらにその後はアメリカ主導の消費国間協調に参画した。

実際のところ，危機勃発の直後からアメリカと鋭く対立したのは日本よりもむしろ西欧諸国であった。イギリスやフランスは1970年代に入ると中東政策をアラブ諸国寄りに転換していた。それゆえ，西欧諸国は第四次中東戦争に際してアメリカに基地使用を拒否するなど和平に向けた動きにも反対し，西欧諸国としてまとまる形でアメリカと対立する中東政策を表明した。それに対して日本はアメリカの和平努力は支持し，アメリカとも調整を重ねていた。その後，イギリスや西ドイツは消費国間協調に参画したのに対して，フランスは産油国に接近する独自路線と歩み，ＩＥＡにも参加しなかった。エネルギー資源をめぐる問題などグローバルな課題を考える際には，このように西欧諸国を加えて考えることも必要だろう。

さて，このように1970年代前半は危機が続いたが，1974年12月の米仏首脳会談を経て大西洋関係も修復された。そして独仏両国が中心となって開催されることになったのが1975年11月にフランスのランブイエで第1回が行われたサミット（主要国首脳会議／先進国首脳会議）である。しばしば誤解をされるが，日本は呼びかけの当初からメンバーに数えられていた。グローバルな経済問題を議論する際に日本を外すことはできなくなっていたのである。なお，開催準備の過程でイタリアが加えられ，独仏両国にイギリス，アメリカ，日本，そしてイタリアの6か国で第1回の主要国首脳会議は開催された。第2回は米領プエルトリコのサンファンで開催され，この回からカナダが参加することになった。第3回からはＥＣ（ヨーロッパ共同体）の委員長もメンバーに加わった。年に1回の首脳会合が定例化し，閣僚レベルでの会合も増加を続けるなど，西側先進諸国間における協調枠組みの基盤となっている。「日米独機関車論」に基づくマクロ経済政策の協調について広範な合意に至った第4回のボン，第二次石油危機発生を受けて石油輸入量に関して合意した第5回の東京など，初期の経済サミットは「自由陣営」内の結束を示す場ともなった。

このように先進国間協調が進展した一方で，1970年代の後半以降，日本と西欧諸国間の貿易摩擦は深刻化していった。当時の日本は台頭する経済大国であり，第一次石油危機の後も各国に先駆けて景気を回復させていた。これに対して西欧諸国は回復に手間取るだけでなく，ＥＣ域外との経済関係をめぐるＥＣ委員会と構成国間の役割分担や権限について模索を続けている段階であった。日本は貿易摩擦を回避するため，業界レベルでの自主規制措置を行うなどしていたが，この方式についてＥＣ委員会と各構成国の意見はまとまっていなかった。こうした複雑な様相が日欧間の貿易摩擦の遠因となった。1960年代には日欧間の貿易収支は概ね均衡していたが，1970年代に入ると日本の大幅な黒字が定着し，さらに拡大の一途をたどった。これに加えて，自動車や鉄鋼をはじめとして日本が得意とする特定産業分野で集中豪雨的な輸出が行われたことも問題を悪化させる一因であった。また，日本市場の閉鎖性，とりわけ非関税障壁をめぐる問題が一向に改善されないことも西欧諸国を苛立たせた。非関税障壁撤廃はＧＡＴＴのラウンド交渉（東京ラウンド）における主要議題の１つともなっていた。このような日本への不満がアメリカとも共有されていたことは言うまでもない。

貿易摩擦が経済摩擦へと進みつつある状況下で打開に動いたのが福田赳夫首相である。福田は1977年11月の内閣改造で，元駐米大使の牛場信彦を対外経済担当の国務大臣として入閣させた。牛場は通産省通商局長や外務省経済局長も務めた経済通として知られ，駐米大使退任後には1973年に始まった日米欧三極委員会の委員に就任するなど，欧米諸国に豊富な人脈を持つ元外交官である。牛場の精力的な働きもあり，この時期燃え盛った日欧間の摩擦はひとまず沈静化した。なお，1979年に日本はＥＣ代表部を設置している。

一度は落ち着いた日欧間の摩擦は1980年代に入って再燃する。1979年から翌1980年にかけての第二次石油危機を日本が比較的うまく乗り切ったのに対して，西欧諸国は第一次石油危機以上に深刻な打撃を受けた。日本の貿易黒字は拡大を続けることになった。日本では，アメリカとの間の経済摩擦に注目が集まるが，日欧間の摩擦も深刻であった。発足当初は先進国間協調の舞台となった主要国首脳会議でも，徐々に日本と欧米諸国との摩擦が隠れた議題として水面下の調整が図られることになった。外務省は，「外圧」を利用する形で内需拡大や国際化の必要を国内で説きつつ，対外的には年１回の主要国首脳会議の場で日本との貿易摩擦が話題とならないように手を打っていった。台頭する経済大国の外交資源の多くは経済摩擦の解消に割かれたのである。

その後，「プラザ合意」後の円高基調もあり，日本企業のヨーロッパ向けの直接投資は拡大していく。現地生産が進むことで雇用も創出される。日欧間の摩擦は1980年代後半になると徐々に解消に向かった。

このように，経済大国となった日本とヨーロッパの関係は経済面を中心としたものだったが，徐々に政治面での協力も進んだ。たとえば，日本外交の基軸はあくまで日米関係にあったが，中東政策に関しては，むしろ日本と西欧諸国の立場が近く，ともにアメリカに対峙する格好であった。また，1979年11月に発生したイランにおけるアメリカ大使館人質事件，同年12月のソ連のアフガニスタン侵攻では，日本は西欧諸国と緊密に連絡をしながら対応策を定めた。

1983年5月にアメリカのウィリアムズバーグで行われた第9回主要国首脳会議は，日本とヨーロッパの関係でも画期となった。経済サミットとして始まった主要国首脳会議は，この第9回以降，政治問題も主要議題として取り上げるようになっていく。ウィリアムズバーグサミットで問題となったのは，中距離核ミサイル（ＩＮＦ）の配備であった。日本から首相としてこのサミットに参加した中曽根康弘は，自由陣営諸国の結束の必要性を説き，さらに共同声明に「サミット参加国の安全保障は不可分であり，グローバルな観点から取り組まなければならない」と盛り込むことに尽力した。「グローバルな観点」とは，ソ連の核ミサイルがヨーロッパから撤去されても，それがアジアに配備されるのであれば問題の解決にはならないことを意味する。限定的な形ながら，ウィリアムズバーグサミットはグローバルな安全保障問題に日本が関与する端緒となった。

4. 多面的な日欧関係へ

1989年夏からの東欧革命を機に，冷戦構造は音を立てて崩れていった。同年秋にはベルリンの壁が崩壊し，年末にはマルタ会談で米ソ両首脳によって冷戦終結が謳われ，翌年秋にはドイツ統一，そして1991年末にはソ連が崩壊した。冷戦終結後にはヨーロッパの地域統合も進展した。1992年2月にマーストリヒト条約が調印され，翌1993年11月，ヨーロッパ連合（ＥＵ）が発足する。

冷戦終結期，西欧諸国の関心は民主化後の中東欧諸国の支援に向けられた。旧共産圏の中東欧諸国の市場経済への移行支援を目的に設立された欧州復興開発銀行（ＥＢＲＤ）はその象徴的な存在である。筆頭の出資国はアメリカだったが，日本は英独仏など西欧諸国と並ぶ第2位の出資国となった。それまで日本の経済支援は，東南アジアや東アジア諸国など自国の経済的利益と直結する地域が中心だったが，ＥＢＲＤへの出資に見られるように，冷戦終結後には地理的にも拡大していった。

冷戦終結後，日本とヨーロッパの関係は経済面で深化を遂げ，政治・軍事両面での協力関係が築かれるなど多面的なものとなった。

気候変動問題に関する国際的な取り組みもその１つだろう。政治的に注目を集めることは限られるものの，気候変動問題をめぐって日本とヨーロッパの関係には若干の難しさが付きまとってきた。

1992年，ブラジルのリオデジャネイロで国連環境開発会議が開催され，気候変動枠組条約が採択された。1997年12月には第3回締約国会議（ＣＯＰ３）が京都で開催され，日本はホスト国を務めた。この会議で採択されたのが京都議定書である。ＣＯＰ３の議論が紛糾する中でホスト国として日本は橋本龍太郎首相の政治決断として，1990年比で6パーセントの削減目標を受け入れた。温室効果ガス排出量の中期目標を定めた点で気候変動問題の画期となった京都議定書だが，すでに旧式の発電所の更新といった省エネを進めていた日本が，多国間交渉の経験に長けたヨーロッパ諸国によって過大な目標を負うことになったという不満は関係者の間で根強い。

気候変動問題と関連して，日本の再生可能エネルギー導入の遅れが国内外で指摘されることも少なくない。その際に参照されるのはヨーロッパ諸国が多いが，送電網がヨーロッパのほぼ全域に広がり，友好国の間で需給調整が可能なヨーロッパと日本の状況は異なることも押さえる必要がある。

ただし，ヨーロッパにおける先進的な取り組みを支える基盤となった統合の歩みは岐路を迎えている。冷戦終結時の加盟国数は12か国であったが，1995年にオーストリア，フィンランド，スウェーデンが，さらに2004年にはポーランドやチェコなど中東欧10か国が一挙に加盟し，その後も拡大は続いたが，2016年5月の国民投票を受けてイギリスが離脱に向けた動きが始まり，2020年2月には初の脱退国となった。ＥＵはＧＤＰ（国内総生産）の約15パーセント，人口では約13パーセントを喪失した。

また，2017年1月にアメリカでトランプ（Donald Trump）政権が誕生したことで，大西洋関係も難しい局面を迎えている。

このようにヨーロッパが揺れる一方で，日本との関係は今世紀に入ってから深化を遂げている。その1つが日・ＥＵ経済連携協定である。1955年のＧＡＴＴ加盟以来，通商政策の基本はマルチラテラリズム（多角主義）に置かれてきた。貿易摩擦を解消するための二国間などバイラテラルな取り決めや自主規制措置はあくまで例外であった。しかし，冷戦終結後，ヨーロッパ以外の世界各地で地域統合や市場統合の動きが加速していった。また，ＧＡＴＴを発展的に改組したＷＴＯ（世界貿易機関）発足後，加盟国数の増大もあってラウンド交渉が暗礁に乗り上げる事態となった。このような状況を受けて，日本も経済連携協定の拡充に向けて動きを始めた。日本の努力の中心は東南アジア諸国であり，その後アジア太平洋地域に拡大した。

日・ＥＵ経済連携協定は，2013年3月に交渉開始が決定され，2017年7月に大筋合意，2019年2月に発効した。世界全体のＧＤＰ比で約3割，貿易では約4割を占める先進国間の巨大な経済圏が誕生したことは画期と言えるだろう。

また，一般に注目されることはほとんど無いようにも思われるが，安全保障関係でも日欧間の協力は今世紀に入ってから急速に進展している。

2001年9月のアメリカにおける同時多発テロ後，日本はテロ対策特措法を成立させ，インド洋に海上自衛隊の艦船を派遣し，補給活動を行った。日本の主な補給対象はアメリカとパキスタンであったが，同時にフランス，イギリス，ドイツといった欧州諸国の艦船も対象となった。また，2003年12月からの自衛隊のイラク派遣では，日本の派遣先地域の治安維持をイギリス，次いでオランダが引き受けていた。また，2009年から派遣が続いているソマリア沖での海賊対処でも，日本は哨戒活動をＥＵと分担する形で実施している。

このような国際安全保障領域での協力も背景に，外務・防衛閣僚会合（いわゆる「2プラス2」）がフランスと2014年，イギリスとは2015年から開始されている。そして，国際安全保障領域での活動を円滑にするための物品役務相互提供協定（ＡＣＳＡ）の対象は西欧諸国にも広がっている。また，ＮＡＴＯとの関係も着実に進展し，2018年12月にはＮＡＴＯ日本政府代表部が設置された。アメリカの国力や影響力が相対的に低下し，「内向き」志向が指摘される状況が続く中で，ヨーロッパとの関係はこれまで以上に重要な意味を持つだろう。

最後に，日本がヨーロッパ諸国から学ぶべきこととして，改めて地域主義について触れておきたい。東アジア共同体構想など地域主義が話題になる際，ヨーロッパ統合がしばしば引き合いに出されてきた。日本外交は戦後一貫してアメリカとの関係を基軸としてきた。それは西欧諸国も同様である。ＮＡＴＯを中核とする大西洋共同体という基盤があり，イギリスはアメリカとの「特別な関係」を外交の柱とし，ヨーロッパ統合の発展も冷戦下でソ連に対抗するためにアメリカが戦略的に後押しをしてきた。1950年代初頭にフランスのイニシアティブで始まったヨーロッパ統合は，このような背景を持ち，域内の西ドイツ，そして域外アメリカの強い支持なくして前進することはなかったと言えよう。そして，そのＥＵもイギリスの離脱によって岐路を迎えている。

第６章でも見たように，東アジアにおける地域主義の模索はアメリカに警戒の眼で見られることが多かった。アメリカの懸念が常にフェアであったわけではないが，アメリカの理解がないままに地域主義の試みを進めれば，日本外交の基軸である日米関係が揺らぐことになる。地道な取り組みや関係国の利害を一致させる努力なくして，意味のある地域統合や地域機構は実現しない。ヨーロッパにおける統合も，前進と後退を繰り返しながら時間をかけて深化してきたことを忘れるべきではないだろう。

学習課題

1. 日本の近代化とヨーロッパ諸国の関係について調べてみよう。
2. 日本にとってのＧ７（主要国首脳会議）の意義について考えてみよう。
3. 環境問題をめぐる西欧諸国と日本の対立について調べてみよう。

参考文献

五百旗頭真編『戦後日本外交史 第三版補訂版』(有斐閣，2014 年)

遠藤乾編『ヨーロッパ統合史 増補版』(名古屋大学出版会，2014)

遠藤乾『統合の終焉――ＥＵの実像と論理』(岩波書店，2013 年)

白鳥潤一郎『「経済大国」日本の外交――エネルギー資源外交の形成 1967〜1976 年』千倉書房

鈴木均『サッチャーと日産英国工場――誘致交渉の歴史 1973〜1986 年』(吉田書店，2015 年)

鈴木宏尚『池田政権と高度経済成長期の日本外交』(慶應義塾大学出版会，2013 年)

武田悠『「経済大国」日本の対米協調――安保・経済・原子力をめぐる試行錯誤，1975〜1981 年』(ミネルヴァ書房，2015 年)

田所昌幸『「アメリカ」を超えたドル――金融グローバリゼーションと通貨外交』(中公叢書，2001 年)

鶴岡路人「日英，日仏の安全保障・防衛協力――日本のパートナーとしての英仏比較」『防衛研究所紀要』第 19 巻第 1 号，2016 年 12 月

細谷千博『日本外交の軌跡』(ＮＨＫブックス，1993 年)

細谷雄一編『戦後アジア・ヨーロッパ関係史――冷戦 脱植民地化・地域主義』(慶應義塾大学出版会，2015 年)

山本満『日本の経済外交――その軌跡と転回点』(日経新書，1973 年)

吉次公介『池田政権期の日本外交と冷戦――戦後日本外交の座標軸 1960-1964』(岩波書店，2009 年)

9 「第三世界」の苦悩

高橋和夫

革命を始めるのは大変に難しい。そして闘い続けるのは，もっと難しい。いちばん難しいのは，勝つことだ。だが勝利の後に本当の困難が始まる。

映画「アルジェの戦い」より

1．なぜ貧しいのか？

（1）第三世界

第三世界とは，どこだろう。第一でも第二でもない世界である。具体的にはアジア，アフリカ，ラテン・アメリカを指す。それでは第一世界とは，第二世界とは，どこだろう。第一は欧米を中心とする西側諸国で，第二がソ連を中心とする社会主義圏であった。ところが，ソ連圏が崩壊してしまうと，第二世界がなくなってしまった。しかし第三世界という言葉だけは，残っている。

この第三世界という言葉の背景には別の議論もあるようだ。それは中国の毛沢東（1893～1976年）の第三世界論に起因している。毛沢東によれば，第一世界とは冷戦期の米ソ両大国であり，第二世界はヨーロッパ諸国や日本などの諸国であり，第三世界とは，どちらにも属さない諸国だ。つまりアジア，アフリカ，ラテン・アメリカ諸国である。いずれの議論にしろ，第三世界が意味する地理的な広がりは同じである。

この言葉は英語圏よりもフランス語圏でのほうが，普及しているようだ。the Third World という言葉は国際政治の専門家でもなければ，普通の人にはピンとこない言葉だろう。フランス語の le Tiers Monde という言葉は，歴史上のよく知られた第三身分 le tiers état という階級を連想させるだろう。つまり第一身分の聖職者，第二身分の王侯貴族，そして第三身分つまり平民である。発展途上諸国は，現代の平民階級というわけである。虐（しいた）げられ搾取される存在という理解である。フランス史の知識があれば，より理解しやすい比喩である。

さて，すでに見たように冷戦の終結とソ連の崩壊により，第一世界とか第二世界という言葉は実態を失った。しかしながら第三世界という言葉だけは生き残っている。この言葉の指し示す発展途上諸国の貧困の問題が，未解決なままだからだろうか。

この第三世界を巡る状況は，経済問題，社会問題，国際政治の問題という多様な表情を持っている。まず経済の側面から語ろう。次に難民問題という社会問題を紹介し，そして最後に第三世界を巡る国際政治の大きな流れを概観しよう。

（2）南北問題

1970 年代には南の諸国という言葉も使われた。豊かな国々の大半が北半球に位置し，貧しい国々の大半が南半球にあったからである。もっともオーストラリアやニュージーランドのように，南半球に位置していても豊かな国もある。どのような言葉を使っても，実態を忠実に反映するのは難しい。しかし，どんな言葉を使うにしろ意味している地域は同じである。アジア，アフリカ，ラテン・アメリカの発展途上諸国である。

そして，この南北の格差の問題を「南北問題」と呼ぶ。パキスタン出身の経済学者のマフブーブ・ウルハックは，この状況を「貧困のカーテン」と呼んだ。このカーテンが南北を隔てていた。あたかも鉄のカーテンが東西陣営を引き裂いていたようにである。冷戦期の国際政治は，この2枚のカーテンに規定されていたとも言えるだろう。

それでは，なぜ南北に，これほどの格差があるのだろうか。そして，その解消の手段として，どういう方法があるのだろうか。

まず格差の背景である。1つは植民地時代の搾取である。南の諸国の大半は，かつては欧米諸国の植民地であった。それゆえに宗主国は，つまり欧米諸国は，植民地から富を絞り取った。その結果として，パリやロンドンは繁栄し，アフリカやアジアは飢えた。パリのルーブル美術館やロンドンの大英博物館は，こうした略奪と搾取の宝物であふれている。欧米の博物館の多くは，強奪の記念館である。

さて，格差が継続し深まっている理由としては，国際貿易体制の不公平が指摘されてきた。これは，交易条件の長期的な悪化として説明されてきた。アルゼンチンの経済学者ラウル・プレビッシュなどによれば，発展途上諸国の輸出する天然資源と先進工業諸国の輸出する工業製品の交換の条件は，長期的には資源輸出国にとって不利となっている。発展途上諸国が同じ数の工業製品を輸入するためには，長期的には，より多くの量の資源を輸出する必要がある。というのは工業製品にはさまざまな新しい価値が加えられて高額化するからだ。自動車で言えば，エアコン付きになったり，ステレオ付きになったりする。小難しい言葉を使えば付加価値である。こうした付加価値によって工業製品の価格は上昇して行く。

しかし，発展途上諸国の輸出する資源は，たとえばゴムやバナナなどは，エアコンが付いたり，ステレオが付いたりはしない。価格は変化しない。安いままである。したがって南の国は，絞り取られていく。

（3）低開発の開発

しかも発展途上諸国は工業国にはなれない。自由貿易の体制にいれば，先進工業国の工業製品との競争に敗れ，発展途上諸国の遅れた工業製品は駆逐されてしまう。結果として，わずかに存在した工業が没落して発展途上諸国は工業的には低開発の状態に押し戻されてしまう。低開発は存在するのではなく，自由貿易によって引き起こされるのである。つまり低開発の開発が起こるのだ。こうした分析をする代表的な研究者はノルウェーのヨハン・ガルトゥングである。

それでは，こうした論者によれば，どうすれば発展途上諸国は途上という言葉を投げ捨てて，先進工業国の仲間に入れるのだろうか。解決策は国際貿易体制からの離脱である。先進工業諸国との従属の鎖を断ち切るのである。自らの国内で保護政策により工業を守り競争力をつけるまで育てるのである。こうした政策は輸入代替産業の育成とか幼稚産業の保護政策として知られる。幼稚産業が大人になるまで高い輸入関税で競合品の輸入を押さえて育てるのである。

しかし，現実には幼稚産業は幼稚なままに止まり成長しない傾向が強い。なぜならば関税で守られ競争する必要がないのならば，企業努力がおろそかになりがちだからである。しかも関税で守られる企業の側と関税を掛ける政府の側が癒着してしまう例もあった。企業として経営努力するよりは，政治家に賄賂を贈って関税を高いレベルに維持してもらうほうが楽だったからだ。

こうした議論を実際の例に照らして考察すると，どういう結果になるだろうか。国際経済体制から離脱した国々が発展した例は発見するのが困難である。1970 年代のポルポト支配時代のカンボジアや，現在まで続く北朝鮮（朝鮮民主主義人民共和国）の経済政策などが，国際経済体制と最も距離を置いた例として知られる。いずれも経済発展とは程遠いところに位置している。

（4）腐敗の源泉

もしガルトゥングやプレシュヴィッツの議論が間違っているとすれば，第三世界の国々の貧困の原因を何に求めるべきであろうか。貧困を1つの要因にだけ帰するのは困難かも知れない。しかし，多くの場合，その大きな要因の1つは政権の腐敗である。腐敗も，さまざまな要因を背景としていよう。しかし，その大きな背景の1つは独立の形であった。そして，その独立の形を決めたのは，独立闘争の形であった。

宗主国の弾圧が厳しく独立闘争が過激な形を取らざるを得なかった場合には，その後に生まれた新政権は腐敗する傾向が強い。その例としてアルジェリアをあげよう。

アルジェリアは百万人ともいわれる人的犠牲を払って独立戦争を戦い抜いた。その壮絶な戦いの様子は，1966年に公開された「アルジェの戦い」という映画を通じて追体験できる。この映画ではカスバと呼ばれる旧市街に立てこもる独立派と弾圧するフランス軍の息詰まる戦いが迫真のリアリティで描かれている。この映画の中で独立運動の指導者たちが，現状と将来を語る場面がある。その中での1人の発言が心に残っている。それは，「革命を始めるのは大変に難しい。そして闘い続けるのは，もっと難しい。いちばん難しいのは，勝つことだ。だが勝利の後に本当の困難が始まる。」という内容の言葉である。

アルジェリアの新政権も，独立後に腐敗臭を放つようになって現在に至っている。なぜ，こうも簡単に，あれだけ勇敢に独立運動を戦った人々は腐敗してしまうのだろう。実は，こうした例はアルジェリアに限られない。激しい独立運動を戦った国々の大半で新政権は腐敗してしまう。

なぜだろうか。それは，宗主国の弾圧が厳しれば厳しいほど，独立戦争が激しければ激しいほど，独立派は中央集権的な組織とならざるを得ない。どうしても指導者に権力を集中しがちである。弾圧下の独立運動には悠長に民主的に議論を尽くしている余裕はない。その結果，こうした組織が権力を掌握する段階では，野党的な勢力は育っていないし，議論の伝統なども存在しない。絶対権力は絶対的に腐敗するというが，大半の元民族解放運動は腐敗してしまった。

2. 大国と第三世界

（1）石油危機と資源ナショナリズム

こうして南の国々の貧しさの原因を解決する策に関する議論は続いたが，南北の格差が解消されることはなかった。そうした発展途上諸国の焦燥感が深まりつつあった1970年代に石油危機が起こった。これは1973年10月の4回目のアラブ諸国とイスラエルの間の戦争に端を発した事件であった。この第四次中東戦争では，奇襲を受けて劣勢に立ったイスラエルに対して緊急の軍事援助をアメリカが行った。これに反発したアラブ産油諸国が，アメリカに対する石油輸出の禁止などの一連の措置をとった。これがアラブ石油禁輸として知られる。この禁輸は，中東原油への依存を深めていた先進工業諸国を震撼させた。エネルギー供給が止まるという恐怖が世界を駆け巡った。やがて戦争は終わり石油供給が再開された。しかし，その価格は4倍になっていた。

この石油危機は，交易条件の長期的な不公正という議論を覆（くつがえ）した。産油諸国が先進工業諸国から大幅な譲歩を勝ち得たのだから。しかも生産国が団結すれば，他の資源においても大幅な価格の引き上げが可能なのではないかとの期待が生まれた。

そして，資源を武器に国際貿易体制を発展途上諸国に有利な形に変革しようとの動きが高まった。新国際経済秩序の樹立が語られた。こうした資源ナショナリズムとも呼ばれた現象は，しかしながら短命であった。石油ほど重要な物資は，他にはなかったからだ。石油ほど代替の難しい資源も他にはなかったからだ。そして石油ほど特定の国に生産と埋蔵量が集中している資源も他にはなかったからだ。

しかも石油価格の大幅な上昇は，石油を生産しない発展途上諸国にとっては，重い負担となった。先進工業諸国は産油国に対する武器輸出などで支払った代金の多くを取り戻せたが，発展途上諸国には，そうした手立てがなかった。石油危機は，南「南」問題という発展途上国同士の利害の対立を明らかにした。

そして世界は，1978年頃から2回目の石油危機を経験した。イランが革命状況に陥り，同国の石油輸出が止まった。これは，第二次石油危機として知られる。石油価格は倍になった。つまり第一次石油危機で4倍になった価格が倍増したわけだ。1970年代の初頭から比べると実に8倍であった。この石油価格の上昇は，世界最大のエネルギー生産国であり輸出国であるソ連の大規模な対外進出を可能にした。その意味については本章の最後で触れたい。

（2）4匹の虎

輸入国にとっての石油危機は，輸出国にとっては好機であった。しかし，石油収入の増大は，発展途上国を工業国には変えなかった。石油収入は，地底の悪魔からの黒いプレゼントでもある。第一に政権の腐敗を生む傾向が強い。石油会社は支配層を買収して利権を確保しようとするからだ。第二に国民の勤労意欲を低下させる。石油収入があるのに，なぜ働かなければならないのか。当然の反応である。第三に石油輸出で通貨が高くなると，他の輸出産業が育たない。通貨が高いと，製品の輸出競争力が低くなるからである。第四に能力のある人々が石油産業に集中してしまう。他の産業は人材不足になる。などと枚挙にいとまがないほどの数多くの問題を生み出す。

こうした中で，石油を持たない一部の国々や地域が急激な経済成長を経験し始めた。韓国，台湾，香港，シンガポールである。4匹のアジアの虎の躍進であった。いずれも国際貿易体制の荒波に果敢に挑んだ。輸出産業を育成しての成功であった。

実は，この4匹の虎を見ると，いずれも国内市場が限られており，輸入代替産業を育てるという選択はなかった。たとえば，シンガポールの人口は564万人である。そして，この国の最大の特徴は官僚の清廉さである。腐敗した官僚は稀である。世界的に見ても最も透明度の高い経済運営が行われている。

（3）龍と象

そして1978年から中国が改革開放政策によって驚異的な長期的な経済成長を実現させてきた。経済規模で日本を追い抜くまでになった。あたかも巨大な龍が舞い上がったかのようである。

さらに独立後，社会主義的な経済運営をおこなってきたインドが1990年代から経済の自由化へと舵を切り経済成長路線に乗った。象が立ち上がったかのようである。

ある意味では，南の世界の貧困の問題は軽減されて来たと論じることも可能な状況である。しかし，もちろん取り残された地域の貧困の問題は依然として深刻である。さらに，多くの国々での経済成長は，地球環境に途方もない負担をかける結果となっている。地球温暖化などの問題の深刻化に人類は直面している。

（4）難民問題

南の国々で解決されなかった貧困の問題が，難民問題という形で直接に北の豊かな国々を襲うようになった。21 世紀に入って，この傾向が誰の目にも明らかになった。

発展途上世界での生活に絶望した人々が先進工業諸国めざして大移動を開始した。移民という形での比較的に秩序だった動きと，難民という秩序なき移動の両方が同時に起こっている。これは姿を変えた南北問題である。これがヨーロッパを扱った第 7 章で触れたように，先進工業諸国の政治に大きな衝撃を与えてきた。

この難民問題で注意しておきたいのは，多くの難民を受け入れているのは，先進工業諸国ばかりではないという現実である。トルコやイランなどの国々が何百万単位でシリアやアフガニスタンからの難民を受け入れている。

今の世界で一番多くの難民を受け入れているのがトルコである。その数は 360 万人である。この 360 万という数は，途方もなく重い。トルコの総人口は，2018 年の数値で 8,200 万人である。したがって総人口の 4.4 パーセントとなる。日本が仮に，この比率で難民を受け入れるとすると，総人口が 1 億 2,600 万人であるので，その 4.4 パーセントは，550 万人強となる。兵庫県や北海道の人口と同じである。その負担の重さが想像される。

イランの場合は，1979 年末のソ連軍のアフガニスタン侵攻を受けての戦闘の激化から逃れた難民を何百万人単位で受け入れた。またサダム・フセイン体制下で弾圧されたイラク北部のクルド人や南部のシーア派住民を多数迎え入れた。

そのイラク北部のクルド人地域も，現在ではイラクの他の地域から，またシリアからの多くの難民を保護している。イラクでは珍しく治安が

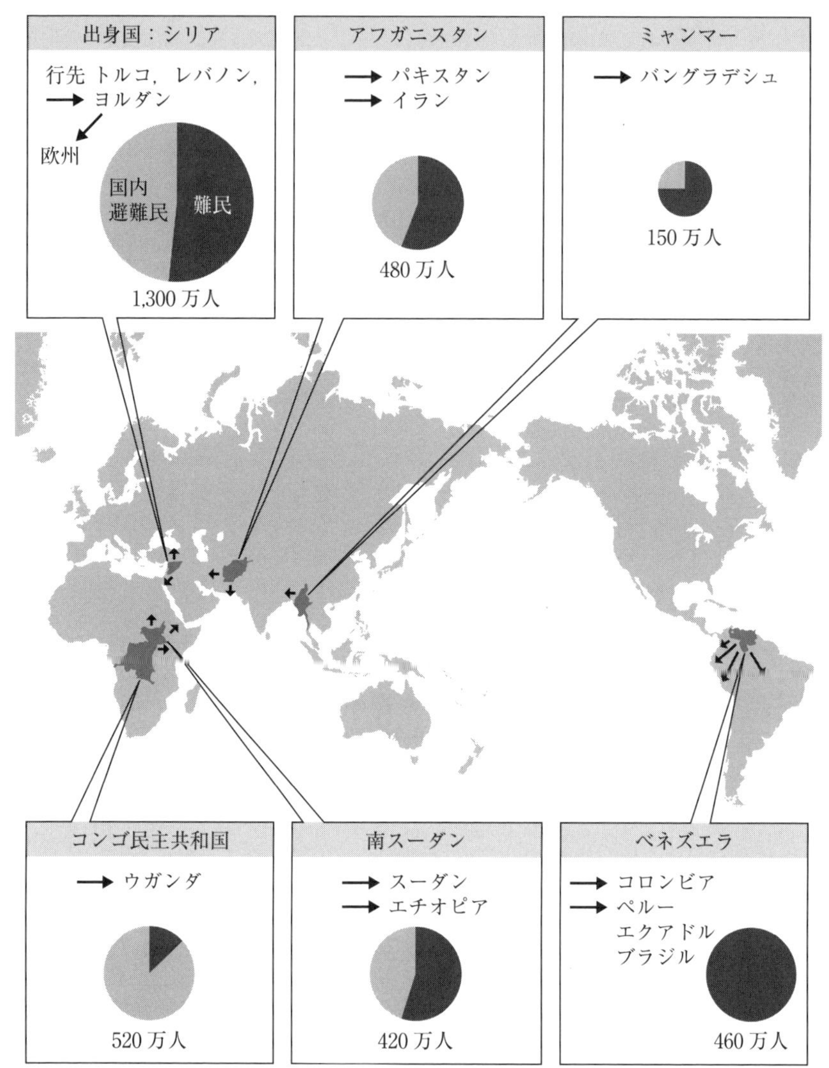

図 9-1　主な難民出身国と行先

（注）人数は UNHCR の 2018 年データ。ベネズエラは受け入れ国政府統計など

出典：日本経済新聞電子版（2020 年 1 月 6 日掲載）

https://www.nikkei.com/article/DGXMZO54047900V00C20A1FF8000/?n_cid=NMAIL007_20200106_A

安定しているからである。さらに例をあげれば，ミャンマーからのロヒンギャ難民を引き受けているバングラデシュも決して豊かさで知られている国ではない。

同じような状況がラテン・アメリカでも存在する。メキシコからのアメリカへの非合法な人の流れが問題視されている。2016年の大統領選挙でトランプ候補は，壁を作ってメキシコからの人の流入を止めると公約した。だが，そのメキシコ自身が，さらに貧しい国々からの人々の流入に苦慮している。難民問題でも，南南問題が存在するわけだ。

（5）冷戦：地域紛争の時代

第三世界の貧困に関する議論を紹介してきた。それでは，この地域を巡って米ソの両大国は冷戦期に，どのような政策を展開したのだろうか。そして冷戦後の大国の関与は，どう変わったのか。こうした政治面からの風景を論じたい。

基本的にはイギリスやフランスの植民地帝国が解体すると，その後にアメリカとソ連が進出しようとした。そして影響力を拡張しようと激しい援助合戦を演じた。軍事援助と経済援助を，アメリカかソ連から多くの国々が受け取った。中には両方からの援助を受けた例もある。

ソ連は1970年代には伝統的に支援していた東欧諸国，北朝鮮，モンゴル，シリアなどに加えてベトナム，カンボジアなどの東南アジアの諸国へ，そしてモザンビーク，アンゴラなどのアフリカ大陸の諸国にも支援の手を差し伸べた。こうした外交を資金面で裏打ちしたのは，1970年代のエネルギー価格の上昇であった。

しばしば，米ソは地域紛争の当事者に援助を与えた。アラブ諸国とイスラエルが戦った何回もの戦争が，その例である。イスラエルはアメリカ製の兵器で，アラブ諸国はソ連製の兵器で戦った。ときにはアメリカやソ連が直接に戦った例もあった。アメリカ軍は朝鮮戦争とベトナム戦争で血を流したし，ソ連軍はアフガニスタンで戦った。

冷戦とは，米ソが地域紛争を通じて争った時代と定義することも可能だろうか。双方が核兵器で武装し，直接的な軍事対決が両国の破滅を意味していたという状況下では，地域紛争が競争の１つの形であった。

ところが，日本では論調が異なっている。なぜか冷戦が終わったので地域紛争が激しくなったとか，起こり始めたとか，地域紛争の時代に入ったとかの不思議な論調が散見される。こうした論者は，おそらくヨーロッパのみを見て，国際政治を論じているのだろう。確かに冷戦の終わりがバルカン半島での戦争を引き起こした。ユーゴスラビアの崩壊過程での地域紛争であった。しかしヨーロッパは世界ではない。冷戦の終結後に地域紛争が起こった一例をもってして，冷戦後は地域紛争の時代と論じるのは現実に対応していない。もちろん，やがてロシアとウクライナの間の領土紛争が21世紀に勃発するのだが。

(6) 新しい列強の時代

ソ連崩壊後の第三世界においては，影響力という点から見るとアメリカの一極覇権が成立していたと論じることが総論としては可能だろう。もちろん広い発展途上世界を各論で論じれば，異論もあるだろうが。

21世紀に入ってから，そのアメリカの一極覇権に疲れが見え始めた。背景にあるのは2001年からのアフガニスタンでの戦争，そして2003年からのイラクでの戦争でのアメリカの疲弊がある。アメリカは，世界の警察官の役割に興味を失いつつある。

代わりに起こっているのが，ロシアの復活である。冷戦終結以来，第三世界での役割から手を引いていたロシアが，再び大きな役割を果たし始めた。たとえば中東のシリアには2015年に大規模な軍事介入を開始して同国のアサド政権を支えた。ロシアが第三世界で復活した。この復活を経済的に支えたのが，2000 年代に入ってからのエネルギー価格の上昇であった。

また中国という新しいプレイヤーが登場している。中国は，その急速な経済成長を支えるために中東やアフリカの資源を必要としている。そのため，こうした地域との経済関係を深めている。また，中国とヨーロッパを結ぶ新しいシルクロードの開発に莫大な投資を行っている。これは一帯一路構想として知られている。ベトナムでタイでミャンマーでスリランカでパキスタンで，中国の投資が行われている。港湾部門への進出が目立っている。

第三世界での国際政治は，アメリカ，ロシア，中国などの諸大国が演じる新しい列強の時代に入った。

学習課題

1. この章の内容の一部を選んで400字ピッタリに要約してみよう。
2. 映画「アルジェの戦い」(1966年公開) を視聴しよう。
3. 放送大学のテレビ科目『現代の国際政治 ('18)』の第3回「メディアと指導者たち」のテレビ教材を視聴してみよう。

参考文献

勝俣誠『新・現代アフリカ入門——人々が変える大陸』(岩波新書, 2013年)
ラーマチャンドラ・グハ著/佐藤宏訳『インド現代史—1947-2007—』(明石書店, 2012年)
チャールズ・C. マン著/布施由紀子訳『1493——世界を変えた大陸間の「交換」』(紀伊國屋書店, 2016年)

10 「援助大国」日本

白鳥潤一郎

1．日本は「援助大国」なのか？

かつて約10年間にわたって政府開発援助（ＯＤＡ）の供与額が第1位だったこともあり，日本は「援助大国」と呼ばれた。しかし，援助の内実や推移を見れば，そう簡単に「援助大国」とは言い切れない実態がわかる。

国際的な援助額の比較は通常ドル建てで行われるので為替相場の影響も大きいが，ここではひとまず他国との比較はドル建て，予算額の推移等については円建てで考えてみよう。

日本は1989年にアメリカを抜いてＯＤＡ供与額が第1位となった。翌年は再びアメリカがトップとなるが，その後日本は1991年から2000年まで世界最大の援助国であった。しかし，折からの景気悪化もあって1998年以降予算額は減少の一途をたどった。2010年代に入ると下げ止まったものの，大幅な増額には至っていない。1997年に1兆1,687億円だった政府全体のＯＤＡ予算だが，2010年代は5,500億円前後で推移している。ピーク時の約半分程度の規模である。他国との比較では，2006年にイギリス，2007年にドイツおよびフランスに抜かれて世界第5位が続いたが，フランスのＯＤＡ予算が大きく伸びていないことから2010年代半ばには世界第4位に浮上している。

世界のトップ5に入るのであれば十分に「援助大国」と言えそうだが，経済規模に見合った援助を実施しているわけではない。国連総会は

1970年にＯＤＡの目標を国民総生産（ＧＮＰ）の0.7パーセントに定めた。現在はＧＮＰではなく国民総所得（ＧＮＩ）が指標として用いられるが，日本の援助は対ＧＮＩ比で0.2パーセント前後であり，主要な援助国で日本より下位に位置するのはアメリカのみという状況が長く続いた。上位に位置する北欧諸国などが対ＧＮＩ比で１パーセント近くを支出していることを考えると，日本は経済力が大きいことで全体としては「援助大国」となっているが，必ずしも援助に熱心ではないと見ることもできるだろう。

以上は，ＯＥＣＤ（経済協力開発機構）の下に設置されている開発援助委員会（ＤＡＣ）の定義するＯＤＡに限定した話である。中国はＤＡＣと関係なく活動し，独自の方式で対外援助を急増させる非伝統的ド

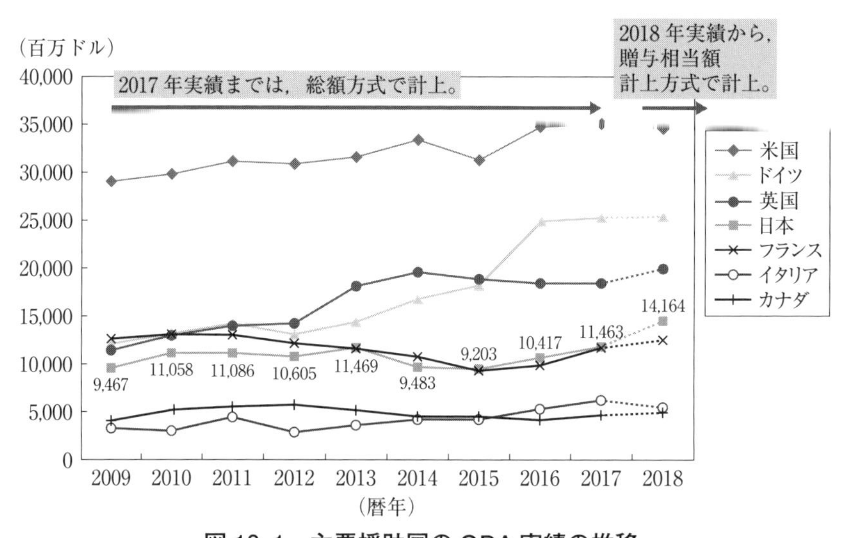

図 10-1　主要援助国の ODA 実績の推移

（2017年まで支出純額ベース，2018年から贈与相当額ベース）

出典：OECD/DAC（外務省 HP）

ナーとして存在感を高めていることも，日本の開発協力について考える際の検討材料の１つとなる。

また，日本はかつて無償の援助よりも有償の円借款の比率が圧倒的に大きかったことを考えると，援助予算の長期低迷とは異なる姿も浮かんでくる。日本の援助には，当該年度の予算から新たに支出されるものに加えて，過去の円借款の返済分も充てられる。当該年度の新規支出分が「支出純額」で，返済分も加えたものが「支出総額」となる。支出総額で比べれば，日本は2001年にアメリカに抜かれたものの，2013年までは第２位を保ち，その後ドイツとは水を開けられているが，1990年代と比べて支出額が大幅に低下しているわけではない。つまり，借款よりも無償援助を重視する国の影響力が強いため，ＯＤＡの定義は当該年度の新規支出分のみで計算されるが，援助現場に実際流れる金額とはずれ

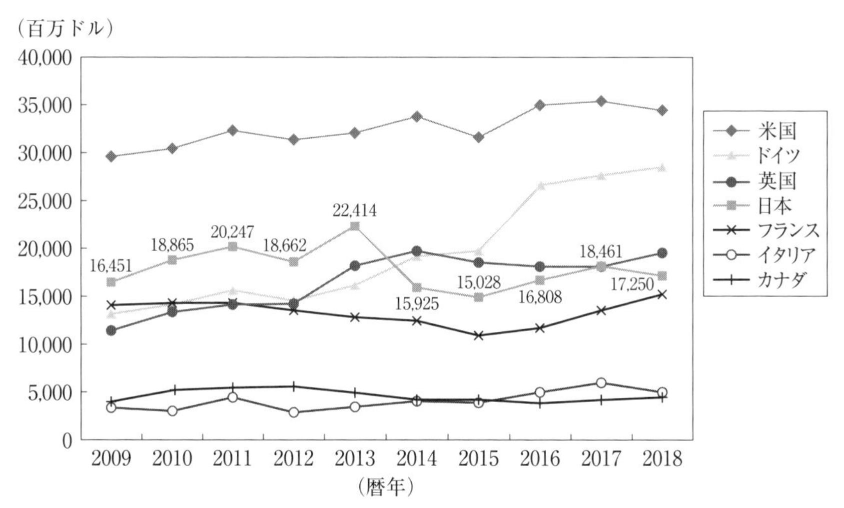

図 10-2 主要援助国の ODA 実績の推移
（支出総額ベース）
出典：OECD/DAC（外務省 HP）

が生じており，日本の援助は過小評価されてきた側面もある。

とはいえ，支出総額で見ても，日本が対ＧＮＩ比ではＯＥＣＤ加盟国内で下位グループに位置付けられる事実は変わらない。また，財政事情はますます厳しくなっており，大幅に予算が増額される見込みはない。低成長が常態化し，新興国が台頭する状況を考えると，「援助大国」としての日本は遠くない将来に過去のものになるかもしれない。

日本が被援助国であった過去も忘れてはいけないだろう。1946 年から 1951 年にかけて提供されたアメリカによるガリオア（占領地救済政府基金）とエロア（占領地経済復興基金）の援助は，約 18 億ドル（贈与は約 13 億ドル）であり，現在の価値に換算すれば 10 兆円を超える膨大な金額になる。

世界銀行による低金利の融資にも日本は助けられた。総額は 8 億 6,300 万ドルで，現在の価値に換算すれば約 6 兆円である。対象となったプロジェクトは 30 を超え，多数の発電所の他，鉄鋼・自動車・造船などの重工業分野，さらには東名高速道路や東海道新幹線などインフラ整備に充てられた。日本が受けた融資はインドに次いで世界第 2 位だという。最後の融資を受けたのは 1966 年であり，返済を完了したのは 1990 年のことである。

この他にもＵＮＩＣＥＦ（国連児童基金）から得た支援などもあり，復興期から高度経済成長期の半ばまで，日本は「被援助大国」であった。

以上の概観はあくまで予算ベースが中心だが，それでも援助の世界の複雑さがわかるのではないだろうか。各プロジェクトや案件を詳細に見ることで浮かび上がるさまざまな実態もある。とはいえ，その実態を見る前提としても，歴史的な歩みを押さえておくことが求められる。本章では，まずＯＤＡの概要を確認した上で，戦後賠償を起点に現在に至る日本の開発協力の歴史を大掴みに考えていくことにしよう。

2. 開発協力の概要

開発協力の柱となっているのはＯＤＡである。ＯＤＡはＯＥＣＤの下に設置されているＤＡＣによって次のように定義されている。

①政府または政府機関によって供与されるものであること
②開発途上国の経済開発や福祉の向上
③資金協力については，その供与条件のグラント・エレメントが国・機関別の設定基準を満たしていること

以上の３点を満たすものがＯＤＡとして認められる。③については説明が必要だろう。「グラント・エレメント」は借款条件の緩やかさを示す指数で，金利が低く，融資期間が長いものほど数値は高くなる。贈与の場合にグラント・エレメントは100パーセントになる。「国・機関別の設定基準」は2017年以前はすべての国・機関共通に25パーセント以上だったが，2018年以降は低所得国45パーセント以上，低中所得国15パーセント以上，高所得国および国際機関10パーセント以上と定められている。低所得国に有利な条件でＯＤＡが供与されるように制度改革が行われたと理解すればよい。

なお，グラント・エレメントの見直しとあわせて，これまでの支出純額方式での各国比較に代わって贈与相当額を計上する方式への変更も行われている。日本の援助も借款の比率は低下しつつあり，「支出純額」ベースで見た際に日本の貢献が過小評価される状況は改善に向かうだろう。

ＯＤＡは，大きく多国間援助（国際機関への拠出）と二国間援助に分けられる。日本の場合，多国間援助が予算全体の15パーセント程度を

占めている。さらに贈与（無償援助）と政府貸付等（有償資金協力）に分けられ，前者は無償資金協力と技術協力，後者は政府等を対象とする円借款と民間セクター向けの海外投融資がある。

次に日本政府の方針を確認しよう。本稿を執筆している2020年現在，日本のＯＤＡは2015年2月に閣議決定された「開発協力大綱」に基づいて実施されている。ここで言う「開発協力」は「開発途上地域の開発を主たる目的とする政府及び政府関係機関による国際協力活動」を差し，「狭義の「開発」のみならず，平和構築やガバナンス，基本的人権の推進，人道支援等も含め，「開発」を広くとらえることとする」と政府は説明している。

その上で，以下のように日本の開発協力の目的が設定されている。

> 我が国は，国際社会の平和と安定及び繁栄の確保により一層積極的に貢献することを目的として開発協力を推進する。こうした協力を通じて，我が国の平和と安全の維持，更なる繁栄の実現，安定性及び透明性が高く見通しがつきやすい国際環境の実現，普遍的価値に基づく国際秩序の維持・擁護といった国益の確保に貢献する。

開発協力大綱策定については，発表時に賛否両論があったが，それはこの章の最後に改めて触れることにする。

3. 賠償から経済協力へ

日本の対外援助を考える際に，起点となるのは1954年のコロンボ・プラン加盟である。

コロンボ・プランはコモンウェルス（旧英連邦）諸国が推進した経済

協力の枠組みで，インド，パキスタン，マラヤなどの開発を進めることで，コモンウェルス内への共産主義の浸透を防ぐという「冷戦」の文脈も持ち合わせていた。自由主義諸国に参加が呼びかけられ，スターリング圏への経済進出やインドをめぐる思惑もあって日本も手を挙げたが，コモンウェルス諸国内の対日警戒心は根強く，最終的にアメリカの強い後押しで加盟することとなった。このコロンボ・プランにおける技術協力が日本の対外援助の起点となった。

対外援助の開始と並行する形で東南アジア諸国と賠償交渉が進められた。その経過は第6章でも触れた通りである。政治的にも注目されたのは東南アジア4か国で，ビルマ（1955年），フィリピン（1956年），インドネシア（1958年），ベトナム（1959年）と順次協定が締結された。協定締結後もさまざまな問題が生じたが，1960年代半ばを迎える頃には一段落ついた格好となり，賠償が終了すると経済協力方式に切り替える形で日本は関与を継続した。賠償請求を行わなかった国との間では「準賠償」として経済協力協定が結ばれた他，シンガポールとマレーシアとの間では，賠償に代わる無償援助が実施された。

東南アジア諸国への賠償や経済協力は，基本的に生産物および役務（サービス）の提供という方式が取られた。賠償額に相当する生産物と役務を日本企業から調達する「タイド（紐付き）」化し，それを相手国に提供するという形である。賠償や経済協力は，日本が経済復興を進めるための内需創出にも繋がり，さらに東南アジアへの経済進出の足がかりとなった。それは，いわゆる「賠償ビジネス」を産み，賠償の一部は日本の政界に還流したとも言われる。また，賠償を経済進出の手段と考えることは閣僚も公言し，また野党が求めたことでもあった。日本国内のアジアに対する「加害者意識」が希薄であったことがうかがえる。

賠償や準賠償を実施する過程で，コロンボ・プランに関わる技術援助実施のためのアジア協会設立を皮切りに，日本は対外援助に向けた体制整備を進めていった。また，1960年1月にアメリカの提唱によって開発援助グループ（ＤＡＧ）が設立されると，日本も参加することになった。なお，ＤＡＧは1961年9月のＯＥＣＤ発足に伴ってＤＡＣに改組された。日本はＯＥＣＤ加盟に先立って開発援助に関する国際的な協力体制に参画していた。

1965年は，日本の対外援助にとって大きな意味を持つ年となった。

まず，日本青年海外協力隊が設立された。設立に尽力したのは，自民党青年局に所属した若手議員たちである。青年局長の竹下登を筆頭に，初当選したばかりの宇野宗佑と海部俊樹も加わり，1960年暮れに自民党青年局は「日本青年海外奉仕隊」構想を発表する。まだ外国旅行が自由化される前の時代であったが，翌年にはインドやパキスタンを視察，予算に調査費が計上された1964年にはインドネシア，タイ，フィリピンを回るなど若手議員たちは精力的に動いた。なお，竹下，宇野，海部は冷戦終結期に相次いで首相を務めている。

さらに，台湾および韓国に向けた経済協力が本格的に開始された。ベトナム情勢が緊迫を迎える状況もあり，アメリカは日本に援助の一部を肩代わりする役割を求めるようになっていた。4月に台湾向けの第一次円借款協定が締結された。6月には15年に及んだ韓国との国交樹立交渉が妥結した。国交樹立に伴い，日本は総額5億ドルの経済協力を実施し，これに加えて翌年から10年間で8億ドル以上の商業借款も供与された。

ベトナム戦争が本格化する中で，アメリカ主導による東南アジア援助も模索された。1966年12月にはアジア開発銀行（ＡＤＢ）が発足した。なお，ＡＤＢの総裁は日本の指定席となっている。

アメリカとは異なるアプローチもこの時期に模索された。1966年4

月に東京で開催された第1回東南アジア開発閣僚会議は日本のイニシアティブによる。政府内の調整も難航するなど具体的な成果は乏しかったが，ＧＮＰ比１パーセントを援助の目標として提示し，対東南アジア援助の拡大を政治的に示したことは注目される。この時期，日本はインドネシアで新たに発足したスハルト政権への支援を強化するなど，東南アジア情勢への影響力を高めることになった。

4．日本の経済大国化とＯＤＡの拡充

1970年代に入ると，経済大国化に伴って日本の援助の姿勢も変化していくことになった。

その原点となったのは，1974年1月に発生したインドネシアでの反日暴動である。インドネシアでは，外国資本に依存し，強権的な体制を敷いたスハルト政権に対する反発と，それを支える日本への不信感はすでに1960年代末から芽生えていた。また，1970年代に入って日本企業の進出が一挙に増加したことは現地社会との間に軋轢を生み，反日運動や日本製品のボイコットが頻発するようになっていた。

1974年1月，田中角栄首相が東南アジア諸国を歴訪した。その際，タイとシンガポールで大規模な学生デモに遭い，さらにインドネシアでは首都全体が混乱に陥る反日暴動に見舞われた。3泊4日のインドネシア訪問時，田中は宿泊先の迎賓から一歩も出られず，帰路も空港までヘリコプターで向かう羽目になった。

次に触れるように，援助の見直しは1960年代末から少しずつ進んでいたものの，それが十分と言えないことが明らかとなった。この事件も機に，日本は経済援助の拡充や経済進出だけでなく文化交流等も重視しながら東南アジア諸国と向き合っていくことになる。

長く続いた戦後賠償の支払いは1976年に完了した。これに先立って，1969年には一般無償資金協力の開始，1972年には円借款にアンタイド導入を決定するとともに文化交流を担う国際交流基金が設立されるなど，援助の見直しは徐々に進められていた。だが，この時期に重視されていたのは量的拡充である。外務省はコロンボ・プラン加盟から賠償支払いまでを「体制整備期」とし，1977年以降を「計画的拡充期」と説明している。

ＯＤＡの量的拡充の背景にあったのも日本の経済大国化である。経済大国化に伴う輸出の増大は，東南アジアだけでなく，欧米諸国との間に深刻な経済摩擦を引き起こしていた。さらに日本の国際収支黒字の拡大が続く中で，その対策としても対外援助の増額が図られた。1978年7月の第4回先進国首脳会議（ボンサミット）で，日本はＯＤＡを3年間で倍増させる第一次中期目標を発表した。これ以降，日本は5回にわたって中期目標を設定し，ＯＤＡの量的拡充に努めた。

同時期は，日本のＯＤＡの対象が拡大した時期でもあった。

第1は，対中円借款の開始である。日本と中国は1972年に国交正常化し，1978年には日中平和友好条約が締結されていた。中国は経済建設に重点を置く「改革開放」に乗り出しつつあり，1979年9月に公式に円借款を要請した。大平正芳内閣は，①欧米諸国との協調，②ＡＳＥＡＮなどアジア諸国とのバランスに配慮，③軍事協力は一切行わない，という三原則を確認して対中円借款供与を決断する。なお，省庁間で対立が見られたが，供与の方式は「原則としてアンタイド方式」となった。

第2に，新冷戦が本格的に始まると日本はパキスタン等の紛争周辺国への援助を行った。それまでも日本はアメリカのアジア戦略に大きな影響を受けてきたが，「戦略援助」とも言われた紛争周辺国への援助は「西側陣営の一員」としての立場を明確にすることに繋がった。

その後も，日本のＯＤＡ供与額は拡大の一途をたどった。プラザ合意後の円高もあり，1989 年にはとうとう日本はＯＤＡ供与額が世界第 1 位となる。湾岸戦争等の影響もあって翌 1990 年はアメリカが第 1 位となるが，1991 年には再び第 1 位となり，2000 年までそれは維持された。

5. 援助政策の体系化

援助総額こそ大きくなったものの，日本の援助は基本的に個々のプロジェクトを積み重ねていく方式であり，全体として理念に欠けていた。また，欧米諸国の圧力をかわすために援助額を増加させる受け身の姿勢には限界があった。

このような状況も背景の 1 つとして，1988 年 4 月にまとめられたのが国際協力構想である（詳しくは第 14 章を参照)。竹下登内閣の目玉となる外交構想として打ち出され，三本柱の 1 つとして「政府開発援助の拡充」も謳われた。量的側面に重点は置かれたが「「相互依存」と「人道的考慮」という基本理念」が掲げられたことにも新味があった。

1989 年 6 月の天安門事件は，援助の歴史にとっても画期となった。それまでの日本は，相手国の人権や民主主義の問題に無頓着であった。1980 年代に入ってからも，多数の死傷者を出した光州事件を引き起こした韓国の全斗煥政権に対して大規模な経済援助を実施していることはその証左である。だが，天安門事件に際しては，事件発生当初こそ慎重な姿勢を示したものの，その後は欧米諸国と軌を一にする形で対中経済援助の見直しに踏み切り，円借款の凍結を決めたのである。比較対象を欧米諸国に置けば日本の対応は後ろ向きだが，それ以前の日本と比べれば大きく異なる対応を取ったと言える。

こうした変化もふまえて政府内で検討が進められ，1991 年には，Ｏ

ＤＡ実施にあたって，対象国の①軍事支出，②大量破壊兵器・ミサイルの開発・製造，③武器の輸出入等の動向，④民主化の促進，市場指向型経済導入の努力ならびに基本的人権および自由の保障状況に十分注意を払う，という「ＯＤＡ四指針」が発表された。

そして，翌1992年6月にはＯＤＡ大綱が策定された。国際協力構想でも触れられた「相互依存」と「人道的考慮」に加えて，「環境の保全」および「開発途上国の離陸に向けての自助努力の支援」を援助の基本理念に定めた。また，重点地域としてアジアを明記しつつその他の地域についても国力に相応しい協力を行うとされた。開始から約40年が経過した日本の援助は，ようやく体系化が図られた。外務省はこの1992年以降を「政策・理念充実期」と説明している。

ＯＤＡ大綱の前後から，日本の支援は環境分野をはじめとする地球規模課題や女性支援なども含むものへと拡大していった。また，1993年10月には，第1回のＴＩＣＡＤ（アフリカ開発会議）が開催された。ＴＩＣＡＤには，外務省が国連の安保理常任理事国入りを目指す際にアフリカ票を押さえるためという隠れた目的が存在していたとも言われるが，それはＯＤＡの地理的拡大に寄与するものであった。量の拡大をしつつ，支援の多角化が図られた時期と言えよう。

6.「援助大国」の行方

1990年代後半に入り，日本の援助政策は転機を迎えることになる。バブル崩壊後の不況が長引く中で拡大する財政赤字の削減も進められた。橋本龍太郎首相は行政改革とともに財政改革にも取り組み，財政構造改革法が成立し，ＯＤＡ予算の削減も定められることになった。多額の円借款返済が見込まれ，支出総額こそある程度維持されたとはいえ，

1998年以降，日本のＯＤＡ予算は2010年代に入る頃まで減少の一途をたどった。

こうした事態に対応するため，1997年4月に「21世紀に向けてのＯＤＡ改革懇談会」が設置され，ＯＤＡ改革が議論された。翌1998年1月に公表された報告書は，「ＯＤＡの諸目的を実現することは，広い意味での国益の実現である。国際社会全体の利益のために行動することが，日本の長期的な開かれた国益につながる」という基本認識を示している。後に議論となる「国益」というキーワードが盛り込まれている。そして，①人道的支援，②地球的課題の克服，③好ましい安全保障環境の実現，を目的に掲げた。従来の援助は経済成長志向が強く，インフラ支援が中心であったが，アジア諸国の発展が進んだことで見直しが迫られていた状況を反映した報告書となった。

この時期にはさまざまな取り組みが進められており，それが政策にも盛り込まれるようになっていた。1つは，平和構築である。第14章でも触れる通り，日本はカンボジア和平後のＰＫＯ（国連平和維持活動）に参加するなど冷戦後に国際安全保障への参画を進めた。報告書でも，「紛争解決後の平和構築及び紛争予防においてもＯＤＡの役割が大変大きく，日本はこの面でのより迅速かつ積極的な対応を確保する。また，地雷対策支援及び地雷の犠牲者に対する支援へ積極的に取り組む」とされた。

もう1つは「人間の安全保障」である。国連開発計画（ＵＮＤＰ）が1994年の報告書で打ち出した「人間の安全保障」は，従来の国家レベルではなく人間1人1人に着目した取り組みを重視するものである。しばしば「国家の安全保障」と対比されるが，対立するものではなく補完するものと見るべきだろう。報告書では「今後は，貧困撲滅に役立つタイプの援助を重視するべきである。開発の究極の目的を人間が豊かになることに置いた「人間中心の開発」を実現する」とされ，社会開発分野への比重を高めることや，ＮＧＯとの連携も謳われた。「人間の安全保障」への取り組みは小渕恵三内閣の重点政策として推進された。

その後も，「第２次ＯＤＡ改革懇談会」や内閣官房に設置された「対外関係タスクフォース」等でＯＤＡ改革の議論は続けられた。また，2003年２月には，アフガニスタン復興支援会議が東京で開催されるなど，日本の対外支援をめぐるさまざまな動きもあった。

2003年８月には，こうしたさまざまな検討や取り組みをふまえて新ＯＤＡ大綱が策定される。ＯＤＡの目的は「国際社会の平和と発展に貢献し，これを通じてわ我が国の安全と繁栄の確保に資する」ことが掲げられている。前述の「人間の安全保障」や「平和構築」，さらに「地球規模課題」への取り組みは，基本方針に挙げられている。また，従来のＯＤＡの問題点もふまえ，戦略的かつ効果的で透明性の高い援助の実施が課題として挙げられた。

第２節で触れたように，現在のＯＤＡは2015年２月に策定された開発協力大綱に基づいている。これは新ＯＤＡ大綱を改定したものだが，いくつかの点でこれまでとは大きく異なる特徴を持っている。

第１に，閣議決定でも述べられている通り，開発協力大綱は2013年12月に策定された国家安全保障戦略をふまえて策定されている。ＯＤＡはより体系的に日本の対外戦略の中に位置付けられる格好となった。

第２に，開発協力を，狭義の「開発」にとどまらないより広い領域を指すものと定義している。ＯＤＡの定義はＤＡＣで定められるが，それを墨守するのではなく，ＰＫＯ等の国連の活動やその他の政府資金，民間との連携を強化する形で開発協力を実現する方向性が示された。

第３に，開発協力の目的として「国益の確保」が明示的に謳われた。この点は発表時に一部で議論が割れたが，基本的には従来の路線を明確化したものである。新ＯＤＡ大綱でも日本の利益や「国民の利益」には言及されている。ただし，「国益」という概念は定義が曖昧になりがちであることには注意する必要がある。開発協力の根本は援助であり，被援助国が不利益を被るような形で日本の「国益」が図られることがあってはならないのは当然である。国益を短期的な視点ではなく中長期的な視座から捉えることが必要と言えよう。

開発協力大綱の内容からもわかるように，冷戦終結後，そして21世紀に入ってから，日本の援助は大きく変容している。1989年に日本の援助額は世界第１位となり「援助大国」と呼ばれたが，内実は個々のプロジェクトを積み上げたものに過ぎなかった。こうした問題は現在もすべてが解決されたわけではないが，冷戦後の取り組みは従来の課題を１つ１つ解決しながら，新たな領域での活動を広げるものであった。

本章では触れることができなかったが，現在は中国をはじめとするＤＡＣ外の新興ドナー国も存在感を増している。また，財政赤字の拡大が続く中で，国内ではＯＤＡ予算の削減圧力が減ることは考えにくい。国際社会をどのような国家として歩むのかという基本に立ち返って，援助についても考えていく必要があるのだろう。

学習課題

1. 何のために「援助」が必要なのかを考えてみよう。
2. 有償援助と無償援助のメリットとデメリットをそれぞれ考えてみよう。
3. ＯＤＡ大綱，新ＯＤＡ大綱，開発協力大綱を比べながら読んでみよう。

参考文献

荒木光弥『途上国援助 歴史の証言―1970年代』（国際開発ジャーナル社，1997年）
荒木光弥『途上国援助 歴史の証言―1980年代』（国際開発ジャーナル社，1997年）
荒木光弥『途上国援助 歴史の証言―1990年代』（国際開発ジャーナル社，2005年）
荒木光弥『途上国援助 歴史の証言―2000年代』（国際開発ジャーナル社，2012年）
外務省編『開発協力白書』及び『ＯＤＡ白書』各年版
北岡伸一『門戸開放政策と日本』（東京大学出版会，2015年）
草野厚『ＯＤＡの現場で考えたこと――日本外交の現在と未来』（ＮＨＫブックス，2010年）
佐藤史郎，川名晋史，上野友也，齊藤孝佑編『日本外交の論点』（法律文化社，2018年）
下村恭民，辻一人，稲田十一，深川由紀子『国際協力――その新しい潮流 第三版』（有斐閣，2016年）
波多野澄雄，佐藤晋『現代日本の東南アジア政策――1950-2005』（早稲田大学出版部，2007年）
デニス・Ｔ・ヤストモ（渡辺昭夫監訳）『戦略援助と日本外交』（同文館，1989年）

11 核兵器との共存

高橋和夫

「ズボンを履かなくても原爆は持つ」陳毅外相

1. 危うげに頼りなげに

(1) キューバ危機

核兵器と人類は，いかに共存してきたのか。答えは，危うげに頼りなげにであった。第二次世界大戦の末期以来，人類は核兵器と共存してきた。幸いにして，長崎への原爆投下以降は，実際に戦争で核兵器が使われた例はない。しかし，それは決して危険な場面がなかったからではない。何度か，人類は危うい場面を経験してきた。そのいくつかを紹介しよう。

そうした場面の1つで最も良く知られているのが，キューバ危機である。1962年秋，アメリカのU2偵察機が，キューバにソ連が中距離核ミサイルを搬入しているのを発見した。当時のジョン・F・ケネディ大統領（1917〜1963年）は，キューバを海上封鎖してソ連にミサイルの撤去を要求した。もし，撤去されない場合は米ソ間での直接の軍事衝突が予測された。ソ連の指導者であったニキタ・フルシチョフ（1894〜1971年）がミサイルを撤去して危機が去った。米ソ間の軍事衝突は核戦争へと発展する可能性をはらんでいた。人類は危ういところで第三次世界大戦の惨禍から免れたのだろうか。

その後，時間が経ち冷戦が終わり，ワシントンとモスクワで当時の状況に関する文書が公開されるようになった。それによると，状況は知られていたより，はるかに危なかった。まずアメリカ側は，ソ連がミサイルを撤去しない場合には，キューバに配備されたミサイルを爆撃で破壊する作戦を用意していた。アメリカの軍部はキューバに配備されていたソ連の核ミサイルの場所をすべて特定していると考えていた。

ところが旧ソ連側からの情報によると，実はそうではなかった。キューバのソ連の核ミサイルの全貌をアメリカが捕らえていたわけではなかった。つまりアメリカが知らない場所に隠されているミサイルもあった。しかも核ミサイル発射の権限は現地のソ連軍指揮官が持っていた。となると，もしフルシチョフがミサイルの撤去を拒否した場合には，アメリカの攻撃が始まっていただろう。そしてキューバに配備されたソ連軍のミサイルの大半が地上で破壊されたであろう。しかし，すべてではない。何発かの核ミサイルは生き残ったであろう。となると現地の指揮官は，空爆で破壊される前にミサイルを発射しようとの強い誘惑に駆られたであろう。キューバでは，米ソは本当に第三次世界大戦に危機一髪のところまで近づいていた。われわれは，それが危なかったのを知っていた。しかし現実は，われわれが知っていた以上に危なかった。

キューバ危機以上に米ソが核戦争に近づいたとされる事件が1983年にあった。この事件は，あまり知られていない。この年のNATOの軍事演習をソ連側が，奇襲攻撃を覆い隠すための偽装工作だと信じて核戦争の準備に入った事件だった。この演習の名前は「有能な射手83（Able Archer83）」だった。

背景にあったのは，1970年代末以降の米ソ関係の悪化であった。1979年末，ソ連軍がアフガニスタンに侵攻した。アメリカの一部では，これをソ連の世界征服計画の第一歩だとみなすような論調もあった。少なくとも，西側の経済的な生命線ともいえるペルシア湾岸の油田地帯にソ連赤軍の戦車が近づいたのは，確かであった。その翌年 1980 年のアメリカ大統領選挙では対ソ強硬路線を訴えていた共和党のロナルド・レーガン（1911～2004 年）が民主党の現職であったジミー・カーター（1924 年～）を破って当選した。1970 年代の一時期にあった緊張緩和の時期は遠のいた観があった。米ソ第二次冷戦といわれるほど両国の関係は悪かった。こうした状況下での NATO の演習であった。

この演習を監視しているソ連軍が，核戦争の準備に入ったのを西側の諜報当局は察知した。演習の最後の段階ではホワイトハウスからレーガン大統領がヘリコプターで避難するという筋書きまで用意されていた。しかし，そこまで実施すると，本当に奇襲攻撃を受けると思い込んだソ連側が先制攻撃を始めるのではないか，そうした懸念が，NATO 諸国で抱かれた。演習は途中で中止されて事なきを得た。

この事件は，キューバ危機以上に危なかったとの解説を付けて専門家の間で語られている。こうした場面を経験しながらも人類は危うげに核兵器と共存してきた。

（2）スプートニク・ショック

さて，最初に原爆を開発したアメリカは，1949 年までは，唯一の核兵器保有国であった。ソ連が原爆開発に努力しているのは，明らかであった。アメリカにはソ連を攻撃して，それを阻止する選択があったのかも知れない。しかし，この国には，その意図はなかった。すでに本書でも見たように，第二次世界大戦が終了すると，アメリカは動員を解除していた。

そして 1949 年，アメリカの予想していたより早くに，ソ連は核実験に成功した。アメリカは世界で唯一の原爆保有国ではなくなった。このソ連という敵対的な国家が核兵器を保有しているという事実に，アメリカは向き合うこととなった。逆から見れば，ソ連はアメリカという敵対的な国家が核兵器を保有しているという事実に，その４年前から向き合っていたのだが。しかも，アメリカは，原爆を実際に戦争で使用した唯一の国家でもあった。

アメリカから見るとソ連の原爆は怖かったが，それでもソ連はアメリカを直接攻撃する能力を持っていなかった。地球儀を上から見ると，ロシアとアメリカが北極圏で向かい合っているのがわかる。２人の巨人が組み合っているようにさえ見える。アメリカはカナダとアラスカの制空権を押さえていれば，ソ連空軍の侵入を防ぐことができた。また西ヨーロッパは，アメリカの主導する軍事同盟であるＮＡＴＯが押さえていた。加えて大西洋においても太平洋においてもアメリカ海軍が制海権を押さえていた。ソ連は核兵器をもっていたが，それをアメリカにまで運ぶ運搬能力を欠いていた。

ところが1957年に衝撃が走った。ソ連がスプートニクと名付けられた人工衛星の打ち上げに世界に先駆けて成功した。つまりアメリカの先を越した。これにアメリカは大きな衝撃を受けた。これをスプートニク・ショックと呼ぶ。

人工衛星を打ち上げて地球を回る軌道に乗せる技術の開発は，核弾頭を，つまり核爆弾を乗せたロケットを打ち上げて，世界のどこにでも打ち込む能力の獲得を意味した。今やソ連は西ヨーロッパを征服する必要もなかったし，大西洋を船で渡る必要もなかった。ロケットで大気圏外から突然にアメリカを攻撃する能力を手にした。あたかも距離が消え，大西洋が乾いてしまったようであった。

高速度で飛行して来る多数のミサイルやロケットを途中で撃墜する信頼できる方法は存在しなかったし，現在も存在しない。ところで，ここではロケットとミサイルを同じ意味として使おう。

そして，やがてアメリカも宇宙に人工衛星を打ち上げる技術を手にした。これによって，相互に相手を短時間で核攻撃できるようになった。実はアメリカは，長距離ミサイルの開発前からソ連の周辺国に空軍基地を置き，そこから長距離爆撃機で核兵器を運搬して同国を攻撃する能力を有していた。両国は，核攻撃の恐怖と向かい合った。

（3）防止と抑止

どうやって相手国による攻撃を防ぐことができただろうか。実は，現実にアメリカが，あるいはソ連が相手国を核ミサイルで攻撃すると決定した場合は，途中でミサイルを撃墜する技術がないのであるから，防ぎようがなかった。つまり防止の手段はなかった。

唯一可能な対処は抑止であった。抑止とは，相手にある行為が引き起こす結果を想像させて，その行為を思い止まらせるという意味である。たとえばソ連がアメリカに核攻撃を掛ければ，必ずやアメリカは核兵器で報復するであろう。そうした事態を避けたいと思うので，ソ連はアメリカを攻撃しない。という状況であれば，抑止が効いているわけである。アメリカをソ連と置き換えても同じことがいえる。

抑止と防止は，しばしば混同される。しかし両者は，似て非なるものである。別の概念であり，この概念の差異は重要である。

抑止を確保するためには，仮に先制攻撃を受けても，十分な核戦力が生き残り反撃できる状況を創り出さねばならない。これを第二次攻撃能力と呼ぶ。先制攻撃の方は，もちろん第一次攻撃能力である。もし，そうであれば一方が他方を先制攻撃する動機は低下する。厳しい反撃を覚悟する必要が出てくるからである。相互に，こうした能力を保持すれば，お互いに先制攻撃をしようとの動機が下がり状況が安定する。こうした状況を相互確証破壊と呼ぶ。難しい言葉である。何があっても，相手を酷い目に合わせる力をお互いに持ち合うという意味である。これは英語のmutual assured destructionの訳語である。英語のほうは頭文字を取ってMADと呼ばれる。「気が狂っている」という意味である。

それでは，どうすれば第二次攻撃能力を維持できるだろうか。どのような先制攻撃を受けても十分な数の核兵器を生き延びさせるためには何が必要であろうか。米ソの核戦略の専門家たちが頭を絞った結果は，多くの核兵器をさまざまな形で持つという単純な政策であった。

多くのという量の確保のために，人類を何度も全滅させられるほどの核兵器が製造された。そしてさまざまな形でという方は，地上発射の核ミサイル，爆撃機に搭載された核爆弾，そして潜水艦に搭載された核ミサイルという3つに大別される。こうした戦力を整備するために米ソは天文学的な費用を投じた。

それもあってソ連は崩壊した。アメリカだって，国民に医療保険も提供できていない。乳幼児死亡率は先進諸国の中では高いほうだ。キューバのほうがアメリカより乳幼児死亡率は低い。超大国アメリカの医療水準は平均ではキューバ以下ということになる。しかも財政は慢性的な赤字である。核戦略の費用は重く両超大国の市民の肩に食い込んだ。

ここで意識しておきたいのは，どちらの国も第二次世界大戦では手痛い奇襲攻撃を受けたという経験である。3章において1938年の独ソ不可侵条約に言及した。この条約に基づいて両国はポーランドを分割した。そして，ソ連はドイツに軍需物資の供給を続けていたにもかかわらず，1941年6月，ドイツは突如としてソ連を奇襲した。ソ連は数百万の兵力を失い，国土のヨーロッパ部分の大半を占領されるという苦境に追い込まれた。この苦境にもかかわらず，ソ連軍は途方もない血の犠牲を払ってドイツ軍を押し返しベルリンまで進撃して第二次世界大戦の勝者となった。この戦争におけるソ連側の死者は3,000万人とモスクワは主張している。ここで問題にしたいのは，奇襲によって国家の生存が脅かされるほどの打撃を受けたという事実である。

この経験がソ連の指導層を偏執的ともいえるほど，奇襲攻撃の可能性に関して神経質にした。前述の 1983 年の NATO の軍事演習を実際の攻撃の偽装だとソ連が考えた背景である。いかにして奇襲攻撃を防ぐか，そして，その際に生き抜くか。必死にソ連の指導層は考えていた。たとえばソ連国内の地下鉄は核戦争の際の避難壕の役割を果たすために深く掘られ建設されていた。

アメリカの第二次世界大戦も日本の真珠湾への奇襲攻撃で始まった。ハワイの真珠湾に集結していたアメリカ艦隊は大きな打撃を受けた。この経験が，アメリカの核戦略の土台にある。いかに奇襲攻撃を防ぐか。攻撃を受けた際に，いかに報復能力と政府機能を維持するか。アメリカの指導層は，核戦争という考えられないことを考えて核戦略を策定した。

米ソ双方の政策選択の結果が相互確証破壊であった。問題は，第一にはすでに見たように途方もなく費用が掛かる点であった。第二に，計算違いや事故が起こる可能性であった。キューバ危機や NATO の演習が引き起こした危機は，そうした問題点を浮き彫りにした。

2. 核兵器の拡散

（1）独自核

核抑止が効くのは，相手が行為の結果を想像するからである。そして，核攻撃が核の報復を招くと信じるからである。もし仮に，そう信じられない場面が出てきたら，どうなるだろうか。たとえば 3 章で触れたような冷戦期のヨーロッパの情勢である。

確かにアメリカが核兵器を独占していた1949年までならば，仮にソ連軍がフランスやイギリスを攻撃しても，必ずアメリカは核兵器でソ連に反撃したであろう。西ヨーロッパ諸国はアメリカの核の傘の下で安心であった。

ところが1949年にソ連が核兵器を持つようになると，想定は変わらざるを得なかった。もし仮にソ連がパリやロンドンを攻撃したとしよう。アメリカは，その報復にモスクワやレニングラード（現サンクトペテルブルグ）を攻撃するだろうか。それは，今度はソ連のニューヨークやワシントンへの報復を呼び起こすことになる。パリやロンドンのためにアメリカ人が，ニューヨークやワシントンを犠牲にするだろうか。そのようにソ連が考えれば，西ヨーロッパへの攻撃への抑止が効かなくなる。つまりソ連の核武装によって，アメリカの核の傘が雨漏りを始めたのである。

では，どうすればパリやロンドンへの攻撃が，必ずモスクワやレニングラードへの攻撃を引き起こすとソ連の指導層に信じさせることが出来るのか。それは，フランス人やイギリス人が核兵器を保有することである。となれば，パリやロンドンの破壊は，必ずモスクワやレニングラードの破滅につながるとソ連は納得するだろう。これが独自核の論理である。この論理に依拠してイギリスとフランスは独自に核兵器を保有する決断を下した。

しかし，経済力からしてイギリスやフランスに米ソのような強大な核戦力の保有は望めない。そこで出て来た考えが最低限の抑止である。核兵器の途方もない破壊力を考えれば数は少なくとも，抑止として働くだろうという発想である。こうしてイギリスは1952年に，そしてフランスは1960年に，米ソに続いて核兵器を保有することとなった。

（2）核保有国の拡散

さらに 1964 年には中国が核実験を成功させた。これで世界の核兵器保有国は 5 か国となった。中国は，第 5 章でも見たように，朝鮮戦争において朝鮮民主主義人民共和国（北朝鮮）の側に立って参戦し，大韓民国を支援していたアメリカ軍と戦った。核兵器を持たない中国が核兵器を持つアメリカと戦ったわけだ。中国の指導者の毛沢東は，アメリカの核兵器を張り子の虎と呼んで恐れていない振りをしながら，その張り子の虎を懸命に開発した。1964 年 10 月，中国は核実験に成功した。

当時まだまだ貧しかった中国が，核開発に巨額の費用を使うことに対する批判もあった。しかし，当時の中国の陳毅外相（1901～1972 年）の答えは，「中国はズボンをはかなくとも原爆は持つ」であった。これには別の説もある。それによれば，「ズボンを質に入れても」と実際には語った。上海の揚子江沿いの公園に，この陳毅の銅像が立っている。上海に銅像が立っているのは，この人物が上海の市長も務めたからだろうか。ちなみに銅像は，しっかりとズボンをはいている。

米ソ英仏中に続いて核兵器を保有したのはイスラエルである。イスラエルは，その保有を公言しない政策であるが，遅くとも 1967 年の第三次中東戦争のころには核兵器を配備していたものと推測されている。これで核兵器の保有国は 6 か国となった。

このイスラエルが核兵器の開発で協力していたのは南アフリカであった。両国は，ある意味で似た環境にあった。イスラエルはアラブ諸国の敵意の海に囲まれていたし，南アフリカは少数派の白人が多数派の有色人種を支配するアパルトヘイトと呼ばれる人種隔離政策を実施していた。そのため周辺のアフリカ諸国は敵対的であった。その孤立した 2 つの国が核兵器の開発で協力したとしても，不思議ではない。この協力もあって南アフリカは 1980 年代まで核兵器の保有国であった。

そしてインドとパキスタンの核兵器保有の問題がある。インドは1974年に「平和的」と主張する核実験を行った。そして1998年に単なる核実験を行った。インドと対立するパキスタンも同年に核実験を行った。インドとパキスタンの両国は，カシミール地方の領有をめぐって争っている。国境紛争を抱える2つの国家が核武装して向かい合うという状況は，中ソの対立の激しかった1960年代から1970年代にかけての緊張感を想起させる。背筋に悪寒の走る思いである。

先ほど核兵器を持っていなかった中国が，核兵器保有国のアメリカと朝鮮戦争で戦った事実に言及した。核保有国アメリカと朝鮮戦争で戦った非核保有国が，もう1つあった。北朝鮮である。この国も核兵器の開

写真 11-1　陳毅外相像（2019年5月 筆者撮影）

発へと国力を傾けた。そして2006年に核実験の成功を発表した。

（3）核不拡散条約

こうした核兵器保有国の拡散に対して，この流れを止めようという動きはなかったのだろうか。そうした動きがあり，1970年に核不拡散条約が発効されている。この条約は，英語の頭文字を取ってＮＰＴ（Non-Proliferation Treaty）として知られている。核不拡散条約という意味である。その内容は，当時の核保有国である，アメリカ，ソ連，イギリス，フランス，中国以外の国の核兵器の開発と保有を禁じている。ただし，すべての国の原子力の平和的な利用の権利は認めている。問題があった。それは，インドやパキスタンやイスラエルなどの，核兵器保有や開発の疑惑を掛けられていた国々は参加していなかったからである。当時インドは，核不拡散条約を核のアパルトヘイトであると批判した。なおインドは後に核兵器保有国として，この条約に署名した。

（4）核兵器禁止条約

核兵器の拡散を防ごうというのではなく，それより一歩前に踏み出して，核兵器そのものを禁止しようという動きもある。

そうした動きを代表するのが，2017年に国連総会で採択された核兵器禁止条約である。日本のヒバクシャ団体などが，この条約への署名を求める働きかけを各国に対して行っている。そして2020年に50か国の批准を得て，条約が発効された。

しかし，もちろん核保有諸国は，この条約に反対しているし，その核保有国と軍事同盟を結んでいる国々も条約に賛成ではなない。アメリカと同盟関係にある日本は，その１つである。唯一の被爆国でありながら，核兵器の禁止条約に反対との立場を日本政府は取っている。

（5）ウクライナという希望と絶望

核兵器を次々と各国が保有する歴史を語ってきた。しかし核兵器を放棄した国もある。その例として南アフリカがある。南アフリカでは，少数派の白人がアパルトヘイトを放棄し多数派である有色人種の統治を受け容れた際に核兵器を廃棄した。

もう1つの例がソ連の崩壊時に起こった。ソ連の崩壊を受けて独立を果たしたベラルーシ（白ロシア共和国），カザフスタン，そしてウクライナには核兵器が配備されていた。この3か国は核兵器を廃棄した。それと引き換えにロシアやアメリカが，こうした国々の安全保障を約した。

しかし，2014年にロシアがウクライナ領であったクリミア半島を「併合」した。核兵器をウクライナが放棄した際の安全保障の約束は守られなかった。ウクライナの例は，核兵器を放棄した明るい前例でもあるし，同時に非常に暗い前例でもあろう。ウクライナから見れば，核兵器を放棄した国の領土を核保有国のロシアが奪い取った。

学習課題

1. 映画「クリスマスツリー」(1969年公開) を見よう。
2. 放送大学のテレビ科目『英語で読む大統領演説 ('20)』の第8回を視聴しよう。キューバ危機の際のケネディ大統領の演説が解説されている。
3. この章の内容の一部を選び7分ピッタリで話す練習をしてみよう。できるようになったら録音して聞いてみよう。以下の点を確認しよう。発音が不明瞭で聞き取りにくい言葉はないか。声が一本調子ではないか。全体として良く聞こえるか。ただし，いつも大きな声だと，聴くほうには単にうるさく聞こえる。必要に応じて抑揚を考えよう。

参考文献

アリソン・グレアム，ゼリコウ・フィリップ著／漆嶋稔訳
『決定の本質 キューバ・ミサイル危機の分析　第2版』
(日経BPクラシックス，2016年)
ハーマン・カーン著／桃井真・松本要訳
『考えられないことを考える―現代文明と核戦争の可能性』
(ペリカン社，1968年)
宮本陽一郎『英語で読む大統領演説 ('20)』(放送大学教育振興会，2020年)

12 日本の安全保障 ——変わりゆく自衛隊と日米同盟

白鳥潤一郎

1. 日本で最も信頼される組織？

自衛隊は国民からどのような印象を持たれているのだろうか。しばしば政治的な議論の対象になることから意外に思われる人もいるかもしれないが，実は「好感度抜群」である。

内閣府が 2018 年 1 月に実施した「自衛隊・防衛問題に関する世論調査」では，自衛隊に「良い印象を持っている」が 36.7 パーセント，「どちらかといえば良い印象を持っている」が 53.8 パーセントで，実に回答者の 89.8 パーセントが好意的である。9 割の支持を得ている団体や組織は他にはないだろう。新聞や世論調査会社が実施した調査でも軒並み高い好感度を得ている。

政府による調査は 3 年ごとに実施されている。比較可能な形となるのは 1960 年代末からで，1969 年は好印象が 68.8 パーセント，悪印象は 14.1 パーセントである。1972 年は好印象が 58.9 パーセント，悪印象が 24.3 パーセントとなるが，それ以降は多少の増減はあれ基本的に好印象が漸増，悪印象は漸減となっている。2012 年の調査では好印象が 91.7 パーセントで，悪印象はわずか 5.3 パーセントである。実施方法や設問の作り方で数字が大きく変わる世論調査は慎重に取り扱う必要があるが，自衛隊が「好感度抜群」であることに異論はないだろう。

だが，世論調査の数字をもう少し慎重に見ていくと，自衛隊の好感度の源泉は必ずしも自国の防衛という自衛隊法に定められた「主たる任務」にあるわけではないことがわかる。世論調査で国民が自衛隊に期待する役割のトップを占め続けているのは「従たる任務」に位置付けられる災害派遣である。また，「身近な人が自衛隊員になることの賛否」については，2010年代に実施された直近3回の調査で賛成が10パーセント以上減少し（72.5→70.4→62.4パーセント），逆に反対は10パーセント以上増加している（19.2→23.0→29.4パーセント）。反対理由で圧倒的なのは「戦争などが起こった時は危険な仕事だから」で，複数回答ながら70パーセント以上に上る。身近な人間を危険に巻き込みたくないというのは自然な感情である。災害派遣で目にする頼もしい姿が好感につながる一方で，必ずしも自衛隊の活動は十分に理解されていないという実態がうかがえる。

国民の支持と理解度がイコールではないことは，しばしば国会を紛糾させる自衛隊の海外派遣についても当てはまる。「自衛隊の海外での活動に対する評価」について，「大いに評価する」と「ある程度評価する」を合わせると好印象とほぼ同じく90パーセント以上になる。このように，自衛隊の海外派遣は評価されている。そして，国際平和協力活動に今後どのように取り組んでいくべきかという問いについては，「現状の取り組みを維持すべきである」が過去3回の調査では概ね3分の2程度（61.3→65.4→66.8パーセント）となっている。第14章で説明するように，この間の海外派遣は国際緊急援助隊が中心であり，日本の国際安全保障への参画は停滞している。自衛隊の海外における活動の変化を正確に理解して，多数の国民がその時々の政府の勢を支持しているとは考えにくい。

理解なき好感は危うい。日本周辺の安全保障環境の悪化が続き，実務レベルでは危機感が高まる一方で，必ずしも国内の議論は深まっていないように思われる。2021年には，日本国憲法は公布から75年，日米の同盟関係も発足から70年が経過することになる。日本国憲法と日米安全保障条約が並立するという日本の安全保障の根幹は変わっていないが，実際の安全保障政策はさまざまな変化を遂げている。戦後日本の安全保障政策の変遷を確認していくことにしよう（国際安全保障に関わる問題は第14章で取り上げる）。

2. 憲法第九条／日米安保条約／「再軍備」

日本の安全保障に関する議論を難しくしているのは，国連体制を前提とした憲法第九条と冷戦下で締結された日米安全保障条約が並立し，さらに戦力不保持を憲法が定めているにもかかわらず自衛隊が存在するという，戦後初期に形作られた「ねじれ」とも言える不整合な状況が現在まで続いていることにある。また，冷戦後の状況と比較した時，冷戦期は日本に対する直接的な軍事的脅威が少ない状況であったことも，安全保障に関する議論が深まらなかった理由の一端であろう。

連合国軍に占領された日本でまず実施されたのは非軍事化である。武装解除の後，陸海軍は解体され，職業軍人は公職追放処分となった。そして，交戦権を認めず，戦力不保持を定めた第九条第二項を含む日本国憲法が1946年11月に公布された。その際，前提とされたのは戦勝国間の協調によって機能する国連体制である。しかしながら，日本国憲法が施行された1947年になると米ソ両国間の対立は深刻化し，冷戦が本格的に始まることになった。国連体制は早くも機能不全に陥った。

冷戦という新たな事態を受けて占領政策は，冷戦をともに戦うパートナーとして日本を育成する方向に転じた。さらに，1949年10月には中国で中華人民共和国が成立，翌1950年6月には朝鮮戦争が始まるなどアジア冷戦も本格化した。日本に駐留する米軍の多くが朝鮮半島に送られる状況下，マッカーサーは日本に警察予備隊の創設を指令する。憲法には「陸海空軍その他の戦力は，これを保持しない」と明記されている日本の「再軍備」はここに始まった。なお，朝鮮戦争に際しては，極秘裏に日本の掃海部隊が派遣されている。

講和の前後，アメリカは日本に対して本格的な再軍備を求め続けたが，政権を率いていた吉田茂は一定の再軍備を実施しつつも軽武装路線を貫いた。1954年7月，防衛庁・自衛隊が発足し，小規模ながら完結した自衛力を目指すという方向性は固まった。なお，政府の憲法解釈はそれまで揺れていたが，自衛隊発足後，自衛のための必要最小限度の「実力組織」である自衛隊は憲法上の「戦力」には当たらないという解釈が定まることとなった。ただし，現在に至るまで自衛隊を違憲とするのが憲法学界では通説（多数説）となっている。

とはいえ，戦時下で憲兵隊に拘束された経歴を持つ吉田は戦前型の陸海軍を再建するつもりはなかった。また幹部養成を重視して1952年に保安大学校を設置した（1954年に防衛大学校に改称）。陸軍士官学校や海軍兵学校のように軍種ごとに分けるのではなく，陸海空の幹部候補となる学生を一体で教育することで戦前のような軍種間の対立を避けることに目的があった。

その後，アメリカは日本に軍備増強を強く求めることは減っていった。冷戦の中長期化が見込まれる中で，日本の政治的経済的な安定を優先することを認めたからである。また，こうした認識の変化は，米軍が「矛」を自衛隊が「盾」を担うという役割分担を確認することにもなった。

軽武装という路線は吉田の選択であったが，それを可能にしたのは，日米安保条約に基づいて日本に米軍が駐留する日米安全保障体制と日本に対する直接的な脅威が限定的であった安全保障環境である。比較的良好な安全保障環境はその後も長く続いた。それに対して日米安保体制は定着までに若干の時間を要した。1951年に結ばれた旧条約にはさまざまな問題があり，安保改定が模索され，国論の分裂を招きながらも1960年に新条約が発効したことは第2章で触れた。

自衛隊は発足したが，旧陸海軍解体後にほぼゼロから軍事組織を再建することは容易ではない。自衛隊発足に至る過程で大佐級までの旧軍人を受け入れた理由の一端はここにある。日本は，1957年から1976年まで4次にわたる「防衛力整備計画」を策定し，防衛力の充実に努めた。なお，この間，奄美群島（1953年），小笠原諸島（1968年），沖縄（1972年）がそれぞれ返還され，自衛隊の活動範囲は広がっていった。

3.「経済大国」の防衛政策

第2章で触れたように，1970年代を迎える頃までに，日本は敗戦国としての「戦後処理」に概ね完了して国際社会に復帰し，さらに高度経済成長を経て西側陣営第2位の経済力を持つ「経済大国」となっていた。

1970年代から1980年代にかけて，日本は，一方で社会に根付いた平和主義を政策化し，他方で防衛政策の体系化を進めてアメリカの同盟国として一定の責任を分担するようになった。一見すると矛盾しているように思われる防衛政策をもたらしたのは，「デタント（緊張緩和）」と呼ばれた国際環境の変化である。

複合的かつ多面的な「デタント」の捉え方はさまざまだが，日本の防衛政策への影響を考える上では，差し当たり，米ソ両国が核戦争を回避することに共通の利益を見出した超大国デタントと，それまでアジア冷戦の仇敵であった米中両国が接近したことの2つが大きい。

核戦争の瀬戸際に追い込まれた1962年のキューバ危機を経て，核戦争を回避するための核軍備管理が国際的な課題として浮上した。日本は西ドイツと並んで国際社会から核不拡散の焦点と見られていた。1968年に署名開放され，1970年に発効した核不拡散条約（ＮＰＴ）はその成果である。ＮＰＴは，すでに核保有していたアメリカ，ソ連，イギリス，フランス，中国を「核兵器国」としたことで，左右双方から批判された。核廃絶を目指す立場からは中途半端なものと映り，他方で「核兵器国」以外に核保有を認めないＮＰＴを受け入れれば日本は「二等国」になると警戒されたのである。それでも日本は「非核」を選択した。

日本の「非核」の選択として広く知られるのは1967年12月に表明された非核三原則である。だが，「核兵器を持たず，作らず，持ち込ませず」という非核三原則は日本の「非核」の選択の一部に過ぎない。佐藤栄作政権は，①非核三原則の堅持，②核軍縮の推進，③日米安保条約によるアメリカの核抑止力への依存，④原子力の平和利用の推進，からなる核四政策を定めている。核四政策は新たな政策というよりは，それまでの立場を再確認した形だが，日本の核政策として定着した。

佐藤政権の後を継いだ田中角栄政権では，憲法上，集団的自衛権を行使できないことが確認され，続く三木武夫政権では事実上の武器輸出の禁止や防衛費を国民総生産（ＧＮＰ）比で１パーセント以内とすること等が定められた。複合的な性格を持つため評価が難しいが，大平正芳政権で打ち出された総合安全保障も，経済など非軍事的な要素を重視するという意味では平和主義を政策化する流れの中に位置づけることも可能かもしれない。

防衛政策の体系化という点で特に重要なのは，防衛計画の大綱と日米防衛協力のための指針（ガイドライン）の策定である。

それまで４次にわたる防衛力整備計画を行ってきたが，正面装備に偏る防衛力整備の現状や高度経済成長の終焉によって従来の所用防衛力構想を維持することが難しいという状況もあり，整備すべき防衛力のあり方の検討が行われた。その結果まとめられたのが，デタント下の国際環境を前提に，「自らが力の空白となって周辺地域の不安定要因とならないよう」に整備すべき防衛力の目標を「限定的かつ小規模な直接侵略の独力対処」に置くという基盤的防衛力構想であった。この構想に基づいて，1976 年 10 月に「防衛計画の大綱」（五一大綱）が策定された。すでに国際環境が変わりつつあったことなどもあり，制服組からの反発も見られたが，「限定的かつ小規模な直接侵略」を超える事態にはアメリカの協力を受けるとするなど，日米安保体制と自衛隊の関係が整理された点にも意義があった。

1978 年 11 月には，日米防衛協力のための指針（ガイドライン）が策定された。それまで，日本有事における日米協力の詳細は政治レベルで定められてこなかったが，ガイドライン策定を機に在日米軍と自衛隊の間では各種の共同訓練や共同作戦計画の策定が正式に進められることになった。また，1980 年 2 月には海上自衛隊が環太平洋合同演習（ＲＩＭＰＡＣ）に初参加するなど，軍事面での緊密化が進んだ。

1980 年代に入って新冷戦が本格化すると，日本は限定的ながらも西側陣営の一員としての軍事的役割を担うようになった。前政権のように防衛費の増額を強く求めるようなことはなかったが，レーガン（Ronald Reagan）米政権は日本に対して「役割分担」を求め，日本はシーレーン防衛への関与を本格化させた。対潜能力や防空能力は大幅に強化された。また，中曽根康弘政権の下では，対米武器技術供与の解禁，大韓航空機撃墜事件における情報提供，ＧＮＰ比１パーセント枠の撤廃，レーガンの打ち出した戦略防衛構想（ＳＤＩ）研究への参加といった措置が取られた。

このように1980年代を通じてさまざまな防衛努力が行われたが，経済摩擦が深刻化する中で米議会を中心に批判は高まり，次期支援戦闘機（ＦＳＸ）をめぐる対立が生じるなど日米関係は必ずしも盤石とは言えない状況であった。また，日本が置かれた地理的環境は，日本自身が周辺で防衛努力を行うことがほぼそのまま西側陣営全体にとってプラスになるという極めて好都合なものであり，新冷戦下における防衛努力は国民の幅広い指示と理解を得ていたわけではなかったことも押さえておくべきだろう。

4．冷戦後の変容

「同盟のディレンマ」という言葉を聞いたことがあるだろうか。同盟は相手国との約束によって自国の安全保障を確実なものにしようとするものであり，その関係を維持するためには相手国からの信頼が欠かせない。しかし，相手国と利害関心が常に一致するわけではない。同盟関係から十分な利益が得られないと思われれば見捨てられかねないし，他方で同盟を維持するために自国が重視していない問題に巻き込まれる可能性もある。つまり同盟には「見捨てられの恐怖」と「巻き込まれの恐怖」というディレンマが存在している。

米中接近に揺れた1970年代初頭など例外はあったものの，冷戦期の日本では「巻き込まれの恐怖」が支配的であった。これに対して冷戦後には「見捨てられの恐怖」が基調となった。

とりわけ日本の政策に大きな影響を与えたのは，北朝鮮の核兵器およびミサイル開発である。韓国との間で経済格差が広がり，さらに韓国が中ソ両国と相次いで国交を結んだことで北朝鮮は孤立感を深め，核開発の道を歩んだ。1993年3月にはＮＰＴからの離脱を宣言し，さらに5

月には能登半島沖に向けて中距離ミサイルの発射実験を行った。翌1994年6月には国際原子力機関（ＩＡＥＡ）からも脱退するなど，緊張は刻々と高まっていった。アメリカは北朝鮮への攻撃を真剣に検討するなど事態は深刻化したが，最終的にはカーター元大統領が訪朝し，核開発を凍結する代わりにエネルギー供給を行う形で危機は収拾された。北東アジアで生じたこの深刻な危機を通じて明らかになったのは，日本が後方支援を行う準備がほとんどないという日米安保体制の実態であった。

同時期，日本では冷戦終結後の防衛力整備に関する検討が行われていた。その作業とも並行しつつ，日米安保再定義が進められることになった。1995年2月，アメリカは「東アジア戦略報告」をまとめ，10万人規模の米軍を引き続き東アジア地域に駐留させることを表明した。日本側は同年11月に新しい防衛計画の大綱（〇七大綱）を策定し，基盤的防衛力構想を踏襲するとともに日米安保体制の意義を再確認する。そして，翌1996年4月には日米安全保障共同宣言がまとめられ，日米同盟は「アジア太平洋地域において安定的で繁栄した情勢を維持するための基礎」と位置付けられ，ガイドラインの見直しに合意した。新ガイドラインは1997年9月に合意され「周辺事態」に関する日米間の協力が確認された。新ガイドラインを具体化する周辺事態法の成立には若干の時間を要したが，ここに日米安全保障条約が規定する「極東有事」を含む日米間の協力関係が実質的なものとなった。さらに，2003年には武力攻撃事態対処関連法（有事法制）が成立する。

安全保障環境の悪化は続いた。1999年3月，能登半島沖に不審船が現れ，海上自衛隊発足後初となる海上警備行動が発令された。また，北朝鮮によるミサイル実験や核開発疑惑をめぐる問題も続いた。2003年8月から日本，アメリカ，中国，ロシア，韓国，北朝鮮による局長級の6

者協議が始まったが，結局，北朝鮮は 2006 年 10 月に核実験の実施に至った。

また，2004 年 11 月には，先島諸島周辺を潜航している中国の原子力潜水艦に対して海上警備行動が発令された。その後，2008 年 6 月には台湾漁船，同年 12 月には中国公船が尖閣諸島の領海に侵入するなど，東シナ海では緊張が高まった。そして，2010 年 9 月には領海に侵入した中国の漁船が海上保安庁の巡視船に衝突を繰り返す事件が発生した。その後，中国公船等による接続水域への入域や領海侵入が常態化するようになった。2010 年代には，航空自衛隊による中国機を対象としたスクランブル（領空侵犯のおそれがある場合に備えた緊急発進）も急増するなど，日本の安全保障環境は悪化し続けている（第 2 章参照）。

こうした事態を受けて，日本の防衛政策は 21 世紀に入ってから見直しが続いている。2004 年に改訂された防衛計画の大綱（一六大綱）では統合運用能力・情報機能の強化が謳われ，2006 年 3 月には，統合幕僚会議は非常時の運用を一手に担う統合幕僚幹部に改組され，さらに翌 2007 年 1 月には防衛庁は防衛省に昇格する。

第二次世界大戦後，とりわけ冷戦期と比べた時，2010 年代に入ってからの日本の防衛政策の変容は目を見張るものがある。

2010 年 12 月に改訂された防衛計画の大綱（二二大綱）では，冷戦下から維持されてきた基盤的防衛力構想も見直され，新たに機動性・即応性を重視する「動的防衛力」が打ち出された。安全保障問題はしばしば国論を 2 分する。ここでは基盤的防衛力構想の見直しが民主党政権下で行われたことに注目したい。民主党政権では，武器輸出 3 原則の緩和といった措置も取られている。一般の印象以上に，民主党政権は安全保障問題に積極的に取り組んでいたと言えよう。

2012 年 12 月に成立した第二次安倍政権は，矢継ぎ早に手を打った。

2013年12月，形骸化していた従来の安全保障会議に変わる国家安全保障会議（ＮＳＣ）を設置し，制服組（自衛官）を含む防衛省と外務省からの出向者を主体とする事務局・国家安全保障局（ＮＳＳ）が置かれた。この機構改革に合わせる形で，1957年3月の「国防の基本方針」に代わる「国家安全保障戦略」を策定するとともに，防衛計画の大綱も改訂し「統合機動防衛力」という概念が提示された。ただし，統合機動防衛力は動的防衛力をバージョンアップした格好であり，民主党政権から大きな政策転換を図ったわけではないことは確認しておくべきだろう。

本章を結ぶにあたって，2015年の平和安全法制（安保法制）について簡単に触れておきたい。平和安全法制は，自衛隊法やＰＫＯ協力法，周辺事態法等を含む10本の法律を一括改正するとともに国際平和支援法を併せて制定するという形を取ったこともあり，その全体像を把握することが難しい。前年2014年7月の集団的自衛権の部分的行使容認という憲法解釈の変更をふまえて策定されたことも議論を紛糾させた一因だろう。国論を二分したということでは，1960年の安保改定，1992年のＰＫＯ協力法，イラク戦争後の人道復興支援に関する2003年のイラク特措法などと並ぶものと言える。

平和安全法制の背景には，日本を取り巻く安全保障環境の悪化への対応という切迫した事情が存在した。だが，もう1つの源流があったことも押さえておくべきだろう。第14章で検討する国際安全保障への参画である。

最後にもう一度繰り返しておこう。日本の安全保障に関する議論を難しくしているのは，国連体制を前提とした憲法第九条と冷戦下で締結された日米安全保障条約が並立し，さらに戦力不保持を憲法が定めているにもかかわらず自衛隊が存在するという，戦後初期に形作られた「ねじれ」とも言える不整合な状況が現在まで続いていることにある。この状況を変えることは容易ではないし，その場合も国論を二分する議論になるだろう。

学習課題

1. 日本にとっての安全保障上の脅威がどのように変化してきたかを考えてみよう。
2. 自衛隊と在日米軍の役割分担とその変化について調べてみよう。
3. 日米安全保障条約（1960 年）と日米安全保障共同宣言（1996 年）を読んでみよう。

参考文献

赤根谷達雄・落合浩太郎編『日本の安全保障』（有斐閣，2004 年）
添谷芳秀『日本の外交――「戦後」を読み解く』（ちくま学芸文庫，2017 年〔原著 2005 年〕）
竹中治堅編『二つの政権交代――政策は変わったのか』（勁草書房，2017 年）
田中明彦『20 世紀の日本 4　安全保障――戦後 50 年の模索』（読売新聞社，1997 年）
千々和泰明『変わりゆく内閣安全保障機構――日本版ＮＳＣ成立への道』（原書房，2015 年）
船橋洋一『同盟漂流』上下巻（岩波現代文庫，2006 年〔原著 1997 年〕）
増田弘『自衛隊の誕生――日本の再軍備とアメリカ』（中公新書，2004 年）
山元一『グローバル化時代の日本国憲法』（放送大学教育振興会，2019 年）

13 新しい国際関係／ドローン，サイバー，AI*

高橋和夫

「空を越えて　ラララ星のかなた　ゆくぞアトム　ジェットの限り
こころやさし　ラララ科学の子　十万馬力だ　鉄腕アトム」
谷川俊太郎作詞・高井達雄作曲『鉄腕アトムの歌』より。

1．ロボットの戦争

（1）新しい戦争の形

国際関係を規定する現象の1つは不幸にして戦争である。その戦争の形が変わって来た。ということは，国際関係の形も新しくなりつつある。本章では，まずロボットによる戦争を論じ，次にサイバー空間での，つばぜり合いに筆を進めよう。

アフガニスタンで敵を航空機から爆撃した帰りに近くのスーパーによって買い物をし，帰宅して家族と夕食をともにする。そんなことが可能だろうか。可能なばかりでなく，こうした現実が実際に起こっている。ネバダ州の基地から遠隔操作される無人偵察機がアフガニスタンの上空を飛行している。偵察機の搭載しているカメラの能力の詳細は機密であるが，3,000メートルの高度から自動車のプレートのナンバーが読めるという。攻撃の際には目標にレーザーを照射し他の航空機による爆撃を支援する。

また種類によれば，偵察機はミサイルを装備しており，爆撃機の役割

*拙著『現代の国際政治（18')』（放送大学教育振興会，2018年）の第14章「ロボットの戦争」と第15章「サイバー戦争」を統合し，最新の動向を踏まえて加筆・修正したのが本章である。本章は，この問題に関する筆者の最新の認識を反映している。

を果たす。ちなみに無人機の価格は，種類にもよるが 1 機 400 万ドルほどで，2017 年 2 月の為替なら 4 億 5,000 万円程度だろうか。装備されているミサイルの価格は，1 発 6 万 8,000 ドルである。800 万円ほどである。参考までに 2011 年に日本政府が導入を決めたアメリカ製のF 35 戦闘爆撃機は 1 機約 99 億円である。

偵察機自体はアフガニスタンの基地から飛び立ち，その基地に帰る。しかし，「パイロット」はネバダ州の基地から衛星経由の通信により偵察機を操縦する。無人機は燃料の続く限り 24 時間でも飛行を続けられる。地上のパイロットは疲労するので，交替する。操作を終えたパイロットは，帰宅することになる。帰りに食材を買って自宅で夕食を楽しむことができる。戦争に通勤するのである。

2001 年にアフガニスタンで戦争を開始した際には，アメリカは無人偵察機を 1 機のみ使っていた。10 年後の 2011 年末には，57 機が使われている。2018 年の資料ではアメリカ空軍だけでも大型のドローンを 351 機保有している。陸軍が戦闘支援に使う小型のドローンの数は，その何倍もあるだろう。そして CIA などの諜報機関が独自に運用しているドローンもある。大変な数のドローンが使われている。実際に，現在アメリカ空軍が募集しているパイロットの過半数は，実際に飛行機に乗るのではなく，無人機を遠隔で操縦する。無人機ではパイロットが生命の危険を犯す必要がない。これが無人偵察機の最大の利点である。飛行機自体は事故で墜落するかもしれない。撃墜されるかもしれない。あるいは機のコンピューターがハッキング（乗っ取られる）され，飛行機が敵の手に落ちる可能性もある。しかし，飛行機に何が起ころうがパイロットは安全である。パイロットが危険にさらされないという事実が，戦争への敷居を低くする。アメリカ人が危険な目にあわないのなら，戦争を開始する心理的な壁が低くなる。また戦争への国内世論の反対も盛り上が

写真 13-1　ミサイルを搭載したドローン
ワシントンのアメリカ航空宇宙博物館（筆者撮影 2012 年 7 月）

りにくくなる。

だが無人機であれ，有人機であれ，空からの攻撃には誤爆による犠牲の問題が付いて回る。また，自らの身が危険にさらされないのであるから，パイロットはコンピューター・ゲームで遊んでいるような心理で人の命をもてあそぶような状況が生まれているのではないかとの懸念もある。逆にドローンのパイロットたちが，殺人を犯してしまったとの深刻な心理的な後遺症に苦しむ例も報告されている。どのような影響を，新しい兵器がヒトの心理に与えるのか，まだまだ新しい現象だけに不明な点が多い。

また新しい兵器は新しい兵士を求めている。戦場で敵と向かい合うのでなければ，また実際に空を飛ぶのでなければ，強靭（きょうじん）な肉体は必要ではない。ドローンを操るのは，コンピューター・ゲームで遊びながら育った世代のほうが長けているだろう。2016 年にドバイでドローンの世界大会があった。自動車のＦ１のレースのように，設定されたコースをドローンで回る競争である。このレースで賞金総額 100 万ドルのレースで優勝したのは 15 歳の少年の率いるイギリスのチームだった。

さて誤爆の議論に戻ろう。アメリカ軍によれば，ミサイル発射の決断は慎重に下される。パイロットのみではなく，複数の人間が関与して誤爆を最小限にするように努めている。また正確に目標を破壊する能力があるので，爆撃が無実の人を巻き込む可能性も低くなっている。

しかし，複数の人間の関与による慎重な決断とハイテクを駆使した正確な爆撃という説明にもかかわらず，パキスタンやアフガニスタンでは誤爆による犠牲者が出たとの報道が絶えない。そうした報道に関しては，その多くは爆撃後に他の場所から関係のない負傷者が連れてこられて，「誤爆」がターリバン側に演出されている，とアメリカは主張している。

そうした例もあるだろう。だが，パキスタン兵がアメリカ軍によって誤爆された例も報告されている。超高度から正確に映像を確認して無人機あるいは有人機によって爆撃しているとのアメリカの主張からすると，軍服を着たパキスタン兵を現地の民族衣装のターリバンと間違えるのは説明が難しい。事実 2012 年 11 月にパキスタン兵 24 名がアメリカ軍の爆撃で死亡した。この事件を受けてパキスタン側は，それまで許可していたパキスタン国内の空軍基地のアメリカによる使用を禁じた。またパキスタン経由のアフガニスタンのアメリカ軍への陸上輸送路を閉鎖した。

アメリカ側の調査によれば，この事件はパキスタン軍の拠点から攻撃を受けたＮＡＴＯ側の陸上部隊が空軍による支援を要請した結果起こった。つまりパキスタン軍をパキスタン軍だとは認識しておらず，ターリバンだと判断して攻撃が行われたというわけだ。このアメリカ側の主張が正しいと仮定しても，つまりパキスタン兵は誤爆によって殺害されたのだとしても，アメリカの情報の確認に問題があったのは事実であろう。無人偵察機の能力をもってすれば，夜間でもパキスタン兵の姿を確認できたはずである。それが行われなかったのだろうか。あるいは確認にミスがあったのだろうか。ハイテクを管理する問題は，どんなに技術が進歩しても付いて回る。

（2）ロボット軍団

無人偵察機の話から始めたが，実際には，それ以上の数のロボット兵器が地上で働いている。2011 年 3 月の日本の福島原発の事故の際に，放射能を浴びる危険な作業にアメリカ製のロボットが投入された。このロボットを製作したのはルンバという名の清掃ロボットで知られるアイロボット社である。アイロボット社などが製作したロボットが爆発物の処理などのためにアメリカ軍によって戦場で使われている。ロボットは，死も爆発物も放射能も恐れない。ロボットは，命令に逆らわない。ロボットは，疲労しない。アメリカ軍がイラクで激しい戦闘に従事していた 2008 年頃には，その総数は 1 万台を超えていた。大ロボット軍団が生まれていた。現在は爆発物の処理などの比較的に限られた分野でのみ利用されているが，近い将来にはテクノロジーは，ロボットを人間に近づけるだろう。ロボットが兵士のように直接に戦闘に従事するようになるだろう。そして，もちろん海では無人潜水艦が導入されている。ロボット技術の導入が，陸海空で戦争の形を変え始めた。

（3）ドローンの起源

それではドローンに代表されるロボット兵器は，いつごろから使われるようになったのであろうか。第二次世界大戦末期の 1944 年にドイツがイギリス空襲に投入したＶ１ロケットを無人機の走りとみることが可能であろう。北ヨーロッパの海岸からロンドンに向けて多数のＶ１ロケットが発射された。これは第二次世界大戦後に開発されるクルーズ（巡航）ミサイルへと連なる技術である。

現在のドローンにもっと近いものとしては，1980年代にイスラエルが使用しはじめた無人偵察機が考えられる。この開発の背景を説明しよう。

1967年のアラブ諸国との第三次中東戦争では，イスラエルは開戦直後から制空権を握り圧勝した。しかし，次の1973年の第四次中東戦争では，イスラエル空軍は，アラブ諸国が保有していたソ連製の地対空ミサイルによって多数の航空機を撃墜され苦戦を強いられた。その損害は

写真 13-2　V1 ロケット

出典：Wikipedia　https://en.wikipedia.org/wiki/File:V-1_(Fieseler_Fi_103)_in_flight.jpg

写真 13-3　イスラエルが使用した初期のドローン

出典：Wikipedia　https://commons.wikimedia.org/wiki/File:IAI-Scout-hatzerim-1.jpg

100 機を超えた。

1982 年レバノン南部に拠点を構えるＰＬＯ（パレスチナ解放機構）を一掃するためにイスラエル陸軍が侵攻した。それを支援するために空軍が動員された。問題は展開されていたシリア軍の対空ミサイル陣地のネットワークであった。1973 年の戦争で多くのイスラエル機を撃墜したソ連製のミサイルとの再度の対決であった。1973 年以来，イスラエルは，ソ連製ミサイルの問題の解決策を探していた。その答えが無人偵察機であった。ミサイル陣地に無人偵察機を接近させた。これをシリア側のレーダーが捕らえ，次々にミサイルが撃墜した。しかし，撃墜される前に無人機はレーダーの周波数を探知しイスラエル側に送信していた。今度は，そのレーダーの周波数に導かれてイスラエル空軍がミサイル陣地を攻撃した。シリア側のミサイル陣地は無人偵察機を撃墜しただけで戦場から消えた。イスラエルは無人偵察機の利用によってソ連製ミサイルの問題を解決した。

1982年の夏レバノンとシリアの上空での勝利以来，イスラエル空軍は無人偵察機の技術で世界をリードしてきた。この無人偵察機が現在のドローンの技術的な直接の祖先だと考えられている。

（4）ロボットがヒトを殺す時代

ここで，ロボットとは何かを論じておきたい。アメリカの軍事専門家のピーター・シンガーによれば，ロボットは3つの要素からなる。まず周囲の状況を察知するセンサー，周囲から取り込んだ情報を判断して，いかに対応するかを決めるプロセッサーつまり人工知能，さらに周囲に変化を及ぼすために働きかけるイフェクターである。この3つが同時に機能しているのが，人工生物つまりロボットである。

このロボット兵器の「活躍」が，冒頭で述べたように近年ますます目立っている。主要国でドローンを装備していない国は少ないであろう。しかもロボット兵器を使用しているのは国家のみではない。これまでも，アメリカの無人偵察機からの映像をイラクのシーア派の武装勢力が受信していた事実が確認されている。この組織はイランの支援を受けている。また，またレバノンの武装組織ヘズボッラーが無人偵察機を使用した例が報告されている。2006年のイスラエルのレバノン攻撃の際には，ヘズボッラーは3機の無人偵察機を飛ばした。また同機は，爆弾を搭載していた。また付言するならば，イスラエル軍のコンピューターやイスラエルの携帯電話システムにも侵入していた。さらに2012年10月にも，イスラエル上空でヘズボッラーの無人偵察機が撃墜された。

そしてＩＳ（「イスラム国」）がドローンを使って爆撃したとの報道もある。このようにして，ロボット兵器を利用したり，またコンピューターに侵入して，その兵器を乗っ取ったりという戦いが国家やゲリラ組織の間で始まっている。イランがアメリカの偵察機を乗っ取ったと疑われる事件もあった。こうした展開の中でも衝撃的だったのは，2016 年 7 月アメリカのテキサス州ダラスでの事件であった。警察官を何人も射殺した男が立てこもった。包囲した警察は，抵抗を続ける男にロボットを接近させ，そのロボットに搭載してあった火薬を爆発させて犯人を爆殺した。戦場においてドローンが標的の人物を殺害する例は多いが，戦場から遠く離れた市街地で警察が使ったロボットによるヒトの殺害であった。戦場ではなく市街地の出来事であった。ロボットが普通にヒトを殺す時代が始まったのだろうか。

2007 年からアメリカでは軍の「剰余」装備の警察への譲渡が行われており，警察の装備の面での「軍隊化」が進行してきた。こうしたロボットも 200 台ほどが警察に渡されている。ロボット兵器は軍事から警察行動へと活動の範囲を広げつつある。

またドローンについても民生用の利用から娯楽まで広く使われるようになった。アメリカではすでに 100 万機単位のドローンが娯楽用に所有されている。中国の上海の道端では日本円にして数千円も出せば簡単なドローンを購入できる。こうしたドローンの１つが日本の総理官邸の屋根で発見された。軍事技術と民生技術の境界があいまい化しており，民生用のドローンを購入してテロや軍事目的で利用する現象が始まっている。

（5）ロボット兵器の戦争

問題はドローンなどのロボット兵器の拡散ばかりではない。ロボット兵器そのものが進化している点である。つまりＡＩ（人工知能）の進歩が，より深刻な問いを投げかけている。

戦場では，情報を限られた時間で処理する能力が重要である。状況を判断しての瞬時の対応が求められる。人間よりもコンピューターのほうが向いているかもしれない。近い将来には，人間が無人機を操縦するのではなく，無人機自身が判断して，進路を変えたり，攻撃したりというシナリオも可能である。そして無人機同士が撃ち合う場面を想像することも可能である。

第二次世界大戦直後ともいえる 1950 年代に手塚治虫が描き始めた『鉄腕アトム』という漫画では，ロボットが感情を持つという状況が描き出された。また 1968 年に公開されたスタンリー・キューブリック監督の映画「2001 年宇宙の旅」ではＨＡＬという名の宇宙船のコンピューターが知性を持ち宇宙飛行士に反乱を起こすという物語が描かれた。ＨＡＬはＩＢＭのアルファベットの，それぞれ一文字前の文字を 3 つ組み合わせている。当時のコンピューター業界で圧倒的な力を持っていたＩＢＭ社をもじった名前だった。ＩＢＭの前を行くという意味だろうか。いずれにしろ，ＳＦが描いたような事象が，現実に身の回りに起こり始めている。

実際に戦争を戦うのは，誰か。人間か，それともロボットかという問題が浮上してくるだろう。人工知能の進歩は，ロボットがやがて「自立」する可能性さえ示唆している。そして，やがてはロボットが自らの判断でヒトを殺し始めるかも知れない。ロボットは，どこまで人間に近づくのだろうか。また人間を追い抜くのだろうか。人間はロボットを，いつまで管理できるのだろうか。ロボットが自らの思考を獲得したときに，人間はロボットをいかに制御すべきなのか。制御できるのか。いかにロボットと共存すべきなのか。戦争のロボット化の実態は，ＳＦを追い抜くスピードで進行している。進歩の速度は早く，人間に十分に考える時間を与えてくれそうもない。ロボット兵器の活動は，戦闘が人間の独占的な行為であった時代の終わりを告げているのだろうか。

2. 新しい戦場

（1）サイバー戦争

ロボットが地上で，空で，海で，宇宙で戦う可能性を論じてきた。ところが，これまで存在しなかった空間が国際政治で重要になってきた。サイバー空間である。このサイバー空間という新しい戦場での戦いが始まっている。サイバー戦争の時代が始まっている。

サイバー戦争の最初の一撃は，2009 年から 2010 年にかけてイランの核関連施設に対しての攻撃であった。スタックスネットと呼ばれるマルウエアが使われた。その全体像が，ゆっくりと段階的に暴露されていった。核関連施設に攻撃があった事実が，まず 2010 年に暴露された。暴露したのはカスペルスキー社であった。この会社は，コンピューターのマルウエアからの防衛を仕事としているロシアの企業である。

マルウエアとはコンピューターに侵入して危害を加えるソフトウエアである。サイバーの議論をすると，どうしてもサイバーから始まってソフトウエアだマルウエアだとカタカナが続いてしまう。しかし中国語のようにソフトウエアを軟体と訳して対応するだけの漢字能力は筆者には望むべくもない。

さてスタックスネットは，イランのナタンズにある核関連施設でウラン濃縮のための遠心分離機を異常に作動させた。しかも，遠心分離機を制御しているドイツのジーメンス社のコンピューターには正常に作動しているようなデータを送る仕掛けがしてあったとされる。その結果，多くの遠心分離が破損したと報道された。それまでもコンピューターに侵入してデータを盗むなどの行為は珍しくなかったが，それが統御している機器そのものを破壊するという行為は初めてだった。

誰がこうした破壊工作を行ったのだろうか。攻撃の主体としてはイスラエルに疑いが掛けられた。それは，イスラエルが中東のハイテク国家として知られているからだった。またイスラエルは，イランの核開発に重大な懸念を表明していた。さらに，そのころイランの核関連の研究者が殺害される事件などが続発しており，その背後にもイスラエルの諜報機関モサドが関わっているとの見方が流布していたからである。国家による破壊工作であったとすれば，これもおそらく初めての例であろう。

加えて核関連施設に対するテロとしても初めての事件である。1980年代にイスラエルがイラクの原子炉を爆撃した事件はあったが，これはテロなどというレベルの問題ではなく，公然たる戦闘行為であった。別次元の話である。

また2016年のアメリカ大統領選挙では民主党のコンピューターがロシアによってハッキングされ内部情報が公表されたと，一方でアメリカの諜報機関は主張している。他方でロシアは否定している。仮にアメリカの諜報機関の主張が正しいとすれば，ロシアがアメリカの選挙に干渉したことになる。しかし，他国の選挙を含む内政への干渉は国際関係では珍しくない。今回は被害者のアメリカ自身が，世界各国の内政に干渉してきた。

各国のメディアに対する買収工作などは日常茶飯事ともいえる。第二次世界大戦後，日本のメディアの指導的な立場にある人々とＣＩＡ（アメリカ中央情報局）が密接な関係にあった事実も知られている。

もしアメリカの諜報機関の主張が正しいとすれば，確かに超大国アメリカ選挙への干渉は事件である。またハッキングが大きな役割を果たしたのも21世紀的な新しい風景と言える。しかし，他国への内政干渉は新しい現象ではない。

スタックスネットに話を戻そう。この事件の全貌が知られるようになったのは，2012年6月1日の『ニューヨーク・タイムズ』紙に掲載されたデービッド・サンガー記者の記事によってであった。アメリカ政府高官をおそらく情報源として，このスタックスネットの詳細をサンガー記者が暴露した。

それまではイスラエルが単独で実行したと疑われていたのだが，サンガーによればイランに対するサイバー攻撃にアメリカも関与していた。しかもオバマが直接にである。これはスクープ（特ダネ）だった。

サンガーによれば，ジョージ・W・ブッシュ（息子）元大統領の在任中からイスラエルとアメリカが協力して進めてきた対イランのサイバー攻撃作戦には，「オリンピック」という暗号名が付けられていた。オバマ大統領は，この「オリンピック」作戦を引き継いだ。しかも2010年にウィルス攻撃が表面化しても，続行を命じてきた。このオバマの「オリンピック」は，国家の国家に対する大規模なサイバー攻撃の最初の例として歴史に残るだろう。この記事は，その4日後の6月5日に出版された“Confront and Conceal（密かなる対決）”という書籍からの抜粋である。

サンガーによれば，オバマがブッシュから引き継いだのは，イランに対するサイバー攻撃とパキスタンでの無人機によるアルカイダのメンバーの殺害作戦である。両者の計画と実行をオバマが直接に命じてきた。

就任直後からイランとの対話に努力してきたオバマが，同時にイスラエルと密接に協力しながら，サイバー攻撃を命じていた。オバマという人物は，核兵器の廃絶やイランとの対話を訴えて，いささか理想主義的であるとの印象を与えてきた。しかし，“Obama's Secret Wars and Surprising Use of American Power（オバマの秘密の戦争と驚くべきアメリカの力の行使）”という本書の副題が示すように，オバマは見えないところでは，サイバー攻撃や無人機による殺害など，法的には問題の残る方法で外交政策を実施してきた。本書はオバマという人物像に陰影を加え，新しい像を描き出した。そして，その人物像の意外さにオバマの敵も味方も戸惑った。

スタックスネットは，イスラエルとアメリカの諜報機関が共同で制作したようで，すでに述べたように，その準備はブッシュ元大統領の時代から始まっていた。オバマ前大統領によって計画が継続され，何らかの形でスタックスネットをイランのナタンズにあるウラン濃縮施設のコンピューター・システムに侵入させた。

こうした重要な施設のコンピューターはマルウエアなどの侵入を防ぐために外部とは遮断してあるのが通例である。スタンド・アローンと呼ばれる状態に置いてある。にもかかわらず汚染されたのは，イスラエル

写真 13-4　“Confront and Conceal” の表紙
https://archive.org/details/0307718026COnfrontConceal

やアメリカに買収された何者かがスタックスネットの入ったＵＳＢメモリーをさしこんだのだろうか。もしかしたら，本人はＵＳＢメモリーが汚染されているとは知らなかったのかもしれない。

というのが，スタックスネットの存在が暴露された際の推測であった。ところが，その後の各種の報道によれば，どうもオランダの諜報機関がナタンズに出入りするイラン人を協力者として獲得し，この人物がナタンズのコンピューターを汚染させたようだ。オランダ以外にもドイツやイギリスやフランスの諜報機関の関与も伝えられている。この作戦は，まさに多くの国が参加した「オリンピック」だったようだ。

個人や国家が，個人や企業や国家のコンピューターに侵入して情報を盗む行為は，それ以前にも数多く行われてきた。このスタックスネットの新しさは，国家の国家に対する物理的な破壊を伴うサイバー攻撃であった点である。これがサイバー戦争の時代の到来を告げる号砲だったのだろうか。

（2）反撃？

アメリカとイスラエルのサイバー攻撃の対象となったイランも，この面での実力をつけつつある。その実力を示唆する事件があった。2011年12月イランのテレビがアメリカの無人偵察機RQ170センチネルの映像を放送した。この偵察機は，アメリカによれば故障でイラン領内に墜落した。イランによれば「電子的な待ち伏せ攻撃」によって撃墜された。電子的な攻撃の詳細は明らかではないが，イランは偵察機のコンピューターをハッキングして乗っ取ったのだろうか。あるいは基地からの指令を何らかの方法で遮断したのだろうか。アメリカそしてイランの説明の，どちらが信頼できるのか，判断できる材料はない。ただ地対空ミサイルによる撃墜ではなかったのは確実である。

イランによればアフガニスタン国境から250キロメートル入ったタバスで同機を「撃墜」した。タバスは，1980年にテヘランのアメリカ大使館の人質を解放するためにアメリカの特殊部隊が侵入した場所でもある。しかしながら，砂嵐によるヘリコプターの事故でアメリカ軍は犠牲者を出しただけで作戦を中止して撤退した。

アメリカはアフガニスタン西部のシンダンドの基地などからブッシュ元大統領の時代からイラン上空に無人偵察機を送り込んできた。首都テヘランの南郊の聖都コムやペルシア湾で無人偵察機を撃墜したとイランが発表した前例はあった。だが，これまでは機体や残骸が公開された例はなかった。なおイランでは，これまでもUFO（未確認飛行物体）を見たとの報道が多くあった。これはアメリカが，かなりの頻度でかなりの数の無人偵察機を飛ばしている傍証だろうか。

なお同機はロッキード・マーチン社製で，2011年5月にパキスタンで殺害されたオサマ・ビンラーディンの隠れ家の監視にも同型機が使われた。また5,000メートルの高度からビンラーディン殺害作戦をホワイト・ハウスに実況中継したのも同型機である。

イランによれば中国やロシアが機体の調査を希望した。アメリカによればRQ170のテクノロジーはすでに陳腐化している。しかしながら，『ウォール・ストリート・ジャーナル』紙が以下のように報道している。墜落した偵察機を取り戻す作戦や，爆撃による破壊も考慮された。しかし，タバスの沙漠地帯で機体をイラン側が発見する可能性は低いだろうとの判断もあって，イランとの緊張をさらに高めるような選択は取られなかった。陳腐化したテクノロジーを守るために，機体を取り戻す危険な作戦が考慮されるだろうか。爆撃が検討されるだろうか。アメリカの説明と行動の間には整合性がない。

一方でイランは国連に対してアメリカの領空侵犯を非難するように求

めている。他方で，アメリカはイランの領空を侵犯している事実を否定さえしていない。ブッシュ元大統領の時代からイランに対して低レベルでの戦争行為が開始され，それをオバマ大統領が継続したわけだ。

2012年12月にイランが放送したアメリカの無人偵察機RQ170の映像に関する論争が続いている。当初は放送されたRQ170の映像は，写真を元に制作した模型に過ぎないとイランの能力を蔑視するような専門家もいた。しかし同月の記者会見でオバマ大統領が偵察機の返還を求めると発言した。これで偵察機は本物だと，アメリカ政府が認めた形となった。

アメリカの専門家の多くは，依然として偵察機は事故によりイランの手に落ちたと主張している。ただ事故だとすると説明が難しいのが，なぜ機体が無傷に近い状態なのかである。QR170は高度5,000メートルを飛行する。この高度からの事故で，機体が「軽傷」とは考えにくい。

そうした中で注目されるのが，『クリスチャン・サイエンス・モニター』紙のインターネット版に2011年12月15日に掲載された記事である。この記事によれば，イランは偵察機のGPS（全地球位置把握システム）つまり自らの位置を衛星からの電波で特定する装置に電子的に侵入して狂わせた。その結果，イラン国内の違う場所をアフガニスタンの基地だと偵察機は「勘違い」して着陸した。しかしながら，着陸の際の微妙な高度のコントロールが完璧ではなく，着陸の際に偵察機の下部が損傷した。それを隠すために映像では偵察機の下部が反米スローガンの書かれたカーテンで隠されている。なおアメリカの無人偵察機の「パイロット」によれば，偵察機が着陸に失敗する例は多いという。

イランは，これまでに撃墜した無人偵察機などを調べて，最新のQR170への対策を研究してきた。今回の「着陸」は，その成果である。これまでも，アメリカの無人偵察機からの映像をイラクのシーア派の武

**図13-5　オサマ・ビンラーディン殺害作戦の実況に見入る
オバマ政権の幹部たち**（ホワイトハウス提供）
https://commons.wikimedia.org/wiki/File:Obama_and_Biden_await_updates_on_bin_Laden.jpg

装勢力が受信していた事実が確認されている。この組織はイランの支援を受けている。なお，『クリスチャン・サイエンス・モニター』によれば，この記事はイラン国内の情報源に基づいている。もし，この記事の分析が正しければ，アメリカはイランの電子戦の能力を再評価する必要に迫られるだろう。

アメリカによるイランに対するドローンを使用した偵察が，この事件後も続いている。たとえばアメリカ・イラン関係が緊張していた2019年6月にアメリカのドローンが，アメリカによればペルシア湾の公海上で，イランによればイラン領海の上空で撃墜される事件が起こっている。撃墜は電子的な方法ではなく地対空ミサイルによるものであった。

ドナルド・トランプ大統領が，これに対してイランに報復攻撃を命じたが，その直後に命令を撤回して，事無きを得たという事件であった。この際に撃墜したドローンの残骸をイランが公開しており，イラン側は世界最大規模のアメリカのドローンのコレクションを誇っていると冗談を加えている。

アメリカのドローンから学んだ成果であろうか，イランのドローン技術も急速な進歩を示している。たとえば2019年9月にサウジアラビアの石油関連施設がドローンなどで攻撃される事件が起こっている。多くがイランによるものだと疑っている攻撃である。この攻撃は，サウジアラビア側の防空体制を突破し，正確に複数のタンクなどを撃ち抜いている。イランのドローンなどの性能の高さが証明された事件だったのだろうか。

（3）サンズハック

サイバー空間を出てドローンの議論をしてしまった。サイバー空間に戻ろう。イランのサイバー面での動きを示唆する事件を紹介しよう。2014年2月アメリカのネバダ州のラスベガスにあるサンズというカジノが大規模なサイバー攻撃を受ける事件が発生した。イラン発のサイバー攻撃であったとみなされている事件である。というのは，この事件には背景と前段があったからである。まず前段を紹介しよう。

サンズというのは「砂（サンド）」の複数形である。ラスベガスが砂漠の中の都市なので，そこを本拠地とする企業の名にしたのだろう。このサンズを経営するシェルドン・アデルソンが2013年10月にイランとの核問題の交渉に関して次の旨を発言している。つまり「イランの砂漠で核爆弾を爆発させて，イラン人に見せろ。次はテヘランがこうなるぞと脅かせばよい」である。サンズハックが起こったのは，その3か月後であった。イラン発の報復だったのだろうとの推測の背景であった。

（4）アデルソン

このアデルソンという人物が興味深い。アデルソンの父は，ロシアからアメリカに移民したユダヤ教徒だった。その息子のシェルドンはネバダ州ラスベガスでのカジノ経営で財を成した。その後アジアに進出し，マカオとシンガポールでもカジノを経営している。

このアデルソンは，アメリカでは共和党支持者として知られ，2012年の大統領選挙では共和党のニュート・ギングリッジ元下院議長のキャンペーンに資金を提供した。ギングリッジが予備選挙で敗退してからは，ミット・ロムニー元マサチューセッツ知事を応援した。このロムニーが共和党の候補となった。だが，結局は民主党のオバマの再選を阻めなかった。

また2016年の大統領選挙では共和党のトランプ候補が大統領になるのを支援した。トランプはカジノの経営にも手を染めていたので，ある面ではアデルソンと同業者でもある。

アデルソンの政治的影響力が及ぶのは，アメリカだけに留まらない。イスラエルにも及んでいる。アデルソンの妻のミリアムはイスラエル市民である。アデルソンは，イスラエルではネタニヤフ首相の支持者として知られている。特に議論となっているのは，『イスラエル・ハヨウム』というアデルソンがイスラエルで発行している新聞である。ハヨウムとは，ヘブライ語で「今日」を意味している。したがって「今日のイスラエル」という意味の新聞である。これがイスラエルで一番読まれている新聞とされている。

この新聞には2つの問題がある。1つはその内容である。というのは，その論調はネタニヤフ支持という明確な方針で貫かれているからである。ということは，毎日毎日，読者はネタニヤフ現首相の賞賛記事を読まされるわけだ。この新聞は，イスラエルでは一部の人々によって「ビービーニュース」として言及されている。ネタニヤフのニックネームが「ビービー」だからだ。

もう1つ，もっと重要な問題は，この新聞がフリー・ペーパーである点だ。つまり無料で配布されているわけだ。他の新聞はイスラエルでは店売りだと5シェケルほどである。2020年1月の両替率だと1シェケルがだいたい32円くらいなので，160円程度だろうか。新聞を買わずに，この『イスラエル・ハヨウム』紙を読む人が多い。新聞社の経営は，それでなくてもネットに押されて苦しい。アデルソンの無料新聞は，それをさらに圧迫している。

さて，日本にもカジノを建設しようとの動きがある。日本の指導層も興味を示しており，たとえば日本の首相がシンガポールを訪問した際には，わざわざリゾート施設のマリーナ・ベイ・サンズを視察した。アデルソンの経営する施設である。統合型リゾートとして知られている。賭博施設を中心にホテル，ショッピング・センター，会議場，博物館，劇場，結婚式場などを配置した施設である。

話をカジノからサイバーに戻そう。もう1つイラン発のサイバー攻撃として語られる事件を紹介しよう。2012年8月，サウジアラビアの国営石油会社アラムコのコンピューターが一斉にサイバー攻撃を受けて機能を停止するという事件があった。前にも見たように，2019年にサウジアラビアの石油関連施設は軍事的な物理的な攻撃を受けるのだが，すでに2012年には，サイバー攻撃を受けていたわけだ。

写真13-6　シンガポールの新しい名所「マリーナ・ベイ・サンズ」

カジノ，ホテル，博物館，劇場，会議場，結婚式場，ショッピング・モールなどの複合施設（2013年4月　筆者撮影）。

写真13-7　地上200メートルにある天空のプール（全長150メートル）

マリーナ・ベイ・サンズ（2013年4月　筆者撮影）。

（5）オバマのイラン攻撃計画

さて，オリンピック作戦の実施を命じたオバマ大統領は，2017年1月をもってオバマは2期8年の任期をまっとうした。この2期8年のオバマ政権の外交上の最大の成果は，おそらくイランとの核問題に関する包括的な合意であろう。これは，2015年7月のイランとアメリカなどの主要大国6か国との間の合意である。一方でイランは核開発に関しての厳しい制限や査察を受け入れる。他方で主要6か国はイランに対する経済制裁を緩和する。これが，合意の核心である。これによってイランの核武装を阻止したとオバマ政権は主張した。イランによる核兵器の開発を阻止するためには戦争も辞さないとオバマ自身が発言していたので，合意の成立の報道は，これで戦争が避けられたとの安堵感で迎えられた。

しかし，もし核合意が成立しなかった場合は，オバマは本当に戦争を準備していたのだろうか。そして，どのような戦争を。そうしたオバマ政権の準備の内容を推測させるのが，2016年7月にアメリカで公開されて話題を呼んだ映画「ゼロ・デイズ」である。

この映画のテーマはアメリカのイランに対するサイバー攻撃である。すでに紹介した「スタックスネット」である。この事実は広く知られていたのだが，映画製作のための関係者のインタビューを通じて新たな事実も浮かび上がってきた。それは交渉が不調に終わった場合のオバマ政権のイラン攻撃計画に関してである。前述のように軍事力を行使してでもイランの核保有を阻止するとオバマは明言していた。必要になった場合には，どのような攻撃を考えていたのだろうか。

この映画でインタビューに答えた関係者の証言によれば，攻撃計画は「ニトロゼウス」と命名されており，イランに対する大規模な電子戦，つまりサイバー攻撃が予定されていた。目標となるのは防空施設や電力網などであり，イランの国防体制と国内経済を麻痺させる計画であった。

なぜ，この時期になって関係者が，この攻撃計画に関して口を開いたのだろうか。2 つの理由が推測できる。1 つは，イランが核合意を誠実に履行しない場合には，アメリカには攻撃する能力があると誇示したのだろう。イランを牽制したわけだ。

もう 1 つの理由はイランのアメリカに対するサイバー攻撃を抑止するためであろう。すでにアメリカがイランからサイバー攻撃を受けたという事例が数多く報告されている。2011 年以降，アメリカの金融機関など 40 社を電子的に攻撃したとして，イランの複数のハッカーをアメリカの検察当局がマンハッタンの連邦裁判所に起訴した。2016 年 3 月のことである。前に説明したサンズハックは，実は単なる一例に過ぎない。

イランはアメリカのサイバー攻撃に対する報復として，みずからもサイバー攻撃を始めたのだろう。アメリカは強力なサイバー能力を誇示して，イランなどからのサイバー攻撃を抑止しようとしていたのだろうか。

抑止というのは，核戦略から出てきた議論である。抑止は核兵器を扱った第 11 章でも説明した通り，防止とは違う考え方である。防止の難しいサイバーの世界も，こうした相互抑止の時代に入りつつあるのだろうか。その抑止力のメッセージとしてアメリカの諜報関係者が映画でインタビューに答え機微な情報を発信したのだろうか。

さて，オバマのあとを継ぐトランプ政権が 2017 年に発足した。そして，翌 2018 年には，この核合意から離脱した。そしてイランに対する厳しい経済制裁を科した。それが，イラン・アメリカ関係を緊張させた。その緊張感の中で，先に触れたようにアメリカのドローンがイランによって撃墜された。トランプは物理的な報復攻撃を行わなかった。だがサイバー攻撃を命じたと発表した。その実態は明らかではない。しかし，サイバー空間での両国の衝突がすでに起こっている。

学習課題

1. この章の内容の一部を選んで７分で話す練習をしてみよう。ピッタリ７分で話せるようになったら，今度はメモなどを見ないで話してみよう。
2. 何も見ないで話せるようになったら，カメラに向かって話してみよう。スマホなどで自撮りしてもよいでしょう。カメラの向こう側の人に話しかけるつもりで試してみよう。コツは，カメラのレンズの少し下を見ながら話かけることです。撮影した映像を見て，自分の話ぶりを検討してみよう。どこかの大学の先生にように下ばかり見ていなければ合格です。カメラ類のない方は鏡の前で練習してください。
3. 電気店などに行って，実際の娯楽用のドローンの大きさを確認してみよう。

参考文献

榎本珠良編著『禁忌の兵器：パーリア・ウェポンの系譜学』（日本経済評論社，2020年）
P・W・シンガー著／小林由香利訳『ロボット兵士の戦争』（NHK出版，2010年）
新名昭彦・川崎哲・畠山澄子著『マンガ入門　殺人ロボットがやってくる⁉：軍事ドローンからロボット兵器まで』（合同出版，2018年）

14　国際安全保障への参画

白鳥潤一郎

1．国連中心主義の蹉跌

第12章で見たように，日本国憲法は国連体制が機能することを前提に起草された。第二次世界大戦の連合国を母体に設立された国連の英語名は「United Nations」であり，これは連合国と同じである。国連は，安全保障理事会の常任理事国である5か国（アメリカ・イギリス・フランス・ソ連・中国）の協調を前提に，集団安全保障体制によって国際の平和と安全を確保することを目指した。

現実には戦後間もなく米ソ間の対立が激しさを増し，冷戦に突入したことで国連は機能不全に陥ったが，国連との関係は無視し得ないものとして講和をめぐる協議の際にも焦点の1つとなった。サンフランシスコ平和条約と同日に締結された日米安全保障条約（旧条約）でも，「この条約は，国際連合又はその他による日本区域における国際の平和と安全の維持のため充分な定をする国際連合の措置又はこれに代る個別的若しくは集団的の安全保障措置が効力を生じたと日本国及びアメリカ合衆国の政府が認めた時はいつでも効力を失うものとする」と規定されている。

日本は，独立後すぐに国連に加盟申請を行ったが，ソ連の拒否権行使によって加盟を阻まれていた。その後，日ソ国交回復を経て1956年12月に国連に加盟する。さらに，翌年には非常任理事国選挙で当選を果たした。同年発刊された『外交青書（わが外交の近況)』の第1号では，日本外交の三原則として「自由主義諸国との協調」「アジアの一員としての立場の堅持」と並んで「国際連合中心」が掲げられた。

日本の国連中心主義が試される事態はすぐに訪れた。1958年7月，イラクでクーデターが発生すると中東地域に政情不安が広がった。内戦の危機に瀕していたレバノンにアメリカが出兵し，それにソ連が強く反対したことがレバノン危機につながった。ここで日本は一時的にアメリカと対立することも辞さず，ハマーショルド（Dag Hammarskjöld）事務総長とも緊密に連携しながら国連監視団の拡充強化を図る独自の決議案を提出した。ソ連の拒否権によって決議案は葬られたが，日本の努力は高く評価され，その後，日本案の一部を取り入れる形で国連の監視団は大幅に増員された。

このような経緯もあり，日本には国連監視団に自衛隊の士官10名の派遣が要請されたが，結局国内世論への配慮を優先する形で派遣を拒否してしまう。国連への高い期待や日本の外交努力が報じられていたこともあり，実際には派遣に前向きな声もあったが，こうした支持は安保改定をめぐる騒動を経て失われることになった。

政府内ではその後も国連の平和維持活動（ＰＫＯ）への参加が断続的に模索されたが，自衛隊の海外派遣自体がタブー視される状況となり，冷戦終結後まで日本の国際安全保障への参画は先送りされた。

2. 国際協力構想

日本が国際安全保障に参画する上で転機となったのは，次節で説明する湾岸戦争である。だが，冷戦終結を前に日本政府が本格的に国際安全保障への参画を進めようとしていたことも確認しておくべきだろう。

それは竹下登政権の下で「国際協力構想」として提示された。1987

年 11 月に首相に就任した竹下登は，外交目標として「世界に貢献する日本」を掲げた。「世界に貢献する日本」という外交目標は，衆参同日選を大勝して自民党総裁任期の延長を勝ち取った中曽根康弘が 1986 年 9 月の所信表明演説で表明したものであり，前政権の方針を引き継いだ形である。

「世界に貢献する日本」は，外務省を中心に検討が進められ，1988 年 4 月末に「平和のための協力強化」，「政府開発援助の拡充」および「国際文化交流の強化」を 3 本柱からなる国際協力構想としてまとめられた。その基本認識は，「日本の国際的地位の向上に伴い，世界の平和と安全に関し，日本が国力にふさわしい責任を果たすことへの国際社会の期待が高まっている。しかして，近時米国の能力が経済的にも政治的にも制約を受けるにつれて，日本に対する負担増大の圧力に拍車がかかっている。近年日本と諸外国との摩擦は量的に増大している」というものである。

構想は周到な準備を重ねた上で発表された。ヨーロッパ諸国への配慮もあり（アメリカの厳しい対日姿勢に隠れていたものの日欧間の経済摩擦も深刻であった），構想の全体像と国際文化交流については，5 月の竹下訪欧時にロンドンで行うスピーチ（「日欧新時代の幕開け」）で公表された。翌 6 月に平和のための協力の詳細を第 3 回国連軍縮特別総会で，政府開発援助についてはトロントサミットで説明するという入念な計画であった。原則として海外出張を行わないとされていた外務事務次官が首相訪欧に先立って出張して地ならしを行うなど，外務省を挙げた取り組みであった。

前述のように国際協力構想は，「平和のための協力強化」，「政府開発援助の拡充」および「国際文化交流の強化」を 3 本柱としている。当時の外務事務次官の回顧によれば，「問題の核心は日本の国際安全保障の分野における貢献であった」。また別の幹部は「国際協力のために「金だけでなく人を出す」ということがその核心でした」と振り返っている。平和のための協力にはＰＫＯに対する資金と要員派遣での協力も掲げられていた。

構想が打ち出された背景は大きく2つある。1つは，日米間のみならず世界各国と経済摩擦を抱える一方で，日本の国際的な関与はあくまで経済（＝「利益」の体系に関わる問題）が中心という状況に国際的な批判が集まっていた。当時の日本は世界最大の債権国でもあった。第12章で見たように，新冷戦期に入って日本の防衛努力はある程度進展したが，それでも日本を「フリーライダー」として批判する声はなくなるどころか大きくなるばかりであった。政府開発援助（ＯＤＡ）を拡充することで目に見える形で国際社会に貢献し，さらに文化交流を強化することで相互理解の進展を促し，その上でＰＫＯ等を通じて「汗を流す」ことが目指された。

もう1つは，ゴルバチョフ登場後の米ソ関係の改善である。1987年11月には中距離核戦力全廃条約（ＩＮＦ条約）も締結され，冷戦の終結に向けた動きが加速化しつつあった。このような国際環境の変化を受けて，日本としても国際社会の平和により積極的に貢献する姿勢を示すことが求められた。

以上に加えて，より具体的な2つの事情が存在した。1つはカンボジア和平である。1970年代末の「福田ドクトリン」以来，日本はＡＳＥＡＮ諸国とインドシナ諸国の橋渡しをするための地道な取り組みを続けていた。ベトナムが1986年12月に「ドイモイ」政策を開始し，市場経済の導入と国際協調路線に舵を切ったことなどもあり，カンボジア和平の進展も期待されるようになっていた。和平が達成されればＰＫＯが組織されることになり，アジアの地域大国として日本には相応の貢献が期待される見込みであった。

2つ目は，ペルシャ湾の安全航行問題に対する苦い記憶である。1987年夏，イラン・イラク戦争に際してイランがペルシャ湾に機雷を敷設した。原油輸送の要となるペルシャ湾の航行が難しくなれば世界経済は大混乱に陥る。世界の平和が自国の繁栄の前提となる日本にとって無視し得ない問題である。欧米諸国は軍艦を派遣していた。日本としてもいかに取り組むかが問われていた。政府内では，まず海上自衛隊の掃海艇派遣が検討されたがこれは頓挫する。その後，海上保安庁の巡視船派遣が俎上に乗せられ，橋本龍太郎運輸相は了承したが，中曽根内閣の柱石であった後藤田正晴官房長官が強硬に反対したことで派遣は流れた。日本は，在日米軍駐留経費の増額とペルシャ湾での安全航行のための経済援助をするに留まった。外務省を中心に政府関係者の間ではこれが苦い記憶となっていたのである。

国際協力構想は本格政権が期待された竹下政権で柱となる外交政策であり，また打ち出された3本柱はそれぞれに冷戦後の日本外交の課題を先取りしていた。しかし，リクルート事件によって竹下が退陣し，推進力を失うことになった。平和のための協力の隠れた狙いであった自衛隊の海外派遣は竹下であっても難航したであろう。それでも次に見る湾岸危機時の混乱を考えると，盤石の党内基盤と野党とのパイプを持つ竹下が政権を担い続けていれば，よりスムーズに国際安全保障への参画という課題に対処できたようにも思われる。竹下の後を継いだ宇野宗佑と海部俊樹の両首相も国際協力構想の推進を掲げていたものの，いずれも本格政権とはほど遠く，また本人が打ち出したものではない政策構想はインパクトに欠ける。

結果として，冷戦終結を前に打ち出された先進的な政策構想が日の目を見る前に，日本は冷戦後の荒波へと放り出されることになった。

3. 湾岸戦争の衝撃

1989年夏からの東欧革命が号砲となり，冷戦構造は音を立てて崩れていくことになった。同年秋にはベルリンの壁が崩壊し，年末にはマルタ会談で米ソ両首脳によって冷戦終結が謳われ，翌年秋にはドイツ統一，そして1991年末にはソ連が崩壊した。この冷戦終結の過程で生じたのが湾岸戦争である。湾岸戦争は，日本の冷戦後の外交政策を方向付ける「原体験」となった。

発端となったのは，1990年夏からの湾岸危機である。フセイン（Saddam Hussein）大統領率いるイラクが突如クウェートに侵攻し，併合を宣言したことで始まる危機は，アメリカを中心とする多国籍軍の介入という湾岸戦争につながった。

米ソ両超大国の対立構造が揺らぐなかで行われたイラクのクウェート侵攻に国際社会がいかに対応するかは，冷戦後の国際秩序の行方を左右するものであった。巨大な核戦力を抱えるアメリカとソ連の対立がグローバルに影響を与えた冷戦期であれば，両陣営から「中立」を保つという選択肢も取り得るだろう。日本政府は国内世論や憲法上の制約を盾に国際的なコミットメントを忌避してきたという側面もある。しかし，多国籍軍の介入はソ連も黙認するものであり，「中立」という選択肢はイラクによる一方的な侵略を認めることに他ならなかった。国際的な武力行使の全てに反対するという従来の平和主義的な立場は指針になり得なかった。また，当時原油価格は低落傾向にあったとはいえ，一大産油地における紛争は「資源小国」である日本にとっても他人事では済まない問題であった。

湾岸危機に際して，日本は国連安保理決議の採択を待たずにクウェートの在外資産凍結といった独自の経済制裁措置や平和回復協力への資金協力を発表するなど，初動は素早かった。湾岸危機・湾岸戦争を通じた日本の貢献は決して小さなものではなかった。日本が負担した戦費90億ドルはサウジアラビアとクウェートに次ぐものであり，さらに紛争周辺国へ20億ドル供与を含めて日本の拠出額は130億ドルを超えた。こうした資金協力の一部は酒税やタバコ税，法人税等の一時的な増税によって賄われた。また，米軍の湾岸地域への展開にあたって在日米軍基地は後方支援の拠点として重要な役割を果たした。

だが，湾岸戦争は「外交敗戦」として記憶されることになった。1980年代から「国際貢献」の必要は指摘されてきたが，日本の基本的な行動パターンは，アメリカを中心とする欧米から評価される貢献内容を探り，憲法を含めた国内の制約の範囲内でそれを実行するというものであった。素早かった初動も，基本的に事務レベルで判断可能なものに留まっていた。8月半ば以降の対応は後手に回り，増税を伴う資金協力も「too little, too late」と批判された。多国籍軍に提供された四輪駆動車などの物資は現地では高い評価を得たものの，全体として日本に対する評価が低下したことは否めないだろう。

危機に際して問われたのは政府の姿勢だけではなかった。乗組員の安全確保等がネックとなって多国籍軍への輸送協力は容易ではないと日本は説明していたが，8月末，外務省高官がアメリカからペルシャ湾の衛星写真を見せられた。そこには日本に原油を運ぶ約20隻のタンカーが写っていた。日本は厳しい経済摩擦が続くなかで「エコノミック・アニマル」と批判されることもあった。経済活動のためには危険も厭わないが安全保障面では協力しない，という姿勢はこのような批判を裏付けるものと受け取られた。

戦前・戦中の経緯から，日本が安全保障面で国際的な活動を慎むことに意味のある時期が戦後長い間続いたことは確かであろう。講和に向けた協議が行われている時期も，アメリカが本格的な再軍備を日本に求めた一方で，オーストラリアなどは日本を強く警戒していたように日本への警戒心は東アジア地域に限られていたわけでもなかった。後述するように，日本が本格的に国際安全保障へ参画していく際に，一部のアジア諸国は警戒していたが，そうした不安は徐々に払拭されていった。

輸送協力等を超える対応は，国連平和協力法案としてまとめられた。それまで国際安全保障への参画に関する法律が全く整備されていなかったからである。自衛隊を用いる人的貢献について政府内は割れていた。首相の海部の念頭にあったのは青年海外協力隊のような組織であったが，自民党幹事長の小沢一郎は国連軍に近い多国籍軍であれば自衛隊派遣も可能だと考えていた。事務方でも外務省のトップは自衛隊員の身分を文民とした上で派遣すべきという考えであったが省内にも異論があり，防衛庁は組織として訓練を受けている自衛隊の指揮系統を混乱させるような形での派遣には強く反対していた。政府内の調整は難航したが，9 月末に行われた日米首脳会談を経て海部があっさりと自衛隊の活用に同意したことで決着した。だがそれは，仕方がなく同意したという形であり，海部自身にも政権の命運をかけて取り組むという覚悟はなく，政府内の意思が統一されたとは到底言えない状況であった。

政府内の対立と欠如したリーダーシップの結果は，「正直いって，法案も十分練れない半煮えのままで国会に提出した」と官房副長官が回顧するような中途半端な対応であった。法案には，従来から外務省で検討されてきた国連ＰＫＯへの参画と突発的な湾岸危機への対応という 2 つの側面が混在していた。当然ながら，国会審議は荒れ，法案は廃案となった。

湾岸戦争の戦闘終結後，1991 年 4 月から海上自衛隊の掃海艇がペルシャ湾に派遣された。自衛隊の海外派遣を伴う国際安全保障への参画は画期的であったが，貢献策が迷走した末の戦闘終了後の派遣ということもあり「湾岸のトラウマ」を払拭することはなかった。

当時世界第2位の経済力を持っていた日本は，経済分野では一定の役割を果たしていたものの，それ以外の領域では当事者意識に欠けていた。湾岸危機は，国際秩序を所与のものとして自らの経済発展のみを求める戦後日本の問題点を明らかにした。湾岸危機そして湾岸戦争で問われたのは，日本がどのような国家として国際社会を歩むのかという根本的な課題であった。

4. ＰＫＯへの参画

1970年代末の「福田ドクトリン」以来，日本はカンボジアの和平問題への関与を断続的に続けてきた。一進一退が続いていたが，冷戦終結期に入り，ベトナムが1989年6月に駐留軍を撤退させるなど和平に向けた機運が高まりつつあった。1990年6月にはカンボジア和平東京会議が開催され，翌1991年10月にはパリ和平協定が締結される。ここに長く続いたカンボジア内戦は終結した。1992年2月からは国連カンボジア暫定統治機構（ＵＮＴＡＣ）の活動が開始される。ＵＮＴＡＣのトップには日本人国連職員の草分け的存在の明石康が就任した。

和平の仲介を積極的に行ってきた経緯もあり，和平後のＰＫＯ参画が課題となっていたことは前述の通りである。1990年秋，国連平和協力法案は廃案になったが，その際に自民党，公明党，民社党の「三党合意」という形でＰＫＯ参画に向けた道筋は付けられていた。しかし，自民党内の混乱や，新たに首相に就任した宮澤喜一が国会対策に手間取るなどしたため，ＰＫＯ協力法の成立はＵＮＴＡＣの活動開始後にずれ込むことになった。野党第一党の社会党が所属する全衆議院議員の辞表を議長に提出するなど，国会審議は混乱したが1992年6月にＰＫＯ協力法は成立した。

1992年9月，国連からの正式な派遣要請を受けて，日本はカンボジアＰＫＯに部隊を派遣することになった。湾岸戦争後の掃海部隊派遣に続く本格的な自衛隊の海外派遣であり，陸上部隊の派遣は初めてであった。カンボジアＰＫＯには，陸上自衛隊の施設大隊約600名をはじめとして，停戦監視要員8名，海上輸送補給部隊400名弱の自衛隊員，さらに文民警察官75名が派遣された。その他に選挙監視要員も民間人23名を含む41名が派遣されている。

初の本格的な国際安全保障参画となったカンボジアＰＫＯでは，日本人にも2名の犠牲者が出た。1993年4月には国連ボランティアの選挙監視員が殺害され，5月には文民警察官5名が武装ゲリラ集団に襲撃され1名が死亡，他の4名も重傷を負った。2人目の死亡者が出たことで日本国内では撤退論が主流となり，政府内にも動揺が見られたが，ここで宮澤がリーダーシップを発揮する。停戦合意全体が崩れたわけではないとして派遣継続を決断したのである。死者がさらに出ていたら撤退していたかもしれないと後に宮澤はふり返っているが，情勢を見極めつつ，日本の国際的な信用を重視した首相としての決断であった。カンボジアでは，ＵＮＴＡＣ監視の下で1993年5月に国民議会選挙が実施され，9月には新憲法を公布，ＵＮＴＡＣの任務も終了した。

1993年5月から1995年1月まで，モザンビークにおけるＰＫＯにも自衛隊が派遣された。司令部要員5名，輸送調整部隊48名とカンボジアと比較すると小規模ながら，ＰＫＯへの参画が定着することとなった。

この間日本政治には大きな動きがあった。1993年7月の総選挙の結果，自民党が単独過半数を失い，非自民非共産の8党派による細川護熙政権が成立した。ＰＫＯ法案に強く反対した社会党も政権に参加したが，外交路線は自民党政権から引き継がれた。さらに翌1994年6月には自民党，社会党，新党さきがけの3党による連立政権が発足し，社会党委員長の村山富市が首相に就いた。首相として村山は自衛隊を「合憲」と認めるとともに日米安保体制の「堅持」を表明した。国際安全保障への参画という流れも維持された。

5. 広がる参加領域

ＰＫＯのように日本国内で大々的に報道されることは少ないが，難民救援，地震等の災害における国際緊急援助隊，海賊対処など国際安全保障分野で自衛隊の活動は広がっている。また，自国民保護が目的であり国際安全保障分野ではないが，自衛隊の海外派遣としては在留邦人の輸送も冷戦後に行われるようになった。「付随的な業務」として実施されてきた海外任務は，2007年1月の防衛庁の省昇格に際して本来任務に位置付けられることになった。

国際緊急援助隊の源流は，1979年にカンボジア難民を支援する医療チームの派遣だったが，諸外国と比べて派遣も遅れ，また体制も整備されていなかった。1987年には国際緊急援助隊の派遣に関する法律（ＪＤＲ法）が施行されたが，あくまで文民ベースの参加が前提となっていた。そして1992年6月，より大規模かつ自己完結型の緊急援助隊派遣のためにＪＤＲ法が改正され，自衛隊の参加が可能となった。紛争に起因する災害はＰＫＯ，その他自然災害等については国際緊急援助隊が対応するという役割分担である。

四方を海に囲まれた日本にとって，自由な航海や公海上の安全は国防上の課題とも言える。世界各地で「海賊」への対処が課題となる中で，東南アジア諸国を中心とした各国の海上保安能力向上支援といった地道な取り組みは，国際安全保障参画の 1 つの形でもある。

2009 年から派遣が続いているソマリア沖での海賊対処も国際安全保障への参画の一環である。水上部隊は，アデン湾周辺のジブチ，イエメン，オマーンを活動拠点としている。さらに，海賊対処を目的としてジブチには事実上の海外基地が設置され，400 名程度の自衛官が派遣されている。なお，ジブチとの間では自衛隊の活動に関する地位協定が締結されている。在日米軍基地をめぐって，しばしば日米間の地位協定が話題になるが，日本も駐留する側の立場で地位協定の当事国となっていることは押さえておくべき事実だろう。

いわゆる「対テロ戦争」への協力も，その目的は別として，国際安全保障参画の一環と言える。2001 年 9 月 11 日，アメリカにおける同時多発テロ事件を機に，世界は大きく変わった。

アメリカは，実行犯の多くを出した国際テロ組織をかくまうアフガニスタンへの攻撃を決断する。湾岸戦争時とは異なり，日本政府の対応は早かった。9 月 19 日までに政府内の基本的な考え方は固められ，10 月 29 日はテロ対策特措法が成立した。自衛隊派遣の国会事前承認が審議の焦点となり，最終的に野党第一党の民主党は反対に回ったが，この段階で与野党は「対テロ戦争」への協力の必要性では一致していた。テロ対策特措法に基づいて 11 月 25 日，海上自衛隊の艦船がインド洋に向けて派遣された。

日本政府が難しい対応を迫られたのは，2003 年 3 月に始まるイラク戦争である。9・11 テロを惹き起こした勢力とイラクとの関係は明確ではなかったし，大量破壊兵器開発問題についても査察継続を退けて開戦に踏み切るだけの説得力があるとは言い難かったが，小泉純一郎首相は開戦直前に武力行使への支持を明言した。自衛隊のイラク派遣にあたっては多国籍軍への参加の是非に議論は集中したが，日本が担ったのは施設部隊を中心とする人道復興支援であった。また，アフガニスタンに関しても復興支援国際会議を 2002 年 1 月に東京で開催するなど，復興支援に力が入れられた。

テロ対策としては，大量破壊兵器・ミサイルおよびそれらの関連物資の拡散を阻止するための「拡散に対する安全保障構想（ＰＳＩ）」が 2003 年 5 月から行われている。従来から進められてきた輸出管理だけでなく輸送段階でも拡散を阻止することが目的である。日本は発足当初から主要メンバーとして参加し，共同訓練等に取り組んでいる。

6. 課題と展望

ここまで紹介したように，湾岸戦争での苦い経験の後，さまざまな形で国際安全保障領域における日本の活動が展開されるようになった。

2016 年 3 月の平和安全法制の施行によって，国際安全保障への参画に関する法制度は概ね整備された。平和安全法制をめぐっては，集団的自衛権の限定的行使容認を中心に国論は 2 分されたが，湾岸戦争後に積み重ねられた自衛隊の活動を含む国際安全保障への取り組みに大きな反対や見直しを求める声がなかったことも事実である。第 12 章で紹介したように，自衛隊の海外での活動は国民から幅広い指示を得ている。

外国等で円滑に活動するために必要となる物品役務相互提供協定（ＡＣＳＡ）は，1996 年にアメリカとの間で初めて締結された。その後，3 回にわたる改定を経て，協定はアメリカとＮＡＴＯ（北大西洋条約機構）諸国との間とほぼ同等の水準まで対象が拡充された。さらに 2010 年代半ばに入ってから各国との交渉が進み，イギリス（2017 年 8 月），オーストラリア（2017 年 9 月），フランス（2019 年 6 月），カナダ（2019 年

7 月）と締結国は広がっている。

2012 年 12 月に発足した第 2 次安倍晋三政権は,「積極的平和主義」を掲げ, 以上のようにさまざまな制度面の整備が進んだ。第 10 章で取り上げたように, 2015 年 12 月には開発協力大綱が策定され, 災害対策や平和構築を念頭に他国の軍隊が行う人道的活動にも日本が援助を提供する可能性が開かれた。海外で活動する自衛隊員が, 万が一民間人を傷つけてしまった場合への対応等とも関係する軍法会議の設置といった課題はあるものの, 各種の協定や政策文書の表明, 平和安全法制によって, これまで国際安全保障に関わる現場で指摘されてきたさまざまな問題は解消された。

国際安全保障への消極的な姿勢について法的制約が「言い訳」にはならない環境が整ったとも言えよう。逆説的ながら, 実際の取り組みという点で 2010 年代の日本は国際安全保障への関与, とりわけ大規模なミッションに消極的になっている。第 2 次安倍政権の下で新たに派遣されたＰＫＯはなく, 南スーダンへのミッションは現地情勢の悪化に伴って 2017 年 5 月に部隊は撤退し, 現在は司令部要員のみが派遣されている。

こうした状況の背景には, 平和安全法制をめぐって紛糾した世論を刺激したくないという思惑もあるだろう。しかし, より根本的な問題も存在している。それは, ＰＫＯの原則や実態が変化しているにも関わらず, 日本国内ではＰＫＯ協力法時の前提が変わっていないことである。

国連では冷戦後に実施された活動をふまえて, 1990 年代後半からＰＫＯの見直しについて議論を進めた。2008 年には「キャプストン・ドクトリン」がまとめられ, 紛争当事者間のＰＫＯ派遣への「同意」は必ずしも全ての紛争当事者の同意や明確な停戦合意を求めるものではなく, また「中立性（neutrality）」に代わって「不偏性（impartiality）」

が原則となった。全てのＰＫＯに該当するわけではないものの，やや乱暴に言えば，国連は中立的な第三者の立場から，紛争当事者として平和構築を目指す姿勢を明確にしたのである。

実際のところ，このような変化の兆しはすでに1990年代前半から見られたものであるし，停戦監視等の消極的な役割に加えて，選挙の実施など国家建設への関与という積極的な役割は日本が参加したカンボジアＰＫＯでも行われていた。それにもかかわらず，日本の法制度や参加にあたっての原則は，基本的に冷戦下のＰＫＯの研究に基づいて策定され，それが根本的に改められることなく今日に至っている。ＰＫＯ参加にあたっての原則や運用を変えなければ，派遣可能なＰＫＯは限られるだろうし，それは国際安全保障への参画にとって大きなマイナスである。南スーダンのミッションへの自衛隊派遣が決定されたのは2011年11月である。この段階で本格的な議論を行わなかったことが禍根を残したと言えるだろうか。

最後に，ＮＧＯ（非政府組織）やＮＰＯ（非営利組織）の活動にも簡単に触れておきたい。党派的な対立を惹起しやすいこともあり，自衛隊のカンボジアＰＫＯは自衛隊員たちにも刺激となった。当然のことながら自衛隊は政府の命令に従って行動するため，活動にはさまざまな制限が課される。他国が現地のニーズに迅速に応えるのは難しい。こうした事情から，ＰＫＯに派遣されたメンバーや当時の幹部が中心となって，2002年5月，日本地雷処理を支援する会（ＪＭＡＳ）が設立された。自衛隊で長年勤務した経験を持つメンバーが中心のユニークな認定ＮＰＯ法人である。カンボジアを皮切りに，ラオス，アフガニスタン，アンゴラ等で，不発弾と地雷の処理を中心に活動を行った（2020年現在もカンボジアとラオスでは活動が続いている）。

国際安全保障や平和構築に関わるＮＧＯ（非政府組織）の活動は日本

で広く認知されているとは言い難いのが現状かもしれない。こうした地道な取り組みを１つ１つ積み重ねていくことがつなぐ明るい未来を１人１人が考えていくことも，「世界の中の日本外交」を考える際に忘れてはいけない視点なのだろう。

学習課題

1. 国連に関する記述に注意しながら日本国憲法と日米安全保障条約を読んでみよう。
2. ＰＫＯ参加５原則について内閣府国際平和協力本部のウェブサイトで確認してみよう。
3. 国際安全保障の領域でＮＧＯやＮＰＯが果たす役割について考えてみよう。

参考文献

明石康他編『オーラルヒストリー日本と国連の 50 年』（ミネルヴァ書房，2008 年）
赤根谷達雄・落合浩太郎編『日本の安全保障』（有斐閣，2004 年）
五百旗頭真編『戦後日本外交史　第三版補訂版』（有斐閣，2014 年）
白鳥潤一郎「「価値」をめぐる模索――冷戦後日本外交の新局面」『国際安全保障』第 45 巻第 4 号，2018 年 3 月
ラインハルト・ドリフテ（吉田康彦訳）『国連安保理と日本――常任理事国入り問題の軌跡』（岩波書店，2000 年）
東大作編『人間の安全保障と平和構築』（日本経済評論社，2017 年）
藤原帰一・大芝亮・山田哲也編『平和構築・入門』（有斐閣，2011 年）
本田倫彬『平和構築の模索――自衛隊ＰＫＯ派遣の挑戦と帰結』（内外出版，2017 年）
簑原俊洋編『「戦争」で読む日米関係 100 年』（朝日選書，2012 年）
宮城大蔵編『平成の宰相たち――指導者たち 16 人の肖像』（ミネルヴァ書房，2021 年）
村上友章「岸内閣と国連外交――ＰＫＯ原体験としての国連外交」『国際協力論集』第 11 号第 1 巻，2003 年 9 月）

15 日本と世界

白鳥潤一郎

1. 世界はどこへ向かうのか

人は自らが生きる同時代を何らかの意味で特別な時代だと思うものなのだろう。とりわけ，ジャーナリストや研究者は同時代を「転換期」と位置付け，「新たな課題」の登場をやかましく指摘する傾向にある。ここである一文を引用したい。

> 移民の増大に対して多くの国で反発が起こり，世界はひとつという夢は終わりつつあるが，同時に環境問題が示しているように世界大に解決しなくてはならない問題もある。世界はひとつという夢はいくつかの文明の相違という事実によっても破られている。

この文章が書かれたのは2010年代の後半ではなく1995年，著者は1960年代前半から同時代の国際政治を分析してきた高坂正堯である。ここまでの各章で見てきたように，中国を筆頭とする新興国の台頭など1990年代半ばとは大きく異なる事態に世界が直面していることは間違いない。それでも「新たな課題」とされるものの大半は，多くの人々がそれを認識するよりも前から課題となっているのだろう。

高坂正堯はまた次のように説いている。

> 長く続いた米ソの冷戦が終わって五年以上になる。この間，世界に

> は次々に問題が起こり，国際関係は複雑で「混沌」といってよい状況になってきた。もっとも，冷戦の終わりがそうした変化を惹き起こしたというのは誤りで，冷戦の終わりとともにそれらが見えてきたと言うべきであろう。冷戦はわれわれに世の中を単純に見させる図式を与えていてくれたし，それに従って対応すればまずよかったのだが，その冷戦は 1980 年代に終わった。

重要なポイントは，「混沌」をもたらしたのが冷戦の終結ではなく，「冷戦の終わりとともにそれらが見えてきた」ということである。「平等」「人権」「ジェンダー」といったさまざまな概念が人々の認識を変えたことで社会が大きく変わったように，国際政治の世界もある時代の終わりが認識されることで変化していく。しかし，その変化の大半はすでに生じていた——もしくは変化しつつあった——ものである。戦時中には「連合国」として手を携えた米ソ両国は，第二次世界大戦が終わるとまもなく冷戦に突入した。米ソ両国は戦前から対立していたし，大戦の終結が見えてくると不協和音が鳴り響いていた。さまざまな危機や事件は人々の認識を大きく変化させる。だが，その後に訪れる現実の変化は危機や事件の以前から生じつつあると言えよう。

他方で，冷戦終結時と現在が大きく異なるのは，明確な自画像を描く前に１つの時代が終わりつつあるように見えることである。第１章でも述べたように，世界の何が変わり，何が変わっていないのかを見極めることがこれまで以上に難しくなっている。その手がかり得るために，本書では歴史的な経緯をたどり，世界各地の状況を幅広く見ることを心がけた。授業回数が限られることもあり，サイバー空間や宇宙など新たな安全保障領域として注目される問題など，この授業で十分に触れられなかったことも多いが，大学における学びは１つの授業で完結するわけではない。この授業の各回を手がかりに改めて「世界の中の日本外交」を考えてほしい。

今後の見通しを立てることは常に困難である。それでも多くの論者が共通して指摘する2つの傾向がある。

第1は，中国を中心とする新興国の台頭である。第二次世界大戦終結から約半世紀にわたって，G7サミットのメンバーであるアメリカ，イギリス，フランス，ドイツ，イタリア，カナダ，そして日本の経済力は，世界経済全体の60～70パーセントを占めていた。もちろん当初は圧倒的だった米国の優位は，西ドイツや日本を筆頭とする他国の追い上げによって変容していくが，自由陣営全体としての優位は長く続いた。21世紀に入る頃から他の新興国の台頭が目立つようになった。2010年代後半に入ると，G7サミットを構成する7か国の経済力は往時の3分の2程度，世界経済全体の40パーセントを割るようになっている。リーマン・ショック後，2008年11月にG20サミット（金融世界経済に関する首脳会合）が開始された背景には新興国の急速な台頭というパワーバランスの変化が存在した。だが，会議参加人数が多いことや加盟国間の政治制度や文化も大きく異なるといった事情もあり，G20は必ずしも期待された役割を果たしているわけではない。新興国の台頭を認めた上でいかに国際秩序の維持・管理を行っていくかは継続的な課題となっている。

第2は，国際主義の退潮である。とりわけ，アメリカとイギリスという第二次世界大戦後の国際秩序を支えた国々がその震源地となっていることは問題の深刻さを象徴している。アメリカの場合，それは2017年1月からのトランプ政権登場に集約される。だが，「孤立主義」の根強い伝統もあり，また国際的に過剰な役割を引き受けていることへの不満はこれまでもたびたび表面化してきた。国際的な関与の減少やリーダーシップの不足は2000年代後半からすでに生じつつあった面もある。大統領の奔放で無軌道な発言は確かに異例だが，実際の政策が大統領の発言通りに進んでいるわけではない。

その意味でイギリスの変化が与えた衝撃は大きい。イギリスにおける国際主義の退潮を象徴するのは，やはりブレグジット（イギリスのＥＵ〔ヨーロッパ連合〕離脱）だろう。イギリスと大陸諸国との間には独特の距離感と関係にあったことは，歴史が示している。イギリスがヨーロッパ統合に参画するのは1970年代に入ってからであり，それも3回目の申請でようやく認められた。その後も，統合の深化が進む中で共通通貨ユーロには参加せず，国境管理についてオプトアウト（適用除外）を受けて自国の権限を手放さないなど独自の道を歩んでいた。国内ではヨーロッパ統合への懐疑論も根強く，当初は労働党の一部に，1980年代末頃からは保守党内で反対の声が徐々に高まり，対立は先鋭化していった。

2010年代に入ってＥＵ離脱の是非はさらに政治的注目を集めるようになる。2014年の欧州議会選挙では保守党，労働党の二大政党を抑えて反ＥＵを謳うイギリス独立党が第一党となったことも注目された。そして2016年6月，ＥＵ離脱の是非を問う国民投票が実施される。世論調査では残留支持派が多数を占めていたが，結果は離脱賛成が51.9パーセント，反対が48.1パーセントと僅差ながら離脱賛成派の勝利となった。その後，度重なる首相の交代や離脱期限の延期など交渉は混乱を極めたが，最終的に2020年1月30日，イギリスは正式にＥＵから離脱した。

長いヨーロッパ統合の歴史には度重なる危機があり，統合も一進一退を繰り返してきた。21世紀に入ってからも，2005年に欧州憲法条約が原加盟国であるフランスおよびオランダで否決されている。だが，統合から離脱する国が現れたのはブレグジットが初めてである。ヨーロッパ統合の歩みを，国際主義（Internationalism）に重きを置くか，超国家主義（Supranationalism）に重きを置くかは論者によって分かれるが，それでも国家主義（Nationalism）に対置されるという点では一致している。ブレグジットは国際主義の退潮を示し，さらにその過程で見られたイギリス政治の混乱は，アメリカのトランプ政権登場と併せて自由民主主義の後退と受け取られている。

2. 世界の繁栄≒日本の繁栄？

日本は「戦力不保持」と交戦権の放棄を憲法に定め，世界の繁栄と安定が自らの繁栄と安定にもつながることを暗黙の前提として戦後を歩んできた。そして，高度経済成長の末期に至るまで国際秩序の維持・管理に関わることなく，既存の秩序を前提に経済成長に邁進した。

21世紀に入ってから，しばしば若者の「内向き志向」が指摘されるようになった。日本からの留学生数の減少は，若年層の人口減少やバブル崩壊後に企業の海外派遣が減ったことも大いに影響しているが，日本社会が豊かになり，円高が進んだことで外国に対する憧れの気持ちが薄れ，海外へ行くことが「贅沢」から日常の１つになったことは確かなのだろう。一見すると同質的で豊かな社会は心地良い。

また，日本の貿易依存度（国内総生産に占める輸出入の割合）は30パーセント程度で依然として主要国の中で最低水準である。主要国で日本より低いのは20パーセント強で推移するアメリカのみとなっている。とはいえ，これらは日本が国際社会から受ける影響が少ないということを意味するわけではない。

戦後しばらくの間，日本は「国際収支の天井」に苦しめられた。日本は，外貨準備が限られる中で，国内で好景気が続くと，経済を引き締めて景気を後退させることで国際収支を安定させてきた。高度経済成長は内需中心であったが，原材料等の輸入のための外貨獲得は必須であり，「国際収支の天井」の克服なくして，日本のさらなる飛躍は望めない。1950 年代から 60 年代半ばにかけての国際機関加盟や対日経済差別撤廃に向けた努力は，高度経済成長の対外的な条件を満たすことにつながった。

1960 年代後半以降，日本の国際収支黒字は常態化し，経済大国化していく。それも一因となって 1970 年代に入ると日本の成長の前提となってきた国際経済秩序は動揺する。そして国際収支の黒字を支えた集中豪雨的な輸出攻勢や経済進出は，世界各国と経済摩擦を生じさせた。ドルショックや石油危機への対応に際して，日本は主要国の一員として責任ある振る舞いを求められるようになった。そして，主要国首脳会議（サミット）には 1975 年の第 1 回から参加を続けている。アメリカが支えた国際経済秩序は，アメリカを中心とする先進国間の協調によって支える形にマイナーチェンジをした。

この時期に改めて確認されたのは，世界の繁栄なくして日本の繁栄はない，という基本路線である。日本は経済成長によって得た外交資源を，国際的な影響力や軍事力に転化することよりも，各国との摩擦の解消に費やした。日本は欧米諸国に対して，自らが「現状打破勢力」ではないことを粘り強くアピールし続けた。日本の受動的とも言える外交姿勢はしばしば国内でも批判をされたが，台頭する経済大国への警戒が広がっている状況で，日本が目立つ動きを見せれば無用な反発を産むことになったようにも思われる。また，経済面を除いて日本が国際的な問題で役割を果たす準備も十分には整っていなかった。防衛政策の体系化が図られたのは 1970 年代半ばであり，それも事実上「日本有事」に限定する形であった。韓国が民主化する1980年代末まで，日本は地理的に孤立した民主主義国でもあり，「価値」に関わる問題への関与も慎重に避けられた。

なお，国際収支をめぐる問題への対応の一環として政府開発援助（ＯＤＡ）予算の拡大が続いたことは，それなりに日本の国際的な影響力拡大に寄与した。とりわけ，東南アジア地域における日本の影響力は大きかった。ただし，1974年1月に田中角栄が東南アジア諸国を歴訪した際に大規模な「反日暴動」が発生したことが日本政府関係者の「原点」となっていた。一部の旅行客や駐在員と現地社会の摩擦は続いたが，政府レベルでは，文化交流の拡大に努めるなど現地との相互理解を深める地道な努力が続けられた。根強く残っていた東南アジアの日本に対する不信感を払拭することに努めたのである。

3. 冷戦後の日本外交

2015年の平和安全法制（安保法制）制定が国論を二分する形となり，一見すると，日本外交をめぐる国内の議論は憲法第九条か日米安保か，という冷戦期以来の図式が依然として続いているようにも思える。

だが，冷戦後にはさまざまな変化があった。政界再編が進んだ1990年代，55年体制下で日米安保体制の段階的な解消と自衛隊違憲論を掲げていた日本社会党は，連立政権に加わる際に持論を棚上げする形で自民党政権の基本路線を維持することを認めた。さらに村山富市委員長が首相に就任すると自衛隊は「合憲」であり，日米安保体制を「堅持」すると表明した。日本共産党も2000年に過渡期における「自衛隊活用論」を打ち出し，事実上の「容認」とも言える立場に転じている。

また，これまでの各章で見てきた日本外交の実態に着目すれば，冷戦後の約30年間で実に大きな変化があったことを確認できる。

日米関係を揺るがせた経済摩擦も1990年代半ばには収束し，日米同盟は，「アジア太平洋地域において安定的で繁栄した情勢を維持するための基礎」と位置付けられるようになった。冷戦下で形成された日米の同盟関係は冷戦後も深化を続けた。沖縄における基地問題の深刻化など，同盟の根幹に関わる未解決の課題は残されているが，集団的自衛権の限定的行使容認等によって従来指摘されてきた日米間の課題の多くは解決に至っている。

アジア諸国の目覚ましい経済発展や民主化の進展もあり，かつての「アジアと日本」から「アジアの中の日本」へと関係性は変容した。2000年代後半以降は停滞したものの東アジアでも地域主義は隆盛した。その後も東アジアという枠組みではないが，2016年2月にＴＰＰ（環太平洋パートナーシップ）協定が署名されたことは地域主義の取り組みが続いていることを示している。アメリカの離脱後には，アメリカを除いた11か国での早期発効が目指され，環太平洋パートナーシップに関する包括的および先進的な協定（ＣＰＴＰＰ）が2018年末に発効した。

他方で難しい関係が続いたのが，北東アジア地域であった。冷戦終結と相前後する形で天安門事件が発生し，その後も関係は一進一退を続けた。2000年代に入ると中国の台頭は本格化し，2008年以降は尖閣諸島や東シナ海における軍事的な緊張が継続している。台頭する中国といかに向き合うかは，日本外交にとって当面の間，最優先課題であり続けることだろう。

旧植民地である韓国との関係は難しい状況が続いている。それでも1990年代は日韓パートナーシップ宣言（1998年10月）など前向きに関係を深化させる成果があったが，21世紀に入ってからは問題ばかりが噴出している。韓国の経済成長によって両国の国力の差が縮小していることも，問題がこじれる背景の 1 つなのだろう。そして，北朝鮮とは依然として国交も結ばれておらず，さらに核およびミサイル開発が進んだことで将来の展望が全く見えない状況となっている。北朝鮮をめぐる状況の変化は，日米安保再定義につながり，またイラク戦争をめぐる対応にも影響を与えている。韓国の革新勢力にとって南北統一が悲願となっていることも，東アジアの国際情勢を左右する要因の 1 つである。

ヨーロッパとの関係は多面的なものとなった。冷戦後に浮上した気候変動問題をはじめとした地球規模課題に取り組む際に，ヨーロッパの動向が与える影響は大きい。かつては貿易摩擦に苦しめられたが冷戦後には解消し，2019 年 2 月に発効した日・ＥＵ経済連携協定は巨大な先進経済圏を生みだした。さらに，冷戦期にはほぼゼロであった日欧間の安全保障関係も着実に進展している。政治制度と基本的な価値観を共有し，アメリカとの関係でも基本的な利害が一致することの多い日欧間の提携は，目立たないながら日本にとって大切な資産となるだろう。

各国・各地域との関係以上に冷戦後の大きな変化と言えるのは，「利益」の体系だけでなく「価値」の体系に関わる問題に取り組むようになったことである。1980 年代末の段階で政府内の検討は進められていたが，やはり冷戦後の日本外交を方向づける「原点」となったのが 1990 年夏からの湾岸危機，そして翌年の湾岸戦争と言える。湾岸危機・湾岸戦争を通じた日本の貢献は，130 億ドルを超えた財政面での貢献など決して小さなものではなかったが，湾岸戦争は「外交敗戦」として記憶された。日米間の認識の齟齬は危機当初から大きく，財政貢献も小出しにされ，さらに自衛隊派遣に関する国連平和協力法案は廃案となった。日本の人的貢献は戦闘終了後の掃海艇部隊派遣に留まった。

湾岸戦争を機に，国際安全保障への参画が日本外交の主要課題に位置付けられるようになった。出発点となったのは，1970 年代末から関与を続けてきたカンボジア内戦終結後のＰＫＯ（国連平和維持活動）への参加である。日本も２名の犠牲者を出したが，カンボジアＰＫＯは成功裡に終わり，その後ＰＫＯは日本の国際安全保障参画の柱の１つとなる。難民救援や国際緊急援助隊なども含め，自衛隊の海外での活動は広がった。そして，「付随的な業務」とされてきた海外任務は，2007年１月の防衛庁の省昇格に際して本来任務に位置付けられることになった。その他にもソマリア沖での海賊対処活動などが継続されている。いわゆる「対テロ戦争」への協力も，その目的は別として，国際安全保障参画の一環と捉えることも可能だろう。ただし，2010年代に入ってから，法制面での整備は進んだ一方で，ＰＫＯについても2017年５月以降は司令部要員のみの派遣となるなど，国際安全保障への参画は停滞している。

国際安全保障への参画と並行して進められたのがＯＤＡの刷新である。日本のＯＤＡは東南アジア諸国への賠償を源流とする。賠償が完了した国から順次経済協力に切り替えられていった他，韓国は当初から賠償ではなく経済協力という形であり，中国に対しては国交正常化後一定の期間を置いて円借款が始まった。地域的にもアジア諸国に偏っていた。また，基本的に日本の援助は個々のプロジェクトを積み重ねていく方式であった。

冷戦期における日本の援助のもう１つの特徴は，人権や民主主義といった普遍的な価値が重視されていなかったことである。大規模な虐殺を伴った九・三〇事件後のインドネシアの開発体制を支え続けたことや，光州事件を引き起こした韓国の全斗煥政権に対して大規模な経済援助を供与したことなどが象徴的な例である。転機となったのは，天安門事件への対応であった。1989年６月に天安門事件が発生すると，当初は制裁措置に慎重な姿勢を示しつつも，その後は欧米諸国と軌を一にして対中円借款の凍結を決めたのである。

1992年6月には，「政府開発援助について，内外の理解を深める事によって幅広い支持を得るとともに，援助を一層効果的・効率的に実施する」ことを目的に，人道的見地への配慮，国際社会の相互依存関係の認識，環境の保全を理念として掲げ，「開発途上国の離陸へ向けての自助努力を支援すること」を日本の援助の基本と位置付けるＯＤＡ大綱が策定された。2003年3月にＯＤＡ大綱は「平和構築」と「人間の安全保障」への取り組みを盛り込む形で改定され，さらに2015年には開発協力大綱が策定するなど刷新が続けられている。

この他にも，1993年10月に第1回が開催されたＴＩＣＡＤ（アフリカ開発会議）は，2019年までに6回の首脳会合が開催されるなど，ＴＩＣＡＤは日本の対アフリカ外交の柱となっている。橋本龍太郎政権期の「ユーラシア外交」と併せて，冷戦後の日本外交はそれまで関係が希薄だった地域への関与を拡大していった。

4. 国際主義の退潮といかに向き合うか

冷戦終結後と同様に，2010年代半ば頃を境に国際秩序は混沌としているように思われる。中国の台頭は世界のパワーバランスを大きく変えている。政治的・経済的・軍事的に中国の影響力の拡大は続いている。さらに，第二次世界大戦後の国際秩序を支えた英米両国が揺れていることも国際主義の退潮に大きく影響している。

敗戦国として第二次世界大戦後を歩んだ日本が，国際社会に本格的に復帰するには主権回復後，約20年の時間がかかった。その後，国際経済秩序の動揺には先進国間協調参画で対応し，また自らの経済的台頭がもたらした各国との経済摩擦の緩和に努めた。「利益」の体系に関わる問題に限定されていたものの，1970年前後を境に日本は国際秩序と関わる問題に取り組むようになっていった。そして，湾岸戦争を機に国際安全保障への参画など「価値」の体系に関わるなど，活動領域を広げて現在に至っている。この間，受動的とも見える姿勢や取り組みの遅れ，国内の足並みの乱れが指摘されることはあったが，国際主義は日本外交の基本的前提であった。

日本についても，国際捕鯨委員会（ＩＷＣ）脱退や国際安全保障分野での活動の停滞，政府開発援助（ＯＤＡ）予算が低調で推移していることなど，国際主義の後退と言い得る側面は目立ち始めていると見ることも可能だろう。とはいえ，ＩＷＣには議決権を持たないオブザーバーとして参加を継続し，国際安全保障に関する法制度の整備は進んだ。ＯＤＡについても，予算（支出純額）ではなく過去の円借款の返済などから回された分を含む支出総額で見れば，そこまで低下しているわけではない。ただし，2000年代半ば頃から近隣諸国との関係は悪化もしくは一進一退という状況が続き，北東アジア地域における地域主義の機運は完全に停滞している。

いずれにせよ，世界的に国際主義の退潮傾向が見られ，新興国が台頭する中で，日本はどのような国家として国際社会を歩むかを問われている。日本国憲法はその前文で「国際社会において，名誉ある地位を占めたいと思ふ」と謳っている。ある元外交官は「「名誉ある地位」にあるとは，他国の上に立つのではなく，世界の人々が「世界にとって日本という国があって良かった」と思ってくれることである」と，その回顧録に記している。

外交という営みの持つ本質的な困難の１つは，多くの場合，国内で満足を得ることができないということである。他国や国際社会との間で問題が生じなければ外交は必要がない。各国はそれぞれ国内の利害をふまえて外交に臨む。交渉が決裂しなければ，それは相手に何らかの意味で妥協したことになり，国内を 100 パーセント満足させることは決してない。また，外交は一度限りの交渉で完結するものではなく，中長期的な見通しが求められる。100 対 0 ではなく，お互いに 51 対 49 で相手に勝ったと思えるのが良い外交交渉とされるのは，自国にあまりに有利な条件の場合，他国に不満が蓄積され，後に新たな問題を生じさせるからである。また，国力の差が縮まれば，より対等な関係が求められるようになるのは国際政治の常である。アメリカに極めて有利だった旧日米安保条約が 1960 年に改定され，1972 年に沖縄の施政権が返還された理由の 1 つはこうした国際政治の持つ性質からも説明可能である。ある程度同じことは 1990 年代以降の日韓関係にも言える。

戦後の世界を支えた国際主義の根底には，第二次世界大戦への反省があった。戦争がはるか昔の歴史的な出来事になるに従い，国際主義のコストばかりが目につくようになるのは自然なことなのだろう。また，グローバル化がもたらす各国社会への負の影響も無視し得なくなっている。新興国の台頭と主要国の産業構造の変化によって先進国間協調を中心とした体制が限界を迎えていることも確かである。

バブル崩壊後の「失われた 20 年」，歯止めのかからない少子高齢化などもあり，日本の国力の相対的低下は今後も確実に続いていく。非欧米諸国で唯一の経済大国というある種の特権的地位も失われて久しい。台頭する中国と正面で向き合う地理的環境もあり，限られる外交資源をどのように配分するかはこれまで以上に難しい問題となっている。「力」，「利益」，「価値」の 3 つの位相の間でどのような釣り合いを図るべきなのか。目指すべき国際秩序を描く構想力と，実現に向けた地道な努力が問われている。それは決して政府だけの役割ではない。

学習課題

1. この章の内容を1,000字程度で要約してみよう。
2. 「冷戦後」と「ポスト冷戦後」の国際政治の特徴をそれぞれ考えてみよう。
3. 改めて日本の目指すべき国家像について考え，第2章の学習課題3の回答と比較してみよう。

参考文献

遠藤乾『欧州複合危機――苦悶するＥＵ，揺れる世界』（中公新書，2016年）
Ｅ・Ｈ・カー（原彬久訳）『危機の二十年――理想と現実』（岩波文庫，2011年［原著初版1939年］）
高坂正堯『平和と危機の構造――ポスト冷戦の国際政治』（ＮＨＫライブラリー，1995年）
鶴岡路人『ＥＵ離脱――イギリスとヨーロッパの地殻変動』（ちくま新書，2020年）
藤井宏昭（細谷雄一，白鳥潤一郎，山本みずき編）『国際社会において，名誉ある地位を占めたいと思ふ――藤井宏昭外交回想録』（吉田書店，2020年）

略　年　表

年	月	世界	日本
1644		清朝による中国支配の始まり（～1912年2月）	
1785	8	林則徐，生まれる	
1815	6	ウォータールー（ワーテルロー）の戦い	
1840	6	アヘン戦争（～42年8月）	
1850	11	林則徐，死去	
1861	3	イタリアの「統一」	
1864	2	デンマーク戦争（～10月）	
1866	6	普墺戦争（～8月）	
1868	1		王政復古
1870	7	普仏戦争（～71年5月）	
1871	1	ドイツ統一	
	8		廃藩置県
	12		岩倉使節団派遣（～73年9月）
1885	12		内閣制度発足
1887	10	蔣介石，生まれる	
1889	2		大日本帝国憲法発布
1990	11		第1回帝国議会招集
1893	4	ニキータ・フルシチョフ，生まれる	
	12	毛沢東，生まれる	
1894	7		日清戦争（～95年4月）
1898	4	米西戦争勃発	
1902	1		日英同盟（～23年8月）
1903	11	コロンビアからパナマ独立	
1904	2		日露戦争（～05年9月）
1911	10	辛亥革命（～12年2月）	
1914	7	第一次世界大戦（～1918年11月）	
	8	パナマ運河開通	

年	月	世界	日本
1917	4	アメリカ，第一次世界大戦参戦	
1923	1	李登輝，生まれる	
1926	8	フィデル・カストロ，生まれる	
1927	5	リンドバーグが大西洋横断に成功	
1931	9		満洲事変
1932	3		満洲国建国
1937	7		日中戦争（～45年8月）
1939	8	独ソ不可侵条約	
	9	第二次世界大戦（～45年8月）	
1941	12	アメリカ，第二次世界大戦参戦	真珠湾攻撃
1944	6	ドイツ，V1ロケットの配備開始	
1945	7	アメリカ，初の核実験／ポツダム宣言発出	
	8		ポツダム宣言受諾（「終戦」） 東久邇稔彦内閣（～10月）
	9		降伏文書に調印
	10	国際連合発足	幣原喜重郎内閣（～46年5月）
1946	5		吉田茂内閣（～47年5月）
	11		日本国憲法公布
1947	3	トルーマン・ドクトリン	
	5		日本国憲法施行／片山哲内閣（～48年3月）
	6	マーシャル・プラン	
	8	イギリスからインド，パキスタンが独立	
	10	ヒラリー・クリントン，生まれる	
1948	3		芦田均内閣（～10月）
	10		吉田茂内閣（～54年12月）

年	月	世界	日本
1949	4	北大西洋条約調印（8月発効）	1ドル＝360円の単一為替レート設定
	8	ソ連，初の核実験	
	9	ドイツ連邦共和国（西ドイツ）建国	
	10	中華人民共和国建国／ドイツ民主共和国（東ドイツ）建国	
1950	2	中ソ友好同盟相互援助条約（4月発効）	
	5	シューマン・プラン	
	6	朝鮮戦争開戦（53年7月休戦）	対日講和交渉始まる
	8		警察予備隊発足
1951	4	パリ条約（ECSC〔欧州石炭鉄鋼共同体〕設立条約）調印（52年7月発効）	
	6	西ドイツ，GATT加盟	
	9		サンフランシスコ講和会議
1952	4		日華平和条約／サンフランシスコ平和条約発効（主権回復）
	8		世界銀行加盟／IMF（国際通貨基金）加盟
	10	イギリス，初の核実験	
1953	12		奄美群島返還
1954	7		防衛庁・自衛隊発足
	12		鳩山一郎内閣（～56年12月）
1955	4	アジア・アフリカ会議（バンドン会議）	
	5	西ドイツ，NATO加盟	
	9		GATT（関税及び貿易に関する一般協定）加盟
	10		日本社会党再統一
	11	西ドイツ連邦軍創設	自由民主党結党（保守合同）

年	月	世界	日本
1956	10	ソ連，ハンガリーに軍事介入（ハンガリー動乱）	日ソ共同宣言調印（12 月発効）
	12		国際連合加盟／石橋湛山内閣（～57 年 2 月）
1957	2		岸信介内閣（～60 年 7 月）
	7	IAEA（国際原子力機関）発足	
	10	ソ連，初の人工衛星（スプートニク）の打ち上げ	
1958	1	EEC（欧州経済共同体）及び EURATOM（欧州原子力共同体）発足	
	2		在日米軍，地上戦闘部隊の撤退完了
1960	2	フランス，初の核実験	
1960	5	EFTA（欧州自由貿易連合）発足	
	6		安保改定（新日米安保条約発効）
	7		池田勇人内閣（～64 年 11 月）
1961	8	ベルリンの壁構築	
	9	OECD（経済協力開発機構）発足	
1962	10	キューバ危機	
1963	2		GATT11 条国移行
1964	4	第 1 回国連貿易開発会議（UNCTAD）開催	IMF8 条国移行／OECD（経済協力開発機構）加盟
	10	中国，初の核実験	東京オリンピック
	11		佐藤栄作内閣（～72 年 7 月）
1965	2	アメリカ，「北爆」を開始（ベトナムへの本格介入）	日韓基本条約調印（12 月発効）
	4		日本青年海外協力隊発足／台湾への円借款供与開始

年	月	世界	日本
1965	8		佐藤，首相として初の沖縄訪問
	9	インドネシア，9・30事件始まる	
1966	4		第1回東南アジア開発閣僚会議開催
	11	アジア開発銀行（AMF）設立	
1967	7	ローマ条約発効（EC〔欧州共同体〕発足）	
	8	ASEAN（東南アジア諸国機構）設立	
1968	1		核四政策表明
	6		小笠原諸島返還
	7	核不拡散条約（NPT）署名開放	
	8	ワルシャワ条約機構軍，チェコスロバキアに軍事介入	
			日本，西ドイツを抜いて西側陣営第2位のGNPに
1970			核不拡散条約（NPT）署名
	3	核不拡散条約（NPT）発効	大阪万博開会
1971	7	キッシンジャー米大統領補佐官，極秘裏に訪中（米中接近の始まり）	
	8	ニクソン米大統領，金ドル兌換停止等を表明（ドルショック）	
	9	フルシチョフ，死去	昭和天皇訪欧（～10月）
	10	中華人民共和国に国連代表権，中華民国は脱退表明	
1972	5		沖縄返還
	7		田中角栄内閣（～74年12月）
	9		日中国交正常化
	10		国際交流基金設立

年	月	世界	日本
1973	1	イギリス，アイルランド，デンマークがEC加盟／ベトナム和平協定調印	
	2		「平和時の防衛力の限界」表明／変動相場制移行
	3	EC諸国，共同変動相場制移行	
	10	第四次中東戦争／第一次石油危機	
1974	1		田中，東南アジア歴訪時に大規模な反日暴動発生
	5	インド，初の核実験（「平和的核爆発」と主張）	
	11	IEA（国際エネルギー機関）設立	フォード米大統領訪日（現職として初訪日）
	12		三木武夫内閣（～76年12月）
1975	4	蔣介石，死去／サイゴン陥落（ベトナム戦争終結）	
	9		昭和天皇訪米（～10月）
	11	第1回先進国首脳会議（G6）	
1976	2	初のASEAN首脳会議	
	6	第2回先進国首脳会議（G6からG7へ改組）	核不拡散条約（NPT）批准
	9	毛沢東，死去	
	10		防衛計画の大綱決定（51大綱）／防衛費GNP比1％枠設定
	12		福田赳夫内閣（～78年12月）
1977	8		福田，マニラで東南アジア政策に関するスピーチ（「福田ドクトリン」表明）
1978	5		在日米軍駐留経費の一部負担表明（「思いやり予算」）

年	月	世界	日本
1978	8		日中平和友好条約調印（10月発効）
			日米防衛協力のための指針（ガイドライン）を決定
	12	中国共産党第11期3中全会，鄧小平による「改革開放」の開始	大平正芳内閣（～80年7月）
1979	1	米中国交正常化／ベトナム軍によりプノンペン陥落	
	2	中越戦争	
	4	イラン革命（イラン・イスラム共和国樹立）／第二次石油危機が深刻化	
	6		日本が初めて議長国となる第5回先進国首脳会議（東京サミット）
	11	イランで米大使館人質事件発生	
	12	ソ連，アフガニスタン介入を開始	中国に対する円借款供与開始を決定
1980	1		豪と環太平洋連帯構想の具体化で合意
	2		海上自衛隊，環太平洋合同演習（RIMPAC）初参加
	5	韓国，光州事件	
	7		鈴木善幸内閣（～82年11月）
	9	イラン・イラク戦争始まる	
1981	1	ギリシャ，EC加盟／レーガン米政権発足	
	5		日米首脳会談後の共同声明で初めて「同盟」という言葉が用いられる
1982	6	イスラエル，レバノン侵攻	

年	月	世界	日本
1982	11		中曽根康弘内閣（～87 年 11 月）
1983	3	レーガン米大統領，SDI 構想発表	
	9	大韓航空機撃墜事件	
	11	NATO，「有能な射手 83」演習	対米武器技術供与を決定
1984	1	イギリスからブルネイが独立，ASEAN 加盟	
1985	3	ゴルバチョフ，ソ連共産党書記長就任	
	8		中曽根，首相として靖国神社を公式参拝
	9		プラザ合意
1986	1	スペイン及びポルトガル，EC 加盟	
	12	ベトナム，「ドイモイ」を開始	
1987	1		防衛費 GNP 比 1％枠撤廃
	2		ルーブル合意
	5		東芝 COCOM 事件
	11		竹下登内閣（～89 年 6 月）
	12	INF 条約調印	
1988	1	蔣経国，死去	
	4		国際協力構想発表
	7		リクルート事件が表面化
1989	1		昭和天皇崩御
	6	中国，天安門事件	宇野宗佑内閣（～8 月）
	8		海部俊樹内閣（～91 年 11 月）
	9		日米構造協議開始
	11	APEC（アジア太平洋経済協力）閣僚理事会初開催／ベルリンの壁崩壊	

年	月	世界	日本
1989	12	米ソ首脳，マルタ会談で「冷戦終結」を宣言	
1990	7		世界銀行からの融資返済終了
	8	イラクによるクウェート侵攻（湾岸危機）	
	9	ソ連と韓国，国交樹立	
	10	ドイツ再統一	
	11		国連平和協力法案廃案
1991	1	湾岸戦争	
	4		海上自衛隊掃海部隊をペルシャ湾派遣
	10	カンボジア和平パリ協定	
	11		宮澤喜一内閣（～93年8月）
	12	ソ連崩壊	
1992	2	マーストリヒト条約調印／中国，領海法制定／UNTAC（国連勧募アジア暫定統治機構）活動開始	
	6		PKO協力法成立／ODA大綱決定
	8	中韓国交樹立合意	
	9		カンボジアPKO派遣
	10		天皇訪中
	11	ブッシュ米大統領，一般投票で敗れる	
1993	1	クリントン米政権発足	
	3	北朝鮮，NPT脱退表明	
	8		細川護熙内閣（～94年4月），自民党は結党以来初の下野
	10		第1回アフリカ開発会議（TICAD）開催

年	月	世界	日本
1993	11	マーストリヒト条約発効（EU発足）／初のAPEC首脳会合開催	
	12	GATTウルグアイ・ラウンド妥結	米市場の部分開放決定
1994	1	NAFTA（北米自由貿易協定）発足	
	2		日米首脳会談決裂／防衛問題懇談会発足
	4		羽田孜内閣（～6月）
	6	北朝鮮，IAEA脱退表明	村山富市内閣（～96年1月）
	10	米朝枠組み合意	
1995	1	WTO（世界貿易機関）設立／オーストリア，スウェーデン，フィンランドがEU加盟	阪神・淡路大震災
	3		地下鉄サリン事件
	11		防衛計画の大綱改定（07大綱）
1996	1		橋本龍太郎内閣（～98年7月）
	3	中国，台湾海峡でミサイル演習（台湾海峡危機）／台湾，初の総統直接選挙を実施	
	4		日米安全保障共同宣言（安保再定義）
1997	2	鄧小平，死去	
	7	タイの通貨バーツ暴落（アジア金融危機の始まり）	
	9		日米防衛協力のための指針改定
1998	5	インド，核実験／パキスタン，初の核実験	
	7		小渕恵三内閣（～00年4月）
	10		日韓パートナーシップ宣言

年	月	世界	日本
1999	1	欧州共通通貨制度（ユーロ）発足	
	3		初の海上警備行動発令
	12	ヘルシンキ欧州理事会（EU 首脳会談）／G20，初の蔵相・中央銀行総裁会議開催	
2000	4		森喜朗内閣（～01 年 4 月）
2001	1	ギリシャ，ユーロ導入／ブッシュ（ジュニア）米政権発足	
	4		小泉純一郎内閣（～06 年 9 月）
	9	アメリカ同時多発テロ（9.11 テロ）	
	11		テロ対策特措法成立
	10	アメリカ，アフガニスタン介入を開始	
	12	中国，WTO 加盟	
2002	1	ユーロ，市場での流通開始	アフガニスタン復興支援会議を東京で開催
2003	3	イラク戦争始まる	
	6		有事法制成立／ODA 大綱改定
	7		イラク特措法成立
2004	5	中東欧諸国など 10 カ国，EU 加盟	
	12		防衛計画の大綱改定（16 大綱）
2005	4	中国で大規模な反日デモ	
	5	欧州憲法条約，フランス国民投票で否決	
2006	3		自衛隊，統合幕僚会議を統合幕僚幹部に改組
	9		安倍晋三内閣（～07 年 9 月）
2007	1	ブルガリア及びルーマニア，EU 加盟	防衛省発足

年	月	世界	日本
2007	9		福田康夫内閣（～08年9月）
	12	リスボン条約調印（09年12月発効）	
2008	9	米投資銀行リーマン・ブラザーズ破綻（リーマンショック）	麻生太郎内閣（～09年9月）
	11	G20，初の首脳会合開催	
2009	1	オバマ米政権発足	
	9		民主党を中心とした連立政権に政権交代，鳩山由紀夫内閣（～10年6月）
2010	5		普天間基地移設問題をめぐって辺野古沖案への回帰を表明
	6	スタックスネットの暴露	菅直人内閣（～11年9月）
	12		防衛計画の大綱改定（22大綱），「基盤的防衛力」に代わる「動的防衛力」を打ち出す
		中国が日本を抜いてGDP世界第2位となる	
2011	1	シリア，アサド政権への抗議運動が始まる（同年中に本格的な内戦に発展）	
	3		東日本大震災／福島第一原発事故
			野田佳彦内閣（～12年12月）
	7		ジブチに自衛隊活動拠点を設置
	9		尖閣諸島を「国有化」
	11	NATO軍の爆撃によりパキスタン兵24名志望	
	12	イラン，アメリカのドローンを捕獲	
2012	8	サウジ・アラムコに対するサイバー攻撃	

年	月	世界	日本
2012	10	イスラエル上空で，ヘズボッラーの無人偵察機撃墜	
	12		武器輸出三原則緩和／自公連立政権への政権交代，第二次安倍内閣（～20 年 9 月）
2013	7	クロアチア，EU 加盟	
	12		国家安全保障会議（NSC）発足／国家安全保障戦略決定／防衛計画の大綱改定（25 大綱）
2014	2	ラスベガス・サンズへのハッキング（サンズハック）	
	3	ロシアによるクリミア「併合」	
	6	「イスラム国（IS）」成立宣言	
	7		集団的自衛権の限定的行使容認を含む憲法解釈の変更を決定
2015	2		開発協力大綱決定
	4		日米防衛協力のための指針（ガイドライン）再改定
	7	イラン核合意（JCPOA）	
	9	ロシア，シリア内戦に介入	平和安全法制（安保法制）成立
		ヨーロッパ難民危機	
	12		日韓慰安婦合意
2016	5		オバマ米大統領広島訪問
	6	イギリス，国民投票で EU からの離脱が多数となる	
	7	ロボットにより，テキサス州ダラスで容疑者が爆殺される	
	11	ドナルド・トランプ，米大統領選勝利	
	12	映画「ゼロ・デイズ」公開	
2017	1	トランプ米政権発足	

年	月	世界	日本
2017	5		南スーダンPKOから撤退（部隊レベルでの派遣消滅）
2018	5	アメリカ，イラン核合意（JCPOA）から離脱	
	12		防衛計画の大綱改定（30大綱）
2019	4		入管法改正（外国人労働者の受け入れ拡大）
	12	中国・武漢における新型肺炎流行が報じられる	
2020	1	イラン革命防衛隊スレイマニ司令官がドローンにより殺害される／ブレグジット（イギリスのEUからの離脱）	
	2	イラン，大規模なサイバー攻撃を受ける／イラン，人工衛星の打ち上げに失敗	
	3	WHO，新型コロナウイルス感染症（COVID-19）のパンデミック宣言	
	4		新型コロナウイルス感染症（COVID-19）に係る緊急事態宣言発令
	9		菅義偉内閣
	11	トランプ米大統領，一般投票で敗れる	

索 引

●配列は 50 音順，＊は人名を示す。

●アルファベット

●あ　行

●か　行

●さ　行

●た　行

●な　行

●は　行

●ま　行

●や　行

●ら　行

●わ　行

著者紹介

白鳥　潤一郎（しらとり・じゅんいちろう）

1983年　静岡県に生まれる
2006年　慶應義塾大学法学部卒業
2013年　慶應義塾大学大学院法学研究科後期博士課程修了，博士（法学）
　　　　日本学術振興会特別研究員（DC2），北海道大学大学院法学研究科講師，立教大学法学部助教等を経て
現　在　放送大学教養学部准教授
専　攻　国際政治学，日本政治外交史
主な著書　『「経済大国」日本の外交――エネルギー資源外交の形成 1967～1974年』（千倉書房，2015年）
　　　　『朝海浩一郎日記　付・吉田茂書翰』（共編著，千倉書房，2019年）
　　　　『平成の宰相たち――指導者たち16人の肖像』（共著，ミネルヴァ書房，2021年）

高橋　和夫（たかはし・かずお）

福岡県に生まれる
大阪外国語大学ペルシャ語科卒業
米コロンビア大学大学院国際関係論修士課程修了
クウェート大学客員研究員，放送大学教養学部教授等を経て2018年よりフリー
ブログ　http://ameblo.jp/t-kazuo/
ヤフー個人ニュース　http://bylines.news.yahoo.co.jtakahashikazuo/
ツイッター　http://www.twitter.com/kazuotakahashi
現　在　放送大学名誉教授
専　攻　中東研究，国際政治
主な著書　『アラブとイスラエル——パレスチナ問題の構図』（講談社現代新書，1992年）
『中東イスラム世界5燃え上がる海——湾岸現代史』（東京大学出版会，1995年）
『パレスチナ問題の展開』（左右社，2021年刊行予定）

放送大学教材　1930060-1-2111（テレビ）

世界の中の日本外交

発　行　　2021年3月20日　第1刷
著　者　　白鳥潤一郎・高橋和夫
発行所　　一般財団法人　放送大学教育振興会
〒105-0001　東京都港区虎ノ門1-14-1　郵政福祉琴平ビル
電話　03（3502）2750

市販用は放送大学教材と同じ内容です。定価はカバーに表示してあります。
落丁本・乱丁本はお取り替えいたします。

Printed in Japan　ISBN978-4-595-32269-3　C1331

('22/5)

《放送大学印刷教材》

『読書と豊かな人間性（'20)』

追　補

（第1刷）

【追補の趣旨】

印刷教材「読書と豊かな人間性（'20)」の「7　発達段階に対応した読書」（p.85-p.97）の追加として，児童生徒が読書した作品（2010年から2019年）について提示する。集計の仕方などは，印刷教材のp.85-p.86に記してあるのと同じである。以下に，作品名と作者などについて記す。

1　小学校下学年児童の読書（2010年-2019年）

下学年の自由読書のアンケートはない。

（1）考える読書フィクション

作　　品

1　室井滋　作／長谷川義史　絵『しげちゃん』（新）
2　いとうみく　作／佐藤真紀子　絵『かあちゃん取扱説明書』（新）
3　やまだともこ　作／いとうみき　絵『まほうのじどうはんばいき』
4　浜田桂子　作『てとてとてとて』
5　いとうみく　作／つじむらあゆこ　絵『おねえちゃんって，もうたいへん！』（新）

5　キム・フォップス・オーカソン　文／エヴァ・エリクソン　絵『おじいちゃんがおばけになったわけ』

7　草場一壽　作／平安座資尚　絵『いのちのまつり「ヌチヌグスージ」』

7　瀧村有子　作／鈴木永子　絵『ちょっとだけ』(新)

9　及川和男　作／長野ヒデ子　絵『いのちは見えるよ』

10　梨屋アリエ　作／菅野由貴子　絵『ココロ屋』※（新）

10　宗正美子　作　原案／いもとようこ　文・絵『しゅくだい』

10　宮川ひろ　作／小泉るみ子　絵『しっぱいにかんぱい』(新)

作品名の右の（新）は，この年代から上位となったという意味である。ただし，出版が2010年以後ということではない。2009年以前という場合もある。

以下の上学年，中学校，高等学校の場合も同じである。

※『ココロ屋』は，全国読書感想文コンクール2012年度の中学年課題図書である。カウントは2013年度以後のものである。

外国作品について，翻訳者は省略している。以下も同じである。

(2) 考える読書ノンフィクション

作　品

1　坂本善喜　原案／内田美智子　作／魚戸おさむ他　絵『絵本　いのちをいただく　みいちゃんがお肉になる日』(新)

2　得田之久　文／たかはしきよし　絵『ぼく，だんごむし』※

3　アンリ・ファーブル　著『ファーブル昆虫記』※※

4　中川ひろたか　作／大島妙子　絵『歯がぬけた』

4　長谷川義史　作・絵『おへそのあな』

6　荒井真紀　文・絵『あさがお』※（新）

6　日野原重明　文／村上康成　絵『いのちのおはなし』

6　内田美智子　文／諸江和美　絵／佐藤剛史　監修『いのちをいただく』(新)

6　中川ひろたか　文／村上康成　絵『おおきくなるっていうことは』

6　やぎゅうげんいちろう　作『おへそのひみつ』

6　皆越ようせい　写真・文『ダンゴムシみつけたよ』

※『ぼく，だんごむし』は表記作者のものであり，「だんごむし」をテーマとした作品は他の複数の作品でも入選対象となっている。『あさがお』も表記作者特定の作品である。

※※『ファーブル昆虫記』は多くの出版社から出ている。どの昆虫を対象としている作品の読書であるのかは略す。

2　小学校上学年（2010年-2019年）

（1）自由読書

作　　品

1　『日本の歴史』〈複数の巻からなる〉

2　原ゆたか　作・絵『かいけつゾロリ』（シリーズ）

3　J．K．ローリング　作／ダン・シュレシンジャー　画『ハリー・ポッター』（シリーズ）

4　松谷みよ子　責任編集『○○のレストラン』（「怪談レストラン」シリーズ）

5　『○○のサバイバル』（科学漫画サバイバルシリーズ）（新）

6　コナン・ドイル　作『シャーロック・ホームズ』（複数の巻からなる）

7　石崎洋司　作『黒魔女さんが通る』（シリーズ）

8　伝記『織田信長』（数社から出ている）

9　杉山亮　作／中川大輔　絵『まってました名探偵』※（シリーズ）

10　伝記『ヘレン・ケラー』（数社から出ている）

※『まってました名探偵』は，「あなたも名探偵シリーズ」の一点である。他にも『いつのまにか名探偵』，『もしかしたら名探偵』なども含まれている。

「シリーズ」ものについては，年度ごとの調査結果が掲載されている『学校図書館』（11月号）誌上において，例えば『かいけつゾロリ』や『ハリー・ポッター』などは，巻数ごとにその書名が示してある。上表においては，それぞれの第何巻が最も読書が多かったのかについての書名については，略してある。

「複数の巻からなる作品」については，『学校図書館』誌上においては第何巻の読書であるのかは示している場合と示していない場合がある。上表においては，どれも書名のみ提示している。

これらの点については中学校，高等学校も同じである。

一番目となった『日本の歴史』のほとんどは，数社から出ている「学習マンガ」であると考えてよい。巻数は出版社によって違っている。この5月読書の調査においては「マンガ」は除外なのであるが，児童にとって「学習マンガ」は普通の読書と同じである。伝記『織田信長』も「学習マンガ」が含まれていないとは言い切れない。

シリーズものでもなく，複数の巻からなる作品でもなく，伝記のように数社から出ている作品でもない，全くの単独の作品として最多の読書数の作品は，『アナと雪の女王』であった。

(2) 考える読書　フィクション

	作　　品
1	『かあちゃん取扱説明書』(前出)(新)
2	M・エンデ　作『モモ』
3	レオ・バスカーリア　作／島田光雄　画『葉っぱのフレディ―いのちの旅』
4	高木敏子　作／武部本一郎　絵『ガラスのうさぎ』
5	梨木香歩　著『西の魔女が死んだ』
5	本田有明　著『願いがかなうふしぎな日記』(新)
5	滝井幸代　作／三木謙次　絵『レンタルロボット』(新)
5	L．M．モンゴメリー　著『赤毛のアン』
5	重松清　著『きよしこ』(新)
10	湯本香樹実　著『夏の庭　The Friends』
10	梨屋アリエ　作／菅野由貴子　絵『ココロ屋』(新)
10	富安陽子　作／高橋和枝　絵『盆まねき』(新)

10　重松清　著『くちぶえ番長』（新）
10　椰月美智子　著『十二歳』（新）
10　岡田淳　著『びりっかすの神様』

（前出）とは，例えば『かあちゃん取扱説明書』でいえば，既に小学校下学年の「考える読書　フィクション」にて作者などを提示しているということである。以下も同じである。

（3）考える読書　ノンフィクション

作　　品
1　日野原重明　著『十歳のきみへ―九十五歳のわたしから』
2　今西乃子　著／浜田一男　写真『犬たちをおくる日』（新）
3　今西乃子　著／浜田一男　写真『心のおくりびと東日本大震災　復元納棺師』（新）
4　『いのちをいただく』（前出）（新）
5　『いのちのおはなし』（前出）（新）
6　ヴィヴィアナ・マッツァ　著『武器より一冊の本をください：少女マララ・ユスフザイの祈り』（新）
7　乙武洋匡　著『五体不満足』
7　こうやまのりお　著『ピアノはともだち　奇跡のピアニスト辻井伸行の秘密』※（新）
7　すずらんの会編　『電池が切れるまで　子ども病院からのメッセージ』
10　『絵本　いのちをいただく　みいちゃんがお肉になる日』（前出）（新）
10　米澤鐵志　語り／由井りょう子　文『ぼくは満員電車で原爆を浴びた　11歳の少年が生きぬいたヒロシマ』（新）

※『ピアノはともだち…』は，全国読書感想文コンクール2012年度の高学年課題図書である。カウントは2013年度以後のものである。

ノンフィクションなのでテーマごとに見ていくと，上表の『武器より一冊の本をください』のマララさん関連では，その評伝なども入選対象となっている。原爆に関連したテーマの作品は上表『ぼくは満員電車で原爆を浴びた』以外にも入選対象作品がある。

上表以外，宇宙関連では，野口聡一　著『宇宙においでよ』と若田光一・岡田茂　著『宇宙がきみを待っている』を含め4点が入選対象作品となっている。他にもアンネ・フランクについては，自著の『アンネの青春ノート』やシュナーベル作『悲劇の少女アンネ』など評伝を含めた作品が入選対象となっている。

3　中学生の読書（2010年-2019年）

（1）自由読書

作　　品

1　じん（自然の敵ｐ）『カゲロウデイズ』（シリーズ）（新）
2　『ハリー・ポッター』（前出）
3　金沢伸明　著『王様ゲーム』（シリーズ）（新）
4　Honey Works　原案／藤谷燈子・香坂茉里　著『告白予行練習』※（シリーズ）（新）
5　東川篤哉　著『謎解きはディナーのあとで』（シリーズ）（新）
6　川原礫　著『ソードアート・オンライン』（シリーズ）（新）
7　有川浩　著『図書館戦争』※※（新）
8　宗田理　著　『ぼくらの七日間戦争』※※※（新）
9　山田悠介　著『リアル鬼ごっこ』（シリーズ）（新）
10　住野よる　著『君の膵臓を食べたい』（新）

※『告白予行練習』は，タイトルによって藤谷燈子の単著の作品，香坂茉里の単著の作品，二人の共著となる作品とがある。

※※『図書館戦争』は，毎年の『学校図書館』誌上において公表されるときには，シリーズ物としては提示されていない。上表では『図書館内乱』，『図書館危機』を含んでいる。

※※※『ぼくらの七日間戦争』は，毎年の『学校図書館』誌上において公表されるときには，シリーズ物としては提示されていない。上表では『ぼくらの天使ゲーム』，『ぼくらの大冒険』，『ぼくらのデスマッチ』，『ぼくらの最終戦争』も「ぼくらシリーズ」として含めている。

一番目となった『カゲロウデイズ』はミュージシャン，音楽プロデューサーであるじんのボーカロイドによる楽曲から小説ができたボカロ小説であり，マンガとアニメにもなっているメディアミックスの作品である。

（2）考える読書　フィクション

作　　品

1　『夏の庭　The friends』（前出）
2　太宰治　著『人間失格』
3　重松清　著『青い鳥』（新）
4　『西の魔女が死んだ』（前出）
4　百田尚樹　著『永遠の０』（新）
6　三浦しをん　著『風が強く吹いている』
6　『モモ』（前出）
8　夏川草介　著『神様のカルテ』（新）
8　三浦しをん　著『舟を編む』（新）
8　芥川龍之介　著『羅生門』
8　三浦綾子　著『塩狩峠』

特筆として，『君たちはどう生きるか』が，第64回コンクールにて２回の入選対象となっている。ただしこれは活字版ではなく，吉野源三郎　原作／羽賀翔一　漫画という作品である。全国入選にあっては，感想文の対象としている作品の出版社が記してあり，これはマガジンハウス社のものであることからマンガ版であることが分かる。

（3）考える読書　ノンフィクション

作　　　品

1　マララ・ユスフザイ，クリスティーナ・ラム　著『わたしはマララ：教育のために立ち上がり，タリバンに撃たれた少女』（新）

1　『武器より一冊の本をください：少女マララ・ユスフザイの祈り』（前出）（新）

3　『心のおくりびと』（前出）

4　アントニオ・G・イトゥルベ　著『アウシュビッツの図書係』（新）

4　『犬たちをおくる日』（前出）（新）

4　『いのちをいただく』（前出）（新）

4　石川拓治　著『奇跡のリンゴ』

4　辺見庸　著『もの食う人びと』

4　喜多川泰　著『「手紙屋」私の受験勉強を変えた十通の手紙』（新）

10番目の作品は入選対象回数が2回で，多数あるので略す。

4　高校生の読書（2010年-2019年）

（1）自由読書

作　　　品

1　『ソードアート・オンライン』（前出）（新）

2　『図書館戦争』（前出）（新）

3　『君の膵臓をたべたい』（前出）（新）

4　湊かなえ　著『告白』（新）

5　『王様ゲーム』（前出）（新）

6　『カゲロウデイズ』（前出）（新）

7　『永遠の０』（前出）（新）

8　有川浩　著『植物図鑑』（新）

9　榎宮祐　著『ノーゲーム・ノーライフ』（シリーズ）（新）

10　坪田信貴　著『学年ビリのギャルが１年で偏差値を40上げて慶應大学に現

役合格した話』（新）

上表には出てこない作品であるが，年度ごととして2011年は岩崎夏海　著『もし高校野球の女子マネージャーがドラッカーの「マネジメント」を読んだら』が男子三学年とも一番目であった。2018年は吉野源三郎　著『君たちはどう生きるか』が２年生の男女とも一番目であった。自由読書では，この作品が活字版なのかマンガ版の読書なのかは不明である。

高校では，中学生の上位と比較すると読書数が少ない。これは，アンケート対象とした５月に一冊も読書をしていないという高校生が多いということからきている。

（2）考える読書　フィクション

	作　　品
1	『人間失格』（前出）
2	『舟を編む』（前出）（新）
3	Ｆ・カフカ　著『変身』
4	遠藤周作　著『海と毒薬』
4	『神様のカルテ』（前出）（新）
6	夏目漱石　著『こころ』
6	『夏の庭 The Friends』（前出）
8	『永遠の０』（前出）（新）
8	安部公房　著『砂の女』
8	『青い鳥』（前出）（新）
8	大岡昇平　著『野火』
8	三浦綾子　著『塩狩峠』
8	遠藤周作　著『沈黙』
8	ダニエル・キイス　著『アルジャーノンに花束を』

遠藤周作の作品が２作上位となっているのが，高校の特徴である。その

『沈黙』をはじめとして『人間失格』,『こころ』,『変身』,の4作品は,1970年代からずっと上位であり続けている。

(3)考える読書　ノンフィクション

作　　品

1　ヴィクトール・フランクル　著『夜と霧：ドイツ強制収容所の体験記録』
2　辺見庸　著『もの食う人びと』
3　アンネ・フランク　著『アンネの日記』
4　姜尚中　著『悩む力』(新)
4　鎌田實　著『あきらめない』(新)
4　佐々涼子　著『エンジェルフライト国際霊柩送還士』(新)
4　三浦しをん　著『神去なあなあ日常』(新)
4　『奇跡のリンゴ』(前出)
4　『わたしはマララ　：教育のために立ち上がり,タリバンに撃たれた少女』(前出)(新)
4　木藤亜也　著『1リットルの涙　難病と闘い続ける少女　亜也の日記』
4　吉野源三郎　著『君たちはどう生きるか』
4　柳田邦男　著『犠牲サクリファイス　わが息子・脳死の11日』

2005年からフィクションとノンフィクションの類分けがなくなったために,高等学校では2000-2009年の10年間でも,この2010-2019年の10年間でもノンフィクション作品での入選が少なかった。

追補版の出典　米谷茂則「2010年から2019年までに児童生徒が読書した作品」
『明治大学図書館情報学研究会紀要　NO.12』(2021年３月　明治大学)